中国石油大学（华东）远程与继续教育系列教材

技术经济学

（第二版）

主编　王桂荣　解忠刚　康进军　刘清志

中国石油大学出版社
CHINA UNIVERSITY OF PETROLEUM PRESS

图书在版编目(CIP)数据

技术经济学/王桂荣等主编. —2 版. —东营:中国石油大学出版社,2010.2(2017.8 重印)
ISBN 978-7-5636-3031-8

Ⅰ.①技… Ⅱ.①王… Ⅲ.①技术经济学 Ⅳ.①F062.4

中国版本图书馆 CIP 数据核字(2010)第 012199 号

书　　名:	技术经济学(第二版)
作　　者:	王桂荣　解忠刚　康进军　刘清志
责任编辑:	李　锋(电话　0532—86983571)
	王　静
出 版 者:	中国石油大学出版社
	(地址:山东省青岛市黄岛区长江西路66号　邮编:266580)
网　　址:	http://www.uppbook.com.cn
电子邮箱:	shiyoujiaoyu@126.com
印 刷 者:	沂南县汇丰印刷有限公司
发 行 者:	中国石油大学出版社(电话　0532—86981531,86983437)
开　　本:	180 mm×235 mm
印　　张:	19
字　　数:	370 千
版 印 次:	2010 年 2 月第 2 版　2017 年 8 月第 7 次印刷
书　　号:	ISBN 978-7-5636-3031-8
印　　数:	26 001—34 000 册
定　　价:	35.00 元

中国石油大学(华东)
远程与继续教育系列教材编审委员会

主　　任：王瑞和

副主任：王天虎　冯其红

委　　员：刘　华　林英松　刘欣梅　韩　彬

　　　　　康忠健　黄善波　郑秋梅　孙燕芳

　　　　　张　军　王新博　刘少伟

总 序

从1955年创办函授夜大学至今，中国石油大学成人教育已经走过了从初创、逐步成熟到跨越式发展的60年历程。多年来，我校成人教育紧密结合社会经济发展需求，积极开拓新的服务领域，为石油石化企业培养、培训了20多万名本专科毕业生和管理与技术人才，他们中的大多数已经成为各自工作岗位的骨干和中坚力量。我校成人教育始终坚持"规范管理、质量第一"的办学宗旨，坚持"为石油石化企业和经济建设服务"的办学方向，赢得了良好的社会信誉。

自2001年1月教育部批准我校开展现代远程教育试点工作以来，我校以"创新教育观念"为先导，以"构建终身教育体系"为目标，整合函授夜大学教育、网络教育、继续教育资源，建立了新型的教学模式和管理模式，构建了基于卫星数字宽带和计算机宽带网络的现代远程教育教学体系和个性化的学习支持服务体系，有效地将学校优质教育资源辐射到全国各地，全力打造出中国石油大学现代远程教育的品牌。目前，办学领域已由创办初期的函授夜大学教育发展为今天的集函授夜大学教育、网络教育、继续教育、远程培训、国际合作教育于一体的，在国内具有领先水平、在国外具有一定影响的现代远程开放教育系统，成为学校高等教育体系的重要组成部分和石油石化行业最大的成人教育基地。

为适应现代远程教育发展的需要，学校于2001年9月正式启动了网络课程研制开发和推广应用项目，斥巨资实施"名师名课"教学资源精品战略工程，选拔优秀教师开发网络教学课件。随着流媒体课件、WEB课件到网络课程的不断充实与完善，建构了内容丰富、形式多样的网络教学资源超市，基于网络的教学环境初步形成，远程教育的能力有了显著提高，这些网上教学资源的建设与研发为我校远程教育的顺利发展起到了支撑和保障作用。相应地，作为教学资源建设的一个重要组成部分，与网络教学课件相配套的纸质教材建设就成为一项愈来愈重要的任务。根据学校远程与继续教育发展规划，在

"十三五"期间,学校将重点加强教学资源建设工作,选聘石油石化行业和有关石油高校专家、学者参与系列教材的开发和编著工作,计划用5年的时间,组织出版所开设专业的远程与继续教育系列教材。系列教材将充分吸收科学技术发展和成人教育教学改革最新成果,体现现代教育思想和远程教育教学特点,具有先进性、科学性和远程教育教学的适用性,形成纸质教材、多媒体课件、网上教学资料互为补充的立体化课程学习包。

  为了保证远程与继续教育系列教材编写出版进度和质量,学校专门成立了远程与继续教育系列教材编审委员会,对系列教材进行严格的审核把关,中国石油大学出版社也对系列教材的编辑出版给予了大力支持和积极配合。远程与继续教育系列教材的建设经过探索阶段,逐步形成了稳定的开发模式,并形成了教材与数字化教学资源一体化设计、内容上以应用为轴心和以能力为本位、形式上适应成人学生自主学习需要的鲜明特色。我们相信,在广大专家、学者们的共同努力下,一定能够创造出体现现代远程教育教学和学习特点的,体系新、水平高的远程与继续教育系列教材。

编委会

2015 年 7 月

前 言
PREFACE

技术经济学是技术科学与经济科学相互渗透、相互交叉而形成和发展起来的边缘科学，是现代管理科学中的一门新兴的综合性科学。它具有很强的实用性，是市场经济条件下经营者与管理者提高投资决策水平，确保决策科学性与合理性，提高经济效益的强有力工具。

技术经济学主要研究技术与经济的相互关系，寻求技术与经济的最佳结合，以保证所采用的各项技术取得最大的经济效益。它对工程项目、技术开发、技术改造、技术引进等要作出科学的评价与判断，对技术政策、技术规划、技术方案、技术措施等要作出正确的选择与决策，实现技术上的先进性与经济上的合理性二者的有机结合。为此，本书系统地阐述了技术经济学的基本理论与基本方法，包括现金流量分析、资金时间价值的分析与计算、技术经济评价方法、不确定性分析方法、项目财务评价与国民经济评价、工业项目可行性研究、技术更新与设备改造的技术经济分析、技术引进的技术经济分析等重要内容。

本书注重把我国各个行业技术经济分析中共同的、规律性的原理与方法提炼出来，并体现国内外技术经济学科的发展动态与前沿知识及研究成果，反映国家经济发展的相关政策、法律法规、财税制度改革的最新进展与规定要求，结合石油工业的生产经营实践，力求通俗易懂、深入浅出，增强可读性和易自学性。

本书由王桂荣、解忠刚、康进军、刘清志主编。全书总体设计、章节结构和内容安排以及提纲撰写等均由王桂荣、康进军完成。王桂荣负责编写第一、第

四、第五、第八、第十章;康进军负责编写第七、第九章;刘清志、康进军合编第二章;刘清志、王桂荣合编第三、第六章。全书由王桂荣、康进军修改、定稿。解忠刚负责修订第二、第七章,王桂荣负责修订其余章节。

本书在编写过程中参阅了大量的有关技术经济方面的论著及资料,由于篇幅所限,就不一一列出,谨在此一并致谢。

由于作者水平有限,不妥之处在所难免,欢迎读者批评指正。

编者
2009 年 7 月

目 录
CONTENTS

第一章 技术经济学概论 …………………………………………………… (1)
  第一节 技术经济学的产生和发展 ………………………………………… (1)
  第二节 技术经济学的研究对象、内容和特点 …………………………… (5)
  第三节 技术经济学研究问题的基本思路和程序 ………………………… (8)

第二章 现金流量分析 …………………………………………………… (11)
  第一节 投融资概述 ………………………………………………………… (11)
  第二节 成本费用 …………………………………………………………… (34)
  第三节 销售收入、价格、税金及利润 …………………………………… (42)
  第四节 投资项目现金流量 ………………………………………………… (48)

第三章 资金时间价值 …………………………………………………… (54)
  第一节 资金时间价值的相关概念 ………………………………………… (54)
  第二节 复利计算基本公式 ………………………………………………… (61)
  第三节 资金等值计算 ……………………………………………………… (75)

第四章 技术经济评价方法 ……………………………………………… (85)
  第一节 技术经济评价的基本原则 ………………………………………… (85)
  第二节 静态评价方法 ……………………………………………………… (91)
  第三节 动态评价方法 ……………………………………………………… (98)

第五章 投资方案的比选 ………………………………………………… (115)
  第一节 投资方案的分类及其决策特点 …………………………………… (115)
  第二节 互斥型方案的比选 ………………………………………………… (117)
  第三节 独立型方案的比选 ………………………………………………… (130)

第六章 不确定性分析 …………………………………………………… (137)
  第一节 不确定性分析的必要性 …………………………………………… (137)

第二节 盈亏平衡分析 …………………………………………… (139)
第三节 敏感性分析 ……………………………………………… (145)
第四节 概率分析 ………………………………………………… (154)

第七章 投资项目的经济评价 ………………………………………… (171)
第一节 财务评价概述 …………………………………………… (171)
第二节 财务报表编制 …………………………………………… (174)
第三节 财务评价指标与评价参数 ……………………………… (185)
第四节 国民经济评价概述 ……………………………………… (193)
第五节 国民经济评价方法 ……………………………………… (198)

第八章 工业项目可行性研究 ………………………………………… (217)
第一节 可行性研究概述 ………………………………………… (217)
第二节 可行性研究的阶段 ……………………………………… (223)
第三节 可行性研究的内容与经济评价方法 …………………… (228)
第四节 我国开展可行性研究的基本做法 ……………………… (234)

第九章 设备更新及现代化改装的技术经济分析 …………………… (239)
第一节 设备的磨损 ……………………………………………… (239)
第二节 设备大修理的技术经济分析 …………………………… (243)
第三节 设备更新技术经济分析 ………………………………… (246)
第四节 设备现代化改装及设备租赁分析 ……………………… (253)

第十章 技术引进的技术经济分析 …………………………………… (260)
第一节 技术引进概述 …………………………………………… (260)
第二节 技术引进的重要方式 …………………………………… (263)
第三节 技术引进的程序 ………………………………………… (265)
第四节 技术引进的技术经济分析 ……………………………… (267)

附表 …………………………………………………………………… (274)

参考文献 ……………………………………………………………… (294)

第一章 技术经济学概论

第一节 技术经济学的产生和发展

一、技术经济学的产生和发展

技术经济学作为一门独立的学科在我国是在1962~1963年期间制定的《1963~1972年科学技术发展规划》中正式提出并定名的。在国外,技术经济学被称为工程经济学、经济工程学或经济性工程学等。

(1) 从世界范围来看,技术经济学的发展大致经历了三个阶段。在国外,早在1911年美国的泰勒编写出版了《科学管理原理》,提出要用科学的方法来测定和研究解决工厂中的技术经济和管理问题。但到了1930年格莱梯教授出版了《工程经济原理》后,才初步奠定了技术经济学的学科体系的基础,这是技术经济学科从提出概念到初具雏形的第一阶段。此后,直到第二次世界大战结束,技术经济分析的原理才被广泛应用于生产建设中。特别是在第二次世界大战期间,由于军工生产和作战的需要,美国科学家首先运用数学分析方法和先进的运算技术,解决了雷达的合理分布问题,从而建立和发展了"运筹学"。其后美国科学家为了研究敌方潜艇的出没概率并加以摧毁,创立了"搜索论",这又进一步推动和发展了运筹学。运筹学的理论与方法在技术经济分析和决策中的推广及应用,有力地提高了技术经济学的理论水平和技术水平,这是技术经济学科发展的第二阶段。第二次世界大战以后,系统论、控制论、信息论等方法论科学的诞生,特别是系统分析、现代数学和电子计算机的发展,使技术经济学发展到现代化的新阶段。此时,技术经济学在广泛吸取自然科学、数量经济学等最新研究成果的基础上,运用系统分析、数理统计、预测学、投入产出分析、决策论、价值工程等现代化方法,建立经济数学模型,并运用现代化计算技术——电子计算机技术对复杂的多目标技术经济问题进行了动态的、定量的分析、计算、模拟和决策,使其发展到了当前现代化的第三阶段。

(2) 从我国来看,技术经济学这门科学的发展历史不长,但波折较多。20 世纪 50 年代初,我国学习和借鉴了苏联的技术经济分析和论证方法,对"一五"时期的 156 项重点工程建设项目从规划、选址、设计、施工到竣工验收的各个环节都进行了一定程度的技术经济分析、计算和比较,保证了 156 项重点工程项目的顺利进行并取得了很好的经济效益。而 1958 年"大跃进"开始后,在"左"倾路线的影响下,出现了搞生产建设"只算政治账、不算经济账"的错误做法,技术经济分析工作被取消,人员被调离,技术经济学科受到严重冲击。60 年代初期,我国对国民经济进行了第一次调整,提出了"调整、巩固、充实、提高"的八字方针。理论界和实际工作者也发表大量文章展开讨论,提出经济建设中必须讲求经济效益,必须重视经济效果的研究,从而开始纠正过去不讲求经济效益的错误做法。这就是中共中央与国务院于 1963 年 12 月批准的《1963～1972 年科学技术发展规划》,技术经济分析和研究工作开始得以恢复。

然而 1966 年开始的"文化大革命",使刚刚得以恢复的技术经济研究工作又遭到严重破坏。技术经济学受到批判,技术经济研究工作被迫全部停止,技术经济研究机构和工作部门被撤销,队伍被解散,人员被调离。在"左"的错误思想的指导下,重速度、轻效益,重数量、轻质量,不顾客观条件盲目建设、乱铺摊子等情况越来越严重,国民经济发展比例失调,已濒临崩溃的边缘。

1976 年粉碎"四人帮"后,在努力恢复和发展国民经济的过程中,理论界和实际工作者再次提出在经济建设中必须加强技术经济分析工作,讲究和重视经济效益,受到了党和政府的高度重视。党的十一届三中全会拨乱反正,纠正了"左"倾错误路线,提出了以经济建设为中心,以提高经济效益为核心的指导思想和工作方针,迅速推动了技术经济工作和技术经济理论与方法的研究的进一步开展。特别是 1978 年全国科学大会通过的、党中央和国务院批准的《1978～1985 年科学技术发展规划》中,把"技术经济和管理现代化理论和方法的研究"列为全国重点研究项目,这就进一步有力地推动了技术经济和管理现代化理论、方法研究的迅速发展。1978 年 11 月召开了技术经济和管理现代化科学规划工作会议,制订了《技术经济和管理现代化理论和方法的研究规划(1978～1985 年)》(草案),成立了国家科协领导的中国技术经济研究会。1981 年国务院成立了技术经济研究中心,中国社会科学院建立了数量经济与技术经济研究所,中国科学院也建立了系统科学研究所;许多省、市、自治区,中央各主管部门和一些大中城市、大中型企业,也相继建立了技术经济研究中心、技术经济研究所、技术经济研究会;许多大专院校设置了技术经济系科和专业,开设了技术经济学课程等,广泛宣传、普及了技术经济学的理论知识和方法,讲究和提高经济效益的重要性,在经济建设中普遍开展了技术经济分析论证工作和建设项目的可行性研究工作。1978 年联合国工业发展组织为了推动发展中国家开展可行性研究,编写和发行了《工业可行性研究手册》和《工业项目评价手册》。我国及时翻译出版并推广应用该手册,正式学习引进西方可行性研究的方法。1983年国家计委颁布了《关于建设项目可行性研究的试行管理办法》,把可行性研究列为基本建设的一项必不可少的重要程序。为了做好建设项目的技术经济分析、论证和可行性研究工作,1986年国家计委成立了中国国际工程咨询公司,规定今后国家预算内安排的基本建设项目和重大技术改造项目,都必须通过该公司进行评估,实行先评估后决策。1987年,为了推进建设项目经济评价工作的开展,实现项目决策科学化、民主化,减少和避免投资决策失误,提高投资经济效益,国家计委又颁布了《建设项目经济评价方法与参数》,要求在大中型基本建设项目和限额以上技术改造项目中贯彻实行。这一文献是具有中国特色的建设项目评价方法的指南。经过广大技术经济工作者的大量实践,1993年4月,国家计委重新修订颁布了《建设项目经济评价方法与参数》(第二版),使技术经济评价工作更完善、更具操作性。

石油工业分别在1990年和1994年结合石油工业自身实际制定颁布了《石油工业建设项目经济评价方法与参数》第一版和第二版,1999年11月成立的中国天然气股份有限公司也于2001年3月制定颁布了《中国石油天然气股份有限公司建设项目经济评价方法与参数·勘探开发管道》,为石油理论工作者和实际工作者开展石油勘探与开发、石油加工与化工技术经济分析工作创造了条件。2006年8月,国家发改委和建设部结合我国13年来经济建设与投资活动的实际情况,重新修订颁布了《建设项目经济评价方法与参数》(第三版)。实践表明,认真做好建设项目经济评价和可行性研究工作,对提高投资决策的科学化水平,提高投资经济效益都有明显的效果。

我们相信,今后随着经济建设的发展和现代化管理理论与方法的进一步推广应用,可行性研究和技术经济分析与评价工作将进一步深入开展,我国的技术经济学研究必将得到进一步发展。

二、技术经济学的概念

1. 技术与经济的概念

技术有狭义技术与广义技术之分。狭义技术一般是指劳动工具的总称,或者是指人们从事某种活动的技能。而广义技术一般是指人类认识和改造客观世界的能力。因此,概括起来说,技术就是指人们改造自然,从事生产活动的手段、方法、技能、经验、知识的总和,是人们运用科学知识的一种"艺术"。

技术是多种多样的,生产活动中的技术大致可以分为两类:一类是"硬技术",具体表现为机器、设备、厂房、建筑物、构筑物、原材料、燃料和动力等的物质形态技术;另一类是"软技术",具体表现为工艺、程序、规划、方法、技能、经验、信息、管理能力等的非物质形态技术。

经济的含义是多样的,可以指生产关系;可以指社会生产与再生产的过程,如生产、分配、交换、消费;可以指社会经济制度,如资本主义经济制度、社会主义经济制度;可以指经济总量、经济部门,如国民经济、工业经济、农业经济;还可以指节约或节省,如节约劳动时间、节省资源、节约资金等。在技术经济学中,经济多是指"节约"或"节省"的意思,即指经济效益。

2. 技术与经济的关系

技术与经济分属两个不同的范畴,但它们在人类社会的物质生产活动中却是密切联系、不可缺少的两个方面,它们之间的关系是对立统一的辩证关系。

技术和经济有互相统一、互相一致的一面。我们知道,发展技术是为了发展经济。世界各国无不依靠技术的进步来振兴经济,凡是技术发达的国家都是经济强国,如美国、日本。各行各业也都在通过采用先进技术来提高经济效益,如大庆油田持续三十多年稳产高产主要依靠采用先进的"控水稳油"、"三次采油"等先进技术。事实说明,技术不断发展的过程,也是经济效益不断提高的过程;得到推广的技术表明其有较好的经济效益,而先进的技术本身往往就伴随着较高的经济效益。例如,20世纪70年代开始应用的集成电路,今天已成为最有生命力的技术之一,因为它不仅技术先进,符合社会发展的需要,而且可带来极大的经济效益。

技术和经济也有互相对立、互相矛盾的另一面。我们认为,技术不能脱离一定的经济环境孤立地发展,技术的进步不仅取决于经济发展的需要,而且要受到经济条件的制约。在实际生产活动中采用某项技术时,不能不凭借当时当地的具体的自然条件和社会条件,而条件不同,技术所带来的效果也不同。某种技术在某种条件下能体现出较高的经济效果,而在另一种条件下就不一定是这样。例如,大庆、胜利、华北、江苏等油田,由于地质条件差异,开发年限与开采强度不同,含水率有别,同样运用三次采油技术,但技术效果就不同,以大庆油田的应用效果最好。有时,从远景的发展方向来看,应该采用某项技术,而从近期的利益来看,则需要采用另一种技术。这方面的例子很多。例如,太阳能发电技术、煤炭的地下气化技术等都很先进,然而目前在世界上还不能得到广泛采用,就是因为现在使用这些技术的经济性较差。可见,联系到具体的自然条件和社会条件,并非一切先进的技术都是经济合理的。

因此,为了保证技术很好地服务于经济,最大限度地满足社会的需要,就必须研究在当时当地的具体条件之下,采用哪一种技术才是最适合的。这个问题显然不是单单由技术是先进或落后所能够决定的,脱离了经济的标准去评价一项技术的优劣就没有意义了,而必须通过经济效果的计算和比较才能够解决。这就要求我们在实际工作中,既不能盲目追求某些先进技术而不考虑其经济效益,又不能单纯强调经济合理性而拒绝采用某些先进技术,应当是技术上的先进性与经济上的合理性二者的统一。所以我们要正确认识和处理好技术与经济之间的关系,确保所使用的技术能取得最大的经济效益。

3. 技术经济学的概念

技术经济学是一门研究技术与经济的相互关系,寻求技术与经济的最佳结合,以保证所采取的各项技术取得最大经济效益的科学。

第二节　技术经济学的研究对象、内容和特点

一、技术经济学的研究对象

技术经济学是一门新兴学科,是一门技术科学与经济科学互相渗透、互相结合的边缘学科,故其研究对象既不是纯技术问题,也不是纯经济问题,因为研究纯技术问题有技术科学,研究纯经济问题有经济科学。因此,技术经济学作为一门研究技术领域经济问题和经济规律、研究技术进步与经济增长之间相互关系的科学,其研究对象主要有两个方面:

第一,技术经济学是研究技术实践的经济效果,寻求提高经济效果的途径与方法的科学。它是以技术政策、技术规划、技术方案、技术措施的经济效益为对象,运用经济学原理和定量化的科学方法,对各种方案进行决策分析。

通过技术经济分析我们可以了解到各种技术方案的经济效果,即比较各方案的投入与产出。投入一般是指为生产产品或提供劳务而消耗的资源(如劳动力、资金、技术等),而产出则是指用货币表示的相应产品和劳务的价值。衡量经济效果的方法有多种:可以直接对方案的投入与产出加以比较,也可以在达到相等产出的前提下比较各方案投入的大小,还可以在相等投入的前提下比较各方案产出的大小。所谓经济效果好,就是产出远远大于投入;或者达到相同的产出,而投入最小;或者同样的投入,而产出最大。

第二,技术经济学是研究技术和经济的相互关系,探讨技术与经济相互促进、相互制约和协调发展的科学。

科学技术是第一生产力。科学技术必须面向经济建设,以经济建设为主战场,才能增强技术进步的活力。由于技术和经济相互渗透、相互促进的作用和机制在不断地增强,两者相互对立、相互制约和相互排斥的矛盾也在日益加深。在现代技术领域中经济难题越来越多,所有需要决策的技术问题几乎都不再是单纯的技术问题了。这就提出了一个重要课题,如何从理论上阐述,并从方法上协调两者之间的关系。当两者在一定的条件下处于矛盾的状态时,应发展何种技术或采取何种措施,使技术与经济的矛盾转化,

促进经济的发展,从而也使技术更进一步发展,最后做出科学的决策。因此,把技术上的先进性和经济上的合理性科学地统一起来,就成为技术经济学的主要任务之一。

技术经济学的研究对象有以下两个特点:

第一,技术经济学研究的是技术与经济的相互关系,研究拟将采用的某项技术所能带来的经济效益,而不是研究技术本身的水平。

第二,技术经济学不是笼统地研究经济效益,也不是研究影响经济效益的一切因素,而是针对所要采用的某技术方案或技术措施拟将产生的经济效益进行研究,其他诸多影响因素在综合评价时予以考虑。

二、技术经济学的研究内容

从技术经济学的研究对象可以看出,技术经济学的研究内容是相当广泛的。它既包括社会再生产过程中生产、分配、交换、消费各个环节的技术经济问题,也包括科学技术进步中的技术经济问题;既研究国民经济发展规划和技术发展战略、行业和地区的发展规划和策略、产业结构和产业政策、投资决策和投资规划等宏观技术经济问题,也研究单个企业或个别消费者的技术经济活动、工程项目评价、工艺和设备选择、设备更新、技术改造等微观技术经济问题。随着科学技术的进步、社会经济的发展、相邻学科的相互渗透,技术经济学研究的范围将会不断拓宽,其研究的内容必将不断扩大。

从技术经济学的研究对象来看,技术经济学是研究社会生产中人们可能采取的技术政策、技术规划、技术方案、技术措施的经济效益,故其研究内容主要有宏观与微观两大方面:

宏观上是指对国家技术政策与技术规划的经济效益论证。如国家、地区、部门的科学技术发展方针、政策、规划的论证;经济发展战略的论证;工业发展规模、工业布局与工业结构的论证;资源开发和利用政策的论证;技术引进政策的论证等等。

微观上是指对企业技术方案、技术措施的经济效益论证。如新产品开发的论证;采用新工艺、新材料、新能源等的论证;设备更新的论证;专业化协作的论证;标准化论证;工程基本建设项目及技术改造项目的论证等。

从技术经济学学科体系来看,技术经济学的研究内容主要包括三大部分:一是技术经济学的基础理论或基本原理;二是技术经济分析的方法,包括静态分析方法与动态分析方法、肯定性分析方法与不确定性分析方法、企业财务分析与国民经济分析等;三是技术经济学基本原理与方法在论证不同类型技术方案中的应用。围绕这三大部分,本书具体介绍了技术经济分析的经济要素、资金时间价值、技术经济评价方法、投资方案的比选、不确定性分析、企业财务评价与国民经济评价、工业项目的可行性研究、设备更新与技术改造的技术经济分析、技术引进的技术经济分析等内容。

三、技术经济学的特点

根据技术经济学学科性质、研究对象和研究内容，作为一门独立的学科，它具有以下几个显著的特点：

1. 边缘性

技术经济学跨越技术科学和经济科学两个领域。它是技术科学和经济科学相互交叉、相互渗透而形成的一门边缘学科。从学科研究的内容和研究问题的方法来看，它既不同于一般的经济科学，也不完全与技术科学一致，其边缘性很突出。技术经济学要应用经济科学的许多理论作为本学科的基础，同时又要广泛应用数学、运筹学、计算机等技术科学来分析和论证各种技术经济问题。

2. 预测性

技术经济学是一门对未来将要实施的技术政策或技术方案事先进行计算、分析、比较、评价和选优的科学，具有明显的预测性。它所研究和探讨的主要是未来的问题，并着眼于未来的经济效益的计算和比较。就是说，在一个工程项目建设之前就要通过大量的调查研究，用所掌握的各种数据、资料，结合现在的实际情况，对其未来的状况和发展趋势进行定性和定量分析、判断和评价，预测出该项目实施后将能带来的经济效益。但未来是不确定的，技术经济预测结果具有一定的不确定性。为了提高决策的精确性和科学性，技术经济评价还要进行详尽的敏感性分析和概率分析，以提高方案评价与决策的可靠性。

3. 系统性

技术经济学是一门系统分析的科学，具有很强的系统性。任何一个技术经济问题都不是孤立存在的，都要受到社会、政治、经济等客观条件和自然环境、自然条件的限制，都是整个社会的技术经济大系统中一个有机组成部分，是一个子系统。因此，我们要用系统的思想和系统论的观点，把所研究的技术经济问题置于社会、政治、经济和自然环境的大系统中加以综合分析、论证和评价。既要研究其直接经济效果，又要考虑其相关的间接经济效果；既要研究其近期效果，又要考虑其远期效果；既要研究其有利效果，又要考虑其不利效果；既要研究企业或项目本身的经济效益，又要研究其给国家和社会带来的国民经济效益和社会效益。只有这样，才能得出正确的结论。所以，系统的观点和系统分析的方法是技术经济研究中很重要的一种观点和方法，是技术经济学的重要特点。

4. 比较性

技术经济学是一门比较选择的科学。没有比较，就没有鉴别，比较研究的原理和方法是技术经济研究中普遍采用的一项基本原理与方法。随着技术进步，为达到某种目的或满足某种社会需要,往往有两个或两个以上的方案可以实现。而各个方案又各有利弊。技术经济研究必须对各个方案、各种因素进行综合比较、分析后选择出最优方案,作为科学决策的依据。因此,比较研究的方法,即比较性,是技术经济学研究的一个基本特点。

5. 定量性

技术经济学是一门定性分析与定量分析相结合、以定量分析为主的科学。对任何技术经济问题的分析、论证,除了定性分析外,还要进行定量分析。定量分析常常让人感到分析结论更可靠,更科学,更具说服力。因此,技术经济学广泛采用微积分、线性规划、线性代数、概率论与数理统计、运筹学及计算机技术等各种科学方法进行定量分析和计算,实现定性分析与定量分析的密切结合。

6. 应用性

技术经济学是一门解决实际问题的学问,是应用科学,具有很强的实用性。它研究问题时应用的资料、数据、信息来源于社会实践,而研究的结论又必须通过实践的检验,并最终指导实践。从宏观讲,其研究的结论往往是国家或地区制订规划及计划的依据;从微观讲,其选出的最优方案往往是工程设计的基础或建设实施的方案,如可以作为一个油田的开发方案或一个炼厂的建设方案等。因此,技术经济学的研究要密切结合国家和各地区的自然资源特点、物质技术条件和社会经济状况,运用各种经济理论,应用系统工程、运筹学等方法来分析研究并最终解决我国各行业的各种技术经济问题。

第三节 技术经济学研究问题的基本思路和程序

一、技术经济学研究问题的基本思路

技术经济学研究问题的基本思路是:调查研究—计算分析—综合评价与系统选优。

1. 调查研究

调查研究是对所研究的技术经济问题进行计算分析、综合评价与系统选优的基础和前提。其主要任务是搜集各种技术经济基本资料、原始数据和现状材料,并对其加以归纳、整理和初步分析,拟定所要计算的基本因素、基本指标和计算的基本方法等。

2. 计算分析

在调查研究的基础上,进一步整理数据和资料,并作详细分析;找出各相关因素之间的关系,建立各因素间必要的函数关系式或数学模型;拟定出各种可能方案,作出定量计算和定性分析;对于重要的项目或方案,还应作不确定性分析;根据计算与分析,对各种方案进行优劣排序。

3. 综合评价与系统选优

综合评价与系统选优是技术经济分析研究的关键阶段，即根据上述计算和分析的结果，对各方案进行全面、系统的分析和论证，综合各种因素和数据，结合定量分析和定性分析，从国家、企业、社会环境等方面，对诸方案进行综合评价，从中选出最优方案。

二、技术经济分析问题的基本程序

技术经济分析评价是一种科学的推理过程，逻辑性很强。因此，在评价过程中，必须按照一定的程序和步骤进行，如图1-1所示。

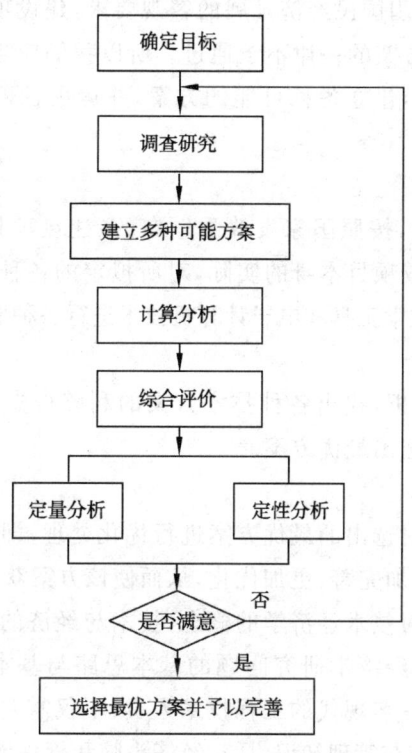

图1-1 技术经济分析的基本程序

1. 确定目标

技术经济分析的第一步是确定目标。目标一般包括社会目标和具体目标两部分。社会目标是从整个社会来考虑的，而具体目标是指部门、地区、企业所要达到的目标。显然，具体目标应该符合社会目标的要求，要服从并服务于社会目标。社会目标是由许多个具体目标组成的，也是通过具体目标的实现来完成的。因此，社会生产实践中的科技发展、新工艺研究、新产品开发、市场营销创新、工程项目建设等具体目标和社会经济发展的大目标具有同样的重要性，都是技术经济分析的出发点与落脚点。

2. 调查研究

对任何一个技术经济问题进行分析论证时,都必须作深入的调查研究,没有调查,就没有发言权。总结过去,分析现状,才能准确地预测未来。国内外实践证明,调查研究在技术经济分析中具有十分重要的作用,而且调查研究的深度与质量直接影响到技术经济分析的准确性和可信度。因而,掌握调查研究的方法,做好调查研究工作是技术经济分析的前提与基础。

3. 建立多种可能方案

为实现某一目标或解决某一问题,可以建立多种可能方案,而各方案各有利弊。根据国外经济发展的经验及我国国民经济发展的客观要求,建设项目必须进行可行性研究和技术经济论证,只有一种方案的一律不予通过。所以我们应当根据调查研究掌握的资料及各因素之间的相互关系,建立各种可能的方案,并运用各种技术经济评价方法进行全面、细致的分析和论证。

4. 计算分析

根据技术经济学的原理,按照国家发改委颁布的《建设项目经济评价方法与参数》(第三版)的要求,以及企业或项目本身的实际,对所拟定的各种可能方案,运用科学的计算分析方法,并借助于现代数学工具和电子计算机技术进行各种经济指标的计算与分析。

5. 综合评价

通过定量计算和定性分析,找出各种技术方案的利弊得失及敏感因素的影响程度,然后进行综合分析评价,并选出最优方案。

6. 完善方案

根据综合评价的结果,对选出的最优方案进行优化处理,即在各种可能条件下,分析该方案能否采取措施使之更加完善、更加优化,从而使该方案获得更好的经济效益。

通过本章的学习,我们对技术经济学的概念,技术与经济的辩证关系,技术经济学的研究对象、内容与特点,技术经济学研究问题的基本思路与基本程序等都有了初步的认识。我们应该认识到:作为一名现代的工程技术人员,不仅需要掌握本专业的知识、技术和技能,而且必须要学习经济与管理知识,具有经济头脑和管理能力。作为现代管理人员,通过学习技术经济学,要不断提高科学决策的水平,确保投资决策的准确性和科学性。

思 考 题

1. 技术经济学的研究对象、研究内容是什么?
2. 技术经济学有哪些基本特点?
3. 技术经济分析的基本程序一般分哪几个阶段?
4. 通过本章的学习,你认为学习技术经济学有什么必要性?
5. 结合实际,谈谈技术经济分析工作的重要性。

第二章 现金流量分析

现金流量即拟投资项目的现金收入与现金支出的统称。技术经济评价是根据经济效益理论,分析、预测、计算拟投资项目的经济效益,判别拟投资项目的经济可行性。经济效益是指收入与支出的比较。对于拟投资项目,现金支出主要包括投资、成本费用、税金;现金收入主要包括销售收入、补贴收入、资产余值回收。

第一节 投融资概述

一、投资的基本概念

广义的投资是指人们有目的的资金投入行为及其运动过程,即把一定的资源投入某项计划,以获取所期望的回报。投资可分为生产性投资和非生产性投资。本章将重点讲述狭义的投资,即人们在社会经济活动中为实现某种预定的生产、经营目标而预先垫支的资金。资金泛指一切资源,可以是现金,也可以是人力、技术和其他资源。

再生产的基本单位是实现以技术应用而体现的工程项目,如可能是建设一个单一设备的小项目,也可能是开发一个新的工艺流程,还可能是建设一个大的联合企业,以及对原有项目或企业进行技术改造等,都需要预先垫支相应的资金,即投资。

二、建设项目总投资构成

(一)总投资构成

对于一般的工业投资项目,总投资包括项目建设投资和生产经营的流动资金。如果建设投资所使用的资金中含有借款,则建设期的借款利息也应计入总投资。对于某些投资项目,国家要征收固定资产投资方向调节税。因固定资产投资方向调节税目前暂停征收,所以,建设项目总投资可以不考虑该项税负。建设项目总投资的具体构成如图2-1所示。

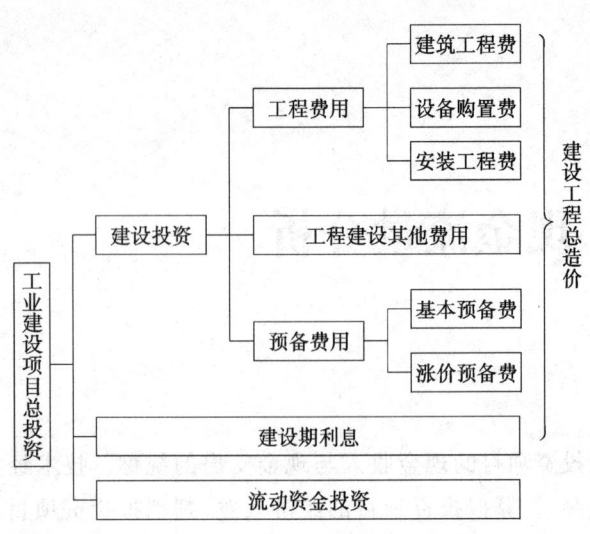

图 2-1　建设项目总投资构成图

1. 建设投资

建设投资由工程费用、工程建设其他费用和预备费用(基本预备费和涨价预备费)组成。

(1) 工程费用是指用于项目各种工程建设的投资费用,包括生产投资、生产辅助投资、"三废"处理工程投资、服务性工程投资、生活福利设施投资以及厂外工程投资等费用,具体包括建筑工程费、设备购置费、安装工程费。

(2) 工程建设其他费用是指从工程筹建到工程竣工验收交付使用为止的整个建设期间,除建筑、安装工程费用和设备购置费以外的为保证工程建设顺利完成和交付使用后能够正常发挥效用而发生的一些费用。

工程建设其他费用,按其内容大体可分为三类:

① 土地使用费。包括两方面,一方面是农用土地征用费,由土地补偿费、安置补助费、土地投资补偿费、土地管理费、耕地占用税等组成,并按被征用土地的原用途给予补偿;另一方面是取得国有土地使用费,由土地使用权出让金、城市建设配套费、拆迁补偿与临时安置补助费等组成。

② 与项目建设有关的其他费用。包括建设单位管理费、勘察设计费、研究试验费、临时设施费、工程监理费、工程保险费、供电贴费、施工机构迁移费、引进技术和进口设备其他费。

③ 与未来企业生产经营有关的其他费用。包括联合试运转费、生产准备费、办公和生活家具购置费。

(3) 预备费用应包括两部分内容,一是基本预备费,二是涨价预备费。

① 基本预备费是指估算时为应对难以预见的工程和费用而准备的资金,所以基本预备费又称不可预见费。常以工程费用合计和其他费用之和为基数,乘以基本预备费率来估算。一般是工作深度越浅,费率越高,例如编制项目建议书投资估算时采用的基本费率高于编制可行性研究报告时采用的基本预备费率。按现行规定,基本预备费按工程费用与其他费用之和(包括引进部分)的 10%～15% 计取。对于设计成熟可靠的项目可适当降低,但最低不能低于 10%。外汇与人民币均须计取基本预备费,并应按外币、人民币分别列出。

② 涨价预备费,又称价差预备费,是指从估算时到项目建成期间因建设费用上涨而增加的费用。一般是取定价格上涨指数后,以估算年价格水平下估算的投资额为基数,采用复利方法计算涨价预备费。按现行规定,涨价预备费只限于国内购置的设备及安装和建设工程材料费用。

2. 建设期利息

建设期利息系指筹措债务资金时在建设期内发生并按规定允许在投产后计入固定资产原值的利息,即资本化利息。建设期利息包括银行借款和其他债务资金在投资建设期间产生的利息之和,以及其他融资费用。其他融资费用是指某些债务融资中发生的手续费、承诺费、管理费、信贷保险费等融资费用。

建设投资与建设期利息合称建设工程总造价。

3. 流动资金投资

流动资金系指运营期内长期占用并周转使用的营运资金,不包括运营中需要的临时性营运资金。投产第一年所需的流动资金应在项目投产前安排。为了简化计算,项目评价中流动资金可从投产第一年开始安排。项目寿命期末(生产经营期末)以货币资金的形式回收全部流动资金。

(二) 资产形成

建设工程总造价在项目投产后分别形成相应的固定资产、无形资产和其他资产,流动资金投资在项目投产后形成流动资产。

1. 固定资产

固定资产指使用期限较长(一般在一年以上)、单位价值较高、在生产过程中为多个生产周期服务、在使用过程中保持原来物质形态的资产,包括房屋及建筑物、机器设备、运输设备、工具器具等。《工业企业财务制度》进一步规定:不属于生产经营主要设备的物品,单位价值在 2 000 元以上,并且使用期限超过两年的,也应作为固定资产。

2. 无形资产

无形资产指企业长期使用,能为企业提供某些权利或利益但不具有实物形态的资产,如专利权、非专利技术、商标权、版权、土地使用权、商誉等。在财务处理上,购入或者按法律程序取得的无形资产的支出,一般都予以资本化,在其受益期内分期摊销。

3. 其他资产

其他资产,即递延资产,指集中发生但在会计核算中不能一次全部计入当年损益,应当在以后年度内分期摊销的费用,包括开办费、以经营租赁方式租入的固定资产改良支出等。开办费是指企业在筹建期间发生的费用,包括筹建期间的人员工资、办公费、培训费、差旅费、印刷费、注册登记费以及不计入固定资产和无形资产购建成本的汇兑损益等支出。企业发生的下列费用,不应计入开办费:应由投资者负担的费用支出;为取得各项固定资产、无形资产所发生的支出;应计入资产价值的汇兑损益、利息支出等。

4. 流动资产

流动资金投资在项目投产后形成流动资产,流动资金是流动资产的货币表现。流动资产是指可以在一年内或者超过一年的一个营业周期内变现或者耗用的资产,包括货币资金、应收账款、存货等。流动资金是指工业项目投产前预先垫付,在投产后的生产经营过程中用于购买原材料、燃料动力、备品备件、支付工资和其他费用以及被在产品、半成品、产成品和其他存货占用的周转资金。流动资金经常与净流动资金一词作为同义词使用,亦称营运资金。流动资金在数量上等于全部流动资产减去全部流动负债后的差额。在生产经营活动中,流动资金以现金及各种存款、存货、应收及预付款项等流动资产的形态出现。在整个项目寿命期内,流动资金始终被占用并且周而复始地流动。到项目寿命期结束时,全部流动资金才能退出生产与流通,以货币资金的形式被回收。

三、固定资产投资估算

建设投资包括固定资产投资、无形资产投资和其他资产投资。无形资产投资和其他资产投资一般没有固定的投资估算方法,需要根据每个项目的具体情况进行实际估算。因此,本书仅介绍常用的固定资产投资估算方法。

(一)粗略估算方法

粗略估算方法,即历史经验法。在项目的初步可行性研究阶段,由于资料不详,要求投资估算误差达到20%以内即可。因此,可按初步设想方案,参照已建成的同类企业的工程投资额或造价进行匡算。这些根据实际经验和历史资料进行的粗略的估算方法,虽然精度不高,但在项目初选阶段已能满足需要。在实际应用时,应根据估算数据来源、估算级别和要求进行选用。

1. 单位生产能力投资估算法

生产能力一般指项目建成投产以后以每年产量为标志的一种设计指标。比如说,建成一个年产200万吨煤的矿井或建设一个年产20万台电冰箱的工厂,就分别是这两个项目的设计生产能力。显然,设计生产能力越大,意味着项目的建设规模也越大,所需的建设资金也越多。可见设计生产能力与建设投资之间存在着一定的数量关系。

单位生产能力投资是指每单位设计生产能力所需要的建设投资。这一指标使同一类型不同建设项目的投资数额有了一个衡量和比较的标准，这一指标也为其他同类建设项目的投资估算提供了大体依据。一般来讲，国家各主管部门都对部门管理的同类工程项目的单位生产能力投资有粗略的标准；或者项目评估人员，在实际工作中总结和积累了本行业、本部门同类工程项目的单位生产能力投资的数据、信息。这些都可以作为我们估算新建工程项目固定资产投资费用的依据。

单位生产能力投资估算法的计算公式为：

$$I_2 = X_2 \left(\frac{I_1}{X_1}\right) \cdot P_F \tag{2-1}$$

式中 I_2——拟建项目固定资产投资；

I_1——已建成同类型项目的固定资产投资；

X_2——拟建项目的设计生产能力；

X_1——已建成同类项目的生产能力；

P_F——价差系数，等于 P_1/P_2，其中 P_1 为投资估算年份价格，P_2 为已建成同类项目的投资数据估算年份的价格。

[例 2-1] 已知某项目年生产能力为 54 万吨，固定资产总投资为 1 535.5 万元。如拟建一座年产 25 万吨的同类项目，假定拟建项目与同类项目价差系数为 1.2，试估算拟建项目需要多少固定资产投资费用。

解：根据公式(2-1)得到拟建项目的固定资产投资费用为：

$$I_2 = 25 \times (1\,535.5/54) \times 1.2 = 853.06(万元)$$

单位生产能力投资估算法把项目的固定资产投资与其生产能力的关系视为简单的线性关系，估算结果的精确度较低，使用时应考虑拟建项目生产能力、工艺条件以及其他条件的可比性，否则误差较大。在实际估算工作中，由于难以找到完全类似的项目，通常是按项目的生产内容、工艺流程、设施装置，把项目进行分解，分别套用类似部门、设施和装置的单位生产能力投资指标计算，然后加总求得总的固定资产投资费用。

2. 指数估算法

指数估算法是指根据成套生产工艺设备已知装置能力投资额来估算拟建项目投资额的方法，也叫装置能力指数法。估算公式为：

$$I_2 = I_1 \left(\frac{X_2}{X_1}\right)^n \cdot P_F \tag{2-2}$$

式中 n——装置能力指数。

运用指数法估算项目投资的重要条件，是要有合理的装置能力指数。当生产规模扩大不超过 9 倍，仅变化设备的尺寸时，n 取值为 0.6～0.7；当设备尺寸变化不大，仅扩大规模时，n 取值为 $0.8\sim1.0$；试验性生产工厂和高温、高压的工业性生产工厂，n 取值为 $0.3\sim0.5$。以上这些系数不能用于规模扩大在 50 倍以上的工厂。

装置投资费用一般是工程项目的主要部分投资费用。算出装置投资费用以后，可以再用比例估算法或其他方法估算出工程项目的全部费用。

[**例 2-2**] 某已建化工厂有生产规模 20 万吨聚酯切片，装置能力为每条线每天生产 200 吨纤维级切片，共三条生产线，引进投资 6 300 万美元。现拟新建一个同样规模，但装置能力为每条线每天生产 300 吨纤维级切片的项目，共需两条生产线，试用指数法估算拟建项目引进投资为多少？（价差系数为 1.1，指数 n 取值为 0.7）

解：装置能力引进投资为：
$$I_1 = 6\ 300/3 = 2\ 100(万美元)$$

代入公式(2-2)得：
$$I_2 = I_1\left(\frac{X_2}{X_1}\right)^n \cdot P_F = 2\ 100 \times \left(\frac{300}{200}\right)^{0.7} \times 1.1 = 3\ 068.14(万美元)$$

拟建项目共需引进的投资为：
$$3\ 068.14 \times 2 = 6\ 136.28(万美元)$$

由于这个方法不是按简单的线性关系，而是根据项目建设的内容确定的指数关系来估算投资的，所以比单位生产能力投资估算法的精确度要高。

3. 费用系数法

费用系数法以设备投资为基础，对相应的建筑费、安装费及主要材料费、其他费用等用相应系数进行计算。其计算公式如下：

$$I = I_s(1 + e_1 + e_2 + e_3) \times 1.15 \tag{2-3}$$

式中　I——投资估算值；

　　　I_s——设备费用总值；

　　　e_1——建筑费系数；

　　　e_2——安装费及主要材料费系数；

　　　e_3——其他费用系数；

　　　1.15——综合系数。

设备投资费用是根据所需要的主要设备数量，乘以设备现行出厂价格，再乘以 1.2（次要设备和备件及运杂费系数）求得的。

[**例 2-3**] 某建设项目所需要的主要设备费用是 470 万元，参考同类型项目施工预算，取建筑费系数为 0.7，安装费及主要材料费系数为 0.45，其他费用系数为 0.4，试估算该项目投资。

解：设备费用总值：

$$I_s = 470 \times 1.2 = 564(万元)$$

代入公式(2-3)得:
$$I = 564 \times (1 + 0.7 + 0.45 + 0.4) \times 1.15 = 1\,654(万元)$$

4. 比例估算法

比例估算法是按已建同类项目主要设备投资占固定资产总投资的比例,计算拟建项目固定资产投资估算值的一种方法。它是在求出已建项目的主要设备投资占固定资产投资的实际比例和拟建项目主要设备费用的基础上,完成拟建项目固定资产投资估算。其计算公式为:

$$I = I_s / k \tag{2-4}$$

$$I_s = \sum_{i=1}^{n} Q_i \cdot P_i \tag{2-5}$$

式中 I——拟建项目固定资产投资估算值;

  k——同类项目主要设备占固定资产投资比例,%;

  I_s——拟建项目主要设备投资;

  n——设备种类数;

  Q_i——第 i 种设备的数量;

  P_i——第 i 种设备的单价(按到厂价格计算)。

[例 2-4] 根据统计资料计算出某方案已建同类项目设备投资占固定资产总投资的 41%,拟建项目设备投资按项目设备购置计划与厂商报价,计算为 386 万元,试计算拟建项目固定资产投资是多少?

解:拟建项目固定资产投资为:
$$I = I_s / k = (386/41) \times 100 = 941.46(万元)$$

5. 分项类比估算法

分项类比估算法将项目的固定资产投资分为三部分,即机器设备投资、建筑物与构筑物等土建工程投资以及其他基建投资。估算程序是,首先估算出机器设备投资,然后以机器设备投资为基础,分别按一定的百分比计算出建筑物与构筑物等土建工程投资以及其他基建投资,并求它们的总和即为所求估算投资。其计算公式为:

$$I = (I_e + I_b + I_o)(1 + S) \tag{2-6}$$

$$I_b = I_e \cdot I_{b1} / I_{e1} \tag{2-7}$$

$$I_o = I_e \cdot I_{o1} / I_{e1} \tag{2-8}$$

$$I_{e1} = \sum_{i=1}^{n} [Q_{1i} P_{1i} (1 + L_{1i})] \tag{2-9}$$

式中 I——拟建项目固定资产投资估算值;

I_e——拟建项目设备投资估算值；

I_b——拟建项目土建工程投资估算值；

I_o——拟建项目其他基建投资估算值；

S——预备费系数,取值范围为10%～15%；

I_{b1}——已有同类项目的土建工程费；

I_{o1}——已有同类项目的其他基建费；

I_{e1}——已有同类项目的设备投资额；

Q_{1i}——同类项目第i种设备的数量；

P_{1i}——同类项目第i种设备的单价；

L_{1i}——同类项目第i种设备运输安装费系数,国外一般采用机器设备交货额的43%。

[**例 2-5**] 现计划用一年时间建设一个食品加工企业,已知某同类企业的土建工程费与其他基建费分别是其设备投资额的259%与153%。经预测,拟建项目的设备投资额为96万元。预备费系数取14%,估算期为建设期的前一年,试计算拟建项目的固定资产投资是多少？

解：首先计算拟建项目土建工程投资估算值(I_b)与其他基建投资估算值(I_o),然后再加总。拟建项目固定资产投资估算值I为：

$$I_e = 96(万元)$$

$$I_b = 96 \times 259\% = 248.64(万元)$$

$$I_o = 96 \times 153\% = 146.88(万元)$$

$$I = (96 + 248.64 + 146.88)(1 + 0.14) = 560.33(万元)$$

（二）详细估算方法

当方案已具有较为详细的设计图纸资料,并要求投资估算误差达到10%以内时,应按编制概、预算方法对固定资产投资进行详细估算。详细估算方法是指先将构成工程费用的各个组成部分分别加以估算,然后汇总得出工程费用总额的估算方法。详细估算方法具体包括编制概算法和形成资产法两种。

1. 编制概算法

编制概算法是当前应用最广泛的一种固定资产投资估算方法。它的准确程度可以满足项目评估中经济效益分析的要求。编制概算法是根据国家及行业、部门的有关概算编制规定进行的。

（1）国外费用的估算。

对于引进国外技术设备的建设项目,在估算其投资时,应首先确定其国外费用。引进国外技术设备的费用一般包括硬件费和软件费。硬件费一般包括设备费(含备品备件)、材料费;软件费一般包括专利费、技术秘密费、设计费、技术服务费等。硬件费和软件费可以根据谈判过程中外商的报价来确定,或根据技术设备引进单位派人出国考察时了解到的价格来确定,也可以向中国技术进出口公司询价。如果该技术设备国内已有引进,或者国内曾有类似技术设备引进,则可通过调查确定引进设备的费用。目前,对于一些较大宗的设备采购,要求用国际招标方法进行,在这种情况下可用得标价格确定引进设备的费用。

成套引进的有关费用计算方法按中国技术进出口公司规定计算,即:

① 货价。成套引进的硬件和软件的外币金额,首先折算为美元,然后再由美元一律按下列公式折算为人民币:

$$货价 = 外币金额 \times 外汇牌价$$

外汇牌价按签订合同或估算投资时国家外汇管理局公布的外汇牌价计算。

② 国外运费。软件不计算国外运费,硬件的海运费按下列公式计算:

$$海运费 = 成套设备、材料总重(毛重) \times 运输单价$$

如缺乏成套设备、材料重量资料,可按海运费费率估算:

$$海运费 = 成套设备、材料总价 \times 6\%$$

③ 运输保险费。软件不计算运输保险费,硬件部分按下列公式计算:

$$运输保险费 = 离岸货价 \times 1.063\,5 \times 3.5‰$$

以上式中 1.063 5 为常数数据,6% 为运输费率,3.5‰ 为保险费率。

④ 银行财务费。其计算公式为:

$$银行财务费 = 离岸货价 \times 0.5\%$$

⑤ 外贸手续费。其计算公式为:

$$外贸手续费 = (离岸货价 + 国外运费 + 运输保险费) \times 1.5\%$$

⑥ 关税和增值税。

$$关税 = 到岸货价 \times 税率$$

关税税率按海关总署的税则规定计取,一般为 15%~20%。

$$增值税 = (到岸货价 + 关税) \times 增值税税率$$

增值税税率按海关总署的税则规定计取,一般为 17%。按照国家规定,引进国外技术设备的建设项目可免除关税和增值税的,可不计取关税和增值税;减半计取关税和增值税的,其费用分别为不免关税和增值税的 50%。

另外,引进国外技术设备的建设项目还必须计算以下几项费用:国内运杂费、国内安装费、国内检验费、外国工程技术人员来华费用、出国人员费用、海关监管费、技术资料复制翻译费、备品备件测绘费、其他可以列入概算的费用。

这几部分费用的估算可按经贸部和各行业、部门及金融部门的规定计算。

(2) 国内费用的估算。

建设项目的国内费用，按照概算编制的规定，应包括建筑安装工程费、设备安装工程费、国内设备费、工器具及生产家具购置费、其他费用和预备费用等几部分。

① 建筑安装工程费。建筑安装工程费可利用概算定额、概算指标或类似预算、决算加以确定。无论运用哪种方法，均应对当地的地方资源、社会环境、工程地质、价格水平及定额标准等进行详细调查，以便能比较准确地估算。估算时可先算出单位工程建筑安装工程费，再汇总为单项工程建筑安装工程费，最后汇总为建设项目建筑安装工程费。

② 设备安装工程费。设备安装工程费是指需安装的工艺、计量、仪表、电气、通讯、分析、化验、机械维修等设备装置的安装费用，以及设备内部填充、砌筑、保温、防腐工程，随机带来的成套设备附属设备的配件、工艺供热、电缆电线等的安装费用。若是现场组装的气柜、球罐等各种大型储罐，则还应包括仪表的调试和设备管道的清洗费用。设备安装工程费中，还应包括安装前进行准备工作所发生的费用，如拆箱、检验，以及由工地仓库运到安装地点的搬运费、每台设备安装完后的试运转费、设备承制厂或安装机构人员进行技术指导的费用等。设备安装工程费可根据安装价目表等计算。如果无设备清单，无法直接利用设备安装价目表，也可用安装概算指标或利用安装价目表中类似项目，确定设备安装工程费用。设备安装工程费概算指标有三种：

a. 按占设备原价的百分比计算的安装费概算指标。

$$设备安装工程费 = 设备原价 \times 设备安装费率$$

其中设备安装费率执行各主管部门或行业的规定。

b. 按每吨设备计算的安装费概算指标。

$$设备安装工程费 = 设备吨数 \times 每吨设备安装费$$

其中每吨设备安装费执行各主管部门或行业的规定。

c. 按每座设备、每套设备、每组设备计算的概算指标。如果是安装引进设备，其费用的计算方法是：当外商提供的设备清单比较详细时，可按各类设备的安装概算指标加以确定，至于工艺设备的保温、清洗、防腐、刷漆等内容，则可按设备清单总价的一定比值加以确定；当设备无法进行明细区分时，一般按设备材料的总价乘以综合系数加以确定。综合系数主要依靠各主管部门提供。

③ 国内设备费。国内设备费包括一切需要安装与不需要安装的设备及应配备的设备备件的购置费用。设备原价应以设备制造厂家现时出厂价为准，设备购置费应包括原价、运费、供销部门手续费、包装费等费用内容。

④ 工器具及生产家具购置费。这是指新建单位为生产准备所购置的不够固定资产标准的设备、仪器、工卡模具、生产家具和备品备件的费用。其估算方法可根据国务院各主管部门规定的办法执行。一般是按设备总价的一定百分比计算，也有按生产工人人数计算的。

⑤ 其他费用。这是根据国家有关规定，应由项目投资的除建筑安装工程费、设备安装工程费、国内设备费、工器具及生产家具购置费和预备费用以外的一切费用。它是从建设项目或单项工程开始筹建、施工至移交生产过程中为施工和生产创造必要条件而发生的费用，是为整个建设工程服务的。它包括土地、青苗等补偿费和安置补助费，建设单位清理费和法定利润，科学研究试验费，生产职工培训费，勘察设计费等。在投资估算中通常是按有关规定的比例以工程费用为基准来计算确定。

⑥ 预备费用。固定资产投资估算中的预备费用包括两部分内容，一是基本预备费，二是涨价预备费。基本预备费是指估算时为应对难以预见的工程和费用而准备的资金，一般以工程费用合计和其他费用之和为基数，乘以基本预备费率来估算。基本预备费率的取值应依部门规定执行。一般是工作深度越浅，费率应越高。工业项目，目前国内部分一般取 10%～15%，国外部分一般取 6%～10%。涨价预备费是指从估算时刻起到项目建成期间因建设费用上涨而增加的费用。一般是取定价格上涨指数后，以估算年价格水平下估算的投资额为基数，采用复利方法计算涨价预备费。其投资基数是否包含基本预备费，是否含外汇部分应按各部门投资估算方面的有关规定执行。但对于世界银行贷款项目、亚洲开发银行贷款项目，两行评估时都要求建设期内各年的投资额中包含基本预备费，同时又要分别考虑外汇部分和人民币部分的涨价预备费，按不同的年价格上涨指数估算。

涨价预备费可按下面的公式估算：

$$C_p = \sum_{t=1}^{n_1} I_t \left[(1+f)^{m+t-1} - 1 \right] \tag{2-10}$$

式中　C_p——项目涨价预备费；

　　　n_1——建设期年数；

　　　m——估算年到建设开始年的年数；

　　　I_t——建设期分年投入的工程费；

　　　f——建设期设备材料价格上涨指数，一般取 6%。

[例 2-6] 已知某项目建设期为 3 年，估算年到建设开始年为 1 年，各年投资分别为 1 000 万元、800 万元和 300 万元，估算年基本预备费系数为 10%，物价上涨指数为 6%，试计算涨价预备费是多少。

解：根据公式(2-10)列表计算涨价预备费,如表 2-1 所示。

表 2-1 涨价预备费计算表   单位:万元

年序	基本投资	基本预备费	含基本预备费的投资额	涨价预备费	运算式
1	1 000	100	1 100	66	$1\,100[(1+0.06)-1]$
2	800	80	880	109	$880[(1+0.06)^2-1]$
3	300	30	330	63	$330[(1+0.06)^3-1]$
合计	2 100	210	2 310	238	

由表 2-1 可看出,求得的建设期各年涨价预备费分别为 66 万元、109 万元与 63 万元,该项目涨价预备费总额为 238 万元。

应用编制概算法估算建设投资应编制建设投资估算表(概算法),如表 2-2 所示。

表 2-2 建设投资估算表(概算法)

人民币单位:万元;外币单位:

序号	工程或费用名称	建筑工程费	设备购置费	安装工程费	其他费用	合计	其中:外币	比例/%
1	工程费用							
1.1	主体工程							
1.1.1	×××							
	……							
1.2	辅助工程							
1.2.1	×××							
	……							
1.3	公用工程							
1.3.1	×××							
	……							
1.4	服务性工程							
1.4.1	×××							
	……							
1.5	厂外工程							
1.5.1	×××							
	……							

续表

序号	工程或费用名称	建筑工程费	设备购置费	安装工程费	其他费用	合计	其中：外币	比例/%
1.6	×××							
2	工程建设其他费用							
2.1	×××							
	……							
3	预备费							
3.1	基本预备费							
3.2	涨价预备费							
4	建设投资合计							
	比例/%							100%

注：1. "比例"分别指各主要科目的费用(包括横向和纵向)占建设投资的比例；

2. 本表适用于新设法人项目与既有法人项目的新增建设投资的估算；

3. "工程或费用名称"可依不同行业的要求调整。

2．形成资产法

按形成资产法分类，建设投资由形成固定资产的费用、形成无形资产的费用、形成其他资产的费用和预备费四部分组成。固定资产费用系指项目投产时将直接形成固定资产的建设投资，包括工程费用和工程建设其他费用中按规定将形成固定资产的费用，后者被称为固定资产其他费用，主要包括建设单位管理费、可行性研究费、研究试验费、勘察设计费、环境影响评价费、场地准备及临时设施费、引进技术和引进设备其他费、工程保险费、联合试运转费、特殊设备安全监督检验费和市政公用设施建设及绿化费等；无形资产费用系指将直接形成无形资产的建设投资，主要是专利权、非专利技术、商标权、土地使用权和商誉等；其他资产费用系指建设投资中除形成固定资产和无形资产以外的部分，如生产准备及开办费等。

应用形成资产法估算建设投资应编制建设投资估算表(形成资产法)，如表 2-3 所示。

表 2-3 建设投资估算表(形成资产法)

人民币单位：万元；外币单位：

序号	工程或费用名称	建筑工程费	设备购置费	安装工程费	其他费用	合计	其中：外币	比例/%
1	固定资产费用							
1.1	工程费用							
1.1.1	×××							

续表

序号	工程或费用名称	建筑工程费	设备购置费	安装工程费	其他费用	合计	其中：外币	比例/%
	……							
1.2	固定资产其他费用							
1.2.1	×××							
	……							
2	无形资产费用							
2.1	×××							
	……							
3	其他资产费用							
3.1	×××							
	……							
4	预备费							
4.1	基本预备费							
4.2	涨价预备费							
5	建设投资合计							
	比例/%							100%

注：1. "比例"分别指各主要科目的费用(包括横向和纵向)占建设投资的比例；

2. 本表适用于新设法人项目与既有法人项目的新增建设投资的估算；

3. "工程或费用名称"可依不同行业的要求调整。

四、建设期利息

建设期利息是指固定资产投资借款在建设期产生的利息之和及其他融资费用，是工程成本的一部分。

建设项目分年投资的使用并不是在一年中的某一时刻一次性投入的，而是按工程进度安排年度投资计划。在进行项目经济评价时，假设借款是自年初至年末陆续支用，平均起来就是借款发生当年平均在年中支用，故按半年计息，其后年份按全年计息，以公式表示如下：

建设期每年应计利息＝(年初借款本息累计＋本年借款额/2)×年利率 (2-11)

其中，年利率为有效年利率，即对国内外借款，无论实际按年、季、月计息，均可简化为按年计息，将名义利率按计息时间折算成年有效利率。

建设期利息为建设期各年利息之和及其他融资费用。在具体进行项目经济评价时，应对贷款机构的贷款条件、发放时间、利息计算、费用情况(指承诺费、管理费等)了解清楚,再进行计算,例如有的贷款规定按年初用款计算,则上述公式中本年借款额就不需除以2,即借款发生当年也需按全年计息。

[**例 2-7**] 某项目第一年借款 119.10 万元,第二年借款 631.25 万元,第三年借款 535.28 万元。假设年利率为 10%,试分别按年中法和年初法计算利息。

(1) 按年中法计息见表 2-4。

表 2-4　按年中法计算利息　　　　　　　　　　单位:万元

年份	1	2	3	合计
年初本息累计	0	125.06	800.38	
当年借款	119.10	631.25	535.28	1 285.63
当年利息	5.96	44.07	106.80	156.83
年末本息累计	125.06	800.38	1 442.46	1 442.46

通过计算可以看出:第三年末本息总计为 1 442.46 万元,建设期借款利息为 156.83 万元。

(2) 按年初法计息见表 2-5。

表 2-5　按年初法计算利息　　　　　　　　　　单位:万元

年份	1	2	3	合计
年初本息累计	0	131.01	838.49	
当年借款	119.10	631.25	535.28	1 285.63
当年利息	11.91	76.23	137.38	225.52
年末本息累计	131.01	838.49	1 511.15	1 511.15

通过计算可以看出:第三年末本息总计为 1 511.15 万元,建设期借款利息为 225.52 万元,比年中法多 68.69 万元,这是由计算利息的起点不同造成的。

建设期利息的估算应该编制建设期利息估算表,如表 2-6 所示。

表 2-6　建设期利息估算表　　　　　　　　　人民币单位:万元

序号	项目	合计	建设期					
			1	2	3	4	…	n
1	借款							
1.1	建设期利息							
1.1.1	期初借款余额							
1.1.2	当期借款							

续表

序号	项目	合计	建设期					
			1	2	3	4	…	n
1.1.3	当期应计利息							
1.1.4	期末借款余额							
1.2	其他融资费用							
1.3	小计(1.1+1.2)							
2	债券							
2.1	建设期利息							
2.1.1	期初债务余额							
2.1.2	当期债务金额							
2.1.3	当期应计利息							
2.1.4	期末债务余额							
2.2	其他融资费用							
2.3	小计(2.1+2.2)							
3	合计(1.3+2.3)							
3.1	建设期利息合计(1.1+2.1)							
3.2	其他融资费用合计(1.2+2.2)							

注：1. 本表适用于新设法人项目与既有法人项目的新增建设期利息的估算；

2. 原则上应分别估算外汇和人民币业务；

3. 如有多种借款和债券,必要时分别列出；

4. 本表与财务分析表"借款还本付息计划表"可二表合一。

五、流动资金估算

建设项目除了建设期的固定资产投资外,在生产经营期间还必须占用一定的周转资金,才能维持企业的正常生产,这部分资金称为流动资金,即流动资产与流动负债的差额。

流动资产主要包括应收账款、存货(原材料、燃料、半成品、产成品)、现金；流动负债主要是应付账款、预收账款。

一般来讲,流动资金与总投资之间有一个相对比较稳定的比例。在经济发达和管理水平较高的国家,流动资金投资率(即流动资金投资占总投资的比率)相对较小,平均只有4%～5%,而我国的流动资金投资率平均为18%左右。很显然,加强对流动资金投资的利用和管理,提高企业经营管理水平,降低我国流动资金投资率的潜力是很大的。

为了保证流动资金的使用,我国现行的政策规定流动资金的 30% 必须是企业的自有资金,作为铺底流动资金,否则有关部门将不予批准该投资项目。流动资金的需要量可以采用扩大指标法进行粗略估算,也可以采用分项详细估算法进行估算。

1. 扩大指标估算法

扩大指标估算法是按照流动资金占某种参数的比率来估算流动资金的方法。一般常用的费用基数有销售收入、经营成本、总成本费用和固定资产投资等,究竟采用何种估算基数依行业习惯而定。所采用的比率根据经验确定,或依行业或部门给定的参考值确定。例如石油行业,流动资金占达产年或各年平均经营成本的 25%～30%,或占固定资产原值的 1%～5% 估算;石油化工行业可按项目一个半月到三个月工厂成本估算;火力发电厂为固定资产价值的 2% 左右;也有的行业习惯按单位产量占用流动资金额估算流动资金。扩大指标估算法简便易行,适用于项目初选阶段。

2. 分项详细估算法

分项详细估算法是对流动资产和流动负债主要构成要素即存货、现金、应收账款、预付账款以及应付账款和预收账款等几项内容分项进行估算的方法。计算公式为:

$$流动资金 = 流动资产 - 流动负债 \tag{2-12}$$

$$流动资产 = 应收账款 + 预付账款 + 存货 + 现金 \tag{2-13}$$

$$流动负债 = 应付账款 + 预收账款 \tag{2-14}$$

$$流动资金本年增加额 = 本年流动资金 - 上年流动资金 \tag{2-15}$$

流动资金估算的具体步骤是首先确定各分项最低周转天数,计算出周转次数,然后进行分项估算。

(1) 周转次数的计算。

$$周转次数 = \frac{360 \text{ 天}}{最低周转天数} \tag{2-16}$$

各类流动资产和流动负债的最低周转天数参照同类企业的平均周转天数并结合项目特点确定,或按部门(行业)规定。在确定最低周转天数时应考虑储存天数、在途天数,并考虑适当的保险系数。

(2) 流动资产估算。

① 存货的估算。存货是指企业在日常生产经营过程中持有以备出售,或者仍然处在生产过程,或者在生产或提供劳务过程中将消耗的材料或物料等,包括各类材料、在产品、半成品和产成品等。为简化计算,项目评价中仅考虑外购原材料、燃料、其他材料、在产品和产成品,并分项进行计算。计算公式为:

$$存货 = 外购原材料、燃料 + 其他材料 + 在产品 + 产成品 \tag{2-17}$$

$$外购原材料、燃料 = \frac{年外购原材料、燃料费用}{分项周转次数} \tag{2-18}$$

$$其他材料 = \frac{年其他材料费用}{其他材料周转次数} \quad (2\text{-}19)$$

$$在产品 = \frac{年外购原材料、燃料费用+年工资及福利费+年修理费+年其他制造费用}{在产品周转次数} \quad (2\text{-}20)$$

$$产成品 = \frac{年经营成本-年销售费用}{产成品周转次数} \quad (2\text{-}21)$$

② 应收账款估算。应收账款是指企业对外销售商品、提供劳务尚未收回的资金,计算公式为:

$$应收账款 = \frac{年经营成本}{应收账款周转次数} \quad (2\text{-}22)$$

③ 预付账款估算。预付账款是指企业为购买各类材料、半成品或服务所预先支付的款项,计算公式为:

$$预付账款 = \frac{年外购商品或服务费用金额}{预付账款周转次数} \quad (2\text{-}23)$$

④ 现金需要量估算。项目流动资金中的现金是指为维持正常生产运营必须预留的货币资金,计算公式为:

$$现金 = \frac{年工资及福利费+年其他费用}{现金周转次数} \quad (2\text{-}24)$$

$$年其他费用 = 制造费用 + 管理费用 + 销售费用 - \frac{前三项费用中所含的工资及}{福利费、折旧费、摊销费、修理费} \quad (2\text{-}25)$$

(3) 流动负债估算。

流动负债是指将在一年(含一年)或者超过一年的一个营业周期内偿还的债务,包括短期借款、应付票据、应付账款、预收账款、应付工资、应付福利费、应付股利、应交税金、其他暂收应付款项、预提费用和一年内到期的长期借款等。在项目评价中,流动负债的估算可以只考虑应付账款和预收账款两项。计算公式为:

$$应付账款 = \frac{年外购原材料、燃料及其他材料费用}{应付账款周转次数} \quad (2\text{-}26)$$

注意对外购原材料、燃料应按种类分项确定最低周转天数进行估算。

$$预收账款 = \frac{年预收的营业收入金额}{预收账款周转次数} \quad (2\text{-}27)$$

3. 流动资金估算需要注意的问题

① 在项目评价中,最低周转天数取值对流动资金估算的准确程度有较大影响。在确定最低周转天数时应根据项目的特点、投入和产出性质、供应来源以及各分项的属性,并

考虑保险系数分项确定。

② 当投入物和产出物采用不含税价格时,估算中应注意将销项税额和进项税额分别包括在相应的年费用金额中。

③ 流动资金一般应在项目投产前开始筹措。为了简化计算,流动资金可在投产第一年开始安排,并随生产运营计划的不同而有所不同,因此流动资金的估算应根据不同的生产运营计划分年进行。

④ 用详细估算法计算流动资金,需以经营成本及其中的某些科目为基数,因此实际上流动资金估算应在经营成本估算之后进行。

应用分项详细估算法估算流动资金应该编制流动资金估算表,如表2-7所示。

表2-7 流动资金估算表　　　　　人民币单位:万元

序号	项目	最低周转天数	周转次数	计算期					
				1	2	3	4	…	n
1	流动资产								
1.1	应收账款								
1.2	存货								
1.2.1	原材料								
	×××								
	……								
1.2.2	燃料								
1.2.3	在产品								
1.2.4	产成品								
1.3	现金								
1.4	预付账款								
2	流动负债								
2.1	应付账款								
2.2	预收账款								
3	流动资金(1−2)								
4	流动资金当期增加额								

注:1. 本表适用于新设法人项目与既有法人项目的"有项目"、"无项目"和增量流动资金的估算;
　　2. 表中科目可视行业变动;
　　3. 如发生外币流动资金,应另行估算后予以说明,其数额应包含在本表数额内;
　　4. 不发生预付账款和预收账款的项目可不列此两项。

六、资金筹措

在估算出建设项目所需总投资额后,面临的问题就是资金筹措,即建设项目的总投资由何处取得及以何种方式取得。建设项目必须筹措资金,在项目筹建阶段,从总体上讲资金可来源于三个方面:一是投资者投入的资金,即本钱;二是借款,即借入的资金;三是接受捐赠(仅限于极少数项目)。

在市场经济条件下,投资者往往愿意少出钱多借款,使自己的本钱尽可能多地获益。但投资者能否借到钱和能够借到多少钱不是单方面能够决定的,债权人要从贷款发放的可靠程度出发,考察企业资本金的规模和生产经营状况,研究企业的偿还能力。随着经济体制改革的深入和资本金制度的全面推行,建设项目的资金筹措必将规范化,对项目的最低注册资金,即法定资本金作出明确的规定。

建设项目的资金来源如图 2-2 所示。

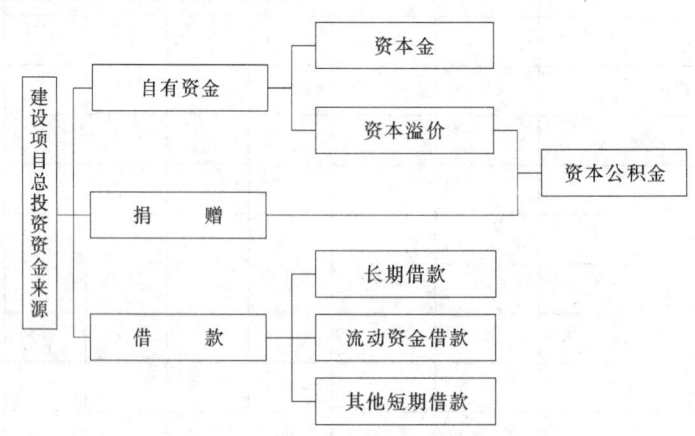

图 2-2　建设项目的资金来源图

(一) 自有资金

新财会制度将企业资金来源分为两个部分:一是投资者权益,包括投资者投入的资本金及资本公积金、盈余公积金、公益金和未分配利润等;二是企业的负债,包括借入的资金以及应付的款项等。从企业建立之前或项目建成之前财务评价的角度考虑,把企业资金来源主要分为自有资金和借入资金两个部分,有利于将项目筹建中的资金筹措关系理顺;同时为满足投资决策的需要,财务评价又要分别从全部投资和自有资金两个不同的角度考察盈利能力。投资者的出资额包括资本金和资本溢价,统称为自有资金。

1. 资本金

资本金是指新建项目设立企业时在工商行政管理部门登记的注册资金。说得通俗一点,资本金就是开办企业的本钱。根据投资者的不同,资本金可分为国家资本金、法人资本金、个人资本金及外商资本金等。国家资本金为有权代表国家投资的政府部门或者机构以国有资产投入企业形成的资本金；法人资本金为其他法人单位包括企业法人和社团法人以其依法可支配的资产投入企业形成的资本金；个人资本金为社会个人或者本企业内部职工以个人合法财产投入企业形成的资本金；外商资本金为外国投资者以及我国香港、澳门和台湾地区投资者投入企业形成的资本金。

按照我国有关法规规定，从 1996 年开始，对各种经营性国内投资项目试行资本金制度，投资项目资本金占总投资的比例，根据不同行业和项目的经济效益等因素确定，具体规定如下：

国内投资项目资本金比例：钢铁项目资本金比例为 40% 及以上；交通运输、煤炭、水泥、铜冶炼、电解铝、房地产开发项目（不含经济适用房项目），资本金比例为 35% 及以上；邮电、化肥项目，资本金比例为 25% 及以上；电力、机电、建材、化工、石油加工、有色、轻工、纺织、商贸及其他行业的项目，资本金比例为 20% 及以上。作为计算资本金基数的总投资，是指投资项目的固定资产投资、建设期利息和铺底流动资金之和。

外商投资项目资本金比例：投资总额在 300 万美元以下（含 300 万美元）的，其注册资本的比例不得低于 70%。投资总额在 300 万美元以上至 1 000 万美元（含 1 000 万美元）的，其注册资本的比例不得低于 50%，其中投资总额在 420 万美元以下的，注册资本不得低于 210 万美元。投资总额在 1 000 万美元以上至 3 000 万美元（含 3 000 万美元）的，其注册资本的比例不得低于 40%，其中投资总额在 1 250 万美元以下的，注册资本不得低于 500 万美元。投资总额在 3 000 万美元以上的，其注册资本的比例不得低于三分之一，其中投资总额在 3 600 万美元以下的，注册资本不得低于 1 200 万美元。投资总额是指固定资产投资、建设期利息和流动资金之和。

2005 年 1 月 1 日起施行的《外商投资产业指导目录（2004 年修订）》中明确规定，核电站、铁路干线路网、城市地铁及轻轨等项目，必须由中方控股。

企业筹集资本金的方式可多种多样，既可以吸收货币资金的投资，又可以吸收实物、无形资产等形式的投资，还可以发行股票筹集资金。以实物资产作为资本金的，应按要求进行资产评估。对于以无形资产作为资本金的，企业吸收投资者的无形资产（不包括土地使用权）一般不超过企业注册资金的 20%。如果情况特殊，含有高新技术，确实需要超过 20% 的应由审批机构批准，但最高不得超过 30%。

2. 资本溢价

资本溢价是指在资金筹集过程中，投资者实际缴付的出资额超出资本金的金额，包括法定财产重估价值、资本汇率折算差额、多缴资本。最典型的例子是发行股票的溢价净收入。

3. 资本公积金

资本溢价与捐赠所得统称为资本公积金。公积金是企业一种资本储备形式,可以按照法定程序转化为资本金,是所有者权益的构成之一。公积金包括资本公积金和盈余公积金两种。资本公积金是从企业非经营所得中提取的公积金。盈余公积金是从企业经营所得中提取的公积金。法定盈余公积金按照年税后利润的 10% 提取,累计盈余公积金达到注册资本的 50% 时,可以不再提取。

资本公积金主要由以下几部分组成:

(1) 投资者实际缴付的出资额超出其资本金的差额,即资本溢价。

(2) 法定财产重估增值。按现行法律、法规规定,企业实行股份制、吸收外商投资、对外联营投资以及国家统一组织的清产核资等,均应进行财产重估。其重估价值与账面净值的差额,即法定财产重估增值,作为资本公积金。

(3) 资本汇率折算差额。企业收到的外币投资,需要折合为记账本位币金额时,由于资产账户与实际资本账户采用的折汇率不同(不同日的汇率)而产生的折合记账本位币差额,即为资本汇率折算差额。为了体现资本保全原则,不因差额调整资本账户,而作为资本公积金处理。

(4) 接受捐赠的财产,作为企业投资各方的共有财产,计为资本公积金。

(二) 借款

借款是相对于自有资金而言的。凡是需要还本付息的资金都称作借款。包括长期借款、流动资金借款和其他短期借款。

1. 长期借款

长期借款是指借款期限在一年以上的借款,短期借款是指借款期限不超过一年的借款。借款的来源渠道很多,下面将主要的来源渠道分外汇和人民币列出:

(1) 外汇资金主要来源渠道有:国际金融组织贷款,如世界银行和亚洲开发银行贷款;出口信贷,包括买方信贷和卖方信贷;政府贷款,如日元政府贷款、科威特基金贷款等政府间的贷款;银行商业贷款和银团贷款;国内金融机构的外汇贷款;调剂外汇;融资租赁;补偿贸易;发行海外债券。

(2) 人民币资金主要来源渠道有:国家政策性银行,包括国家开发银行和中国农业发展银行的政策性贷款;国有商业银行和其他商业银行贷款,国有商业银行指现在的国家几大专业银行,如建设银行、中信实业银行、光大银行、招商银行等;非银行金融机构贷款;发行债券;融资租赁;地方财政出资;其他法人以联营形式投入需偿还的资金。

2. 流动资金借款

按国家有关文件规定,新建、扩建项目必须将项目建成投产后所需的 30% 的铺底流动资金列入投资计划。凡铺底流动资金不落实的,国家不予批准立项,银行不予贷款。

因此，项目流动资金有30%的自有流动资金和70%的流动资金借款。

3．其他短期借款

项目评价中的其他短期借款系指运营期间由于资金的临时需要而发生的短期借款。其他短期借款的数额应在财务计划现金流量表中得到反映，其利息应计入总成本费用表的利息支出中。其他短期借款利息的计算同流动资金借款利息，其他短期借款的偿还按照随借随还的原则处理，即当年借款尽可能于下年偿还。

建设项目总投资的估算与资金筹集应编制项目总投资使用计划与资金筹措表，如表2-8所示。

表 2-8 项目总投资使用计划与资金筹措表

人民币单位：万元；外币单位：

序号	项目	合计			1			……		
		人民币	外币	小计	人民币	外币	小计	人民币	外币	小计
1	总投资									
1.1	建设投资									
1.2	建设期利息									
1.3	流动资金									
2	资金筹措									
2.1	项目资本金									
2.1.1	用于建设投资									
	××方									
	……									
2.1.2	用于流动资金									
	××方									
	……									
2.1.3	用于建设期利息									
	××方									
	……									
2.2	债务资金									
2.2.1	用于建设投资									
	××借款									

续表

序号	项目	合计			1			……		
		人民币	外币	小计	人民币	外币	小计	人民币	外币	小计
	××债券									
	……									
2.2.2	用于建设期利息									
	××借款									
	××债券									
	……									
2.2.3	用于流动资金									
	××借款									
	××债券									
	……									
2.3	其他资金									
	×××									
	……									

注：1. 本表按新增投资范畴编制；

2. 本表建设期利息一般可包括其他融资费用；

3. 对既有法人项目，项目资本金中可包括新增资金和既有法人货币资金与资产变现或资产经营权变现的资金，可分别列出或加以文字说明。

第二节 成本费用

一、总成本费用

总成本费用（C_T）是指项目在运营期内为生产和销售产品或提供服务所发生的全部成本和费用，一般以年为时间单位。

（一）总成本费用的构成与估算

1. 按照经济目的划分

按照经济目的划分，总成本费用由生产成本和期间费用构成。期间费用又称为当期营业损益，包括管理费用、财务费用、销售费用。即：

总成本费用＝生产成本＋管理费用＋财务费用＋销售费用 (2-28)

(1) 生产成本的构成。

生产成本是指生产部门在一定时期内为生产产品而发生的支出,包括直接原材料费、直接燃料及动力费、直接工资及福利费、其他直接费用、其他制造费用。

$$直接原材料费 = 单位产品原材料消耗定额 \times 单价 \times 年产量 \qquad (2-29)$$

$$直接燃料及动力费 = 单位产品消耗定额 \times 单价 \times 年产量 \qquad (2-30)$$

$$直接工资 = 直接生产工人定员数 \times 同行业年实际平均工资水平(元/人 \cdot 年) \qquad (2-31)$$

$$福利费 = 工资总额 \times 福利费提取比例 \qquad (2-32)$$

其他直接费用:不属于上述三项(直接原材料、直接燃料及动力、直接工资及福利费),但可直接计入成本核算对象的费用。其他直接费用主要包括产品外部加工费,制造某些产品的专用模具、专用工具的费用。

其他制造费用:生产部门(各个车间)为了组织和管理生产所发生的各项费用。主要包括生产管理人员和非直接生产工人的工资及提取的职工福利费、折旧费、修理费、办公费、差旅费、运输费、设计制图费、水电费、取暖费、租赁费、机物料消耗费用、保险费、低值易耗品费用、劳动保护费、存货盘亏(或盘盈)和毁损费用等。为简化计算,对于新建企业,除折旧费、摊销费、修理费以外的其他制造费用可按下式计算:

$$其他制造费用 = 其他制造费用定额(元/人 \cdot 年) \times 总定员 \qquad (2-33)$$

(2) 管理费用。

管理费用是指企业行政管理部门为组织和管理企业经营活动所发生的费用,包括管理人员工资及福利、折旧费、摊销费、办公费和差旅费、聘请注册会计师费、咨询费、诉讼费、业务招待费、职工培训费、研究开发费、提取的坏账准备。为简化计算,除摊销费以外的管理费用可按下式计算:

$$管理费用 = 管理费用定额(元/人 \cdot 年) \times 总定员 \qquad (2-34)$$

(3) 财务费用。

财务费用是指企业在生产经营期间为筹集资金而发生的各项费用。财务费用一般包括利息支出(或利息收入)、汇兑损失(或汇兑收益)、金融机构手续费、为筹资而发生的其他费用。

(4) 销售费用。

销售费用是指企业为销售产品和提供劳务而发生的各项费用,是销售商品以及提供劳务中发生的应由企业负担的经常性费用。

$$销售费用 = 销售收入 \times 销售费用占销售收入的比例 \qquad (2-35)$$

按照生产成本加期间费用法估算总成本费用应该编制总成本费用估算表,如表2-9所示。

表 2-9　总成本费用估算表(生产成本加期间费用法)　　　人民币单位:万元

序号	项目	合计	计算期					
			1	2	3	4	…	n
1	生产成本							
1.1	直接原材料费							
1.2	直接燃料及动力费							
1.3	直接工资及福利费							
1.4	制造费用							
1.4.1	折旧费							
1.4.2	摊销费							
1.4.3	其他制造费用							
2	管理费用							
2.1	无形资产摊销							
2.2	其他资产摊销							
2.3	其他管理费用							
3	财务费用							
3.1	利息支出							
3.1.1	长期借款利息							
3.1.2	流动资金借款利息							
3.1.3	短期借款利息							
3.2	汇兑损失							
3.3	金融机构手续费							
4	销售费用							
5	总成本费用合计 (1+2+3+4)							
5.1	其中:可变成本							
5.2	固定成本							
6	经营成本 (5−1.4.1−1.4.2−2.1−2.2−3.1)							

注:1. 本表适用于新设法人项目与既有法人项目的"有项目"、"无项目"和增量总成本费用的估算;
　　2. 生产成本中的折旧费、修理费指生产性设施的固定资产折旧费和修理费;
　　3. 生产成本中的直接工资和福利费指生产性人员的工资和福利费,车间或分厂管理人员工资和福利费可在制造费用中单独列项或含在其他制造费用中;
　　4. 本表其他管理费用中含管理设施的折旧费、修理费以及管理人员的工资和福利费。

2. 按照经济要素划分

总成本费用按照经济要素划分,包括外购材料费、外购燃料及动力费、工资及福利费、折旧费、摊销费、修理费、利息支出、其他费用(其他费用是指从制造费用、管理费用和销售费用中扣除了折旧费、摊销费、修理费、工资及福利费以后的其余部分)。

(1) 外购材料,指企业为进行生产而耗费的一切外部购入的原材料及主要材料、半成品、辅助材料、包装物、修理用备件和低值易耗品等。

(2) 外购燃料,指企业为进行生产而耗用的一切从外部购进的各种燃料(包括固体、液体、气体燃料)。

(3) 外购动力,指企业为进行生产而耗用的从外部购进的各种动力。

(4) 工资,指企业应计入成本费用的职工工资。

(5) 提取的职工福利费,指企业按照规定从生产成本中提取的职工福利费。

(6) 折旧费,指企业按照核定的固定资产折旧率计算提取的折旧费用。

(7) 修理费,当按"生产要素法"估算总成本费用时,固定资产修理费系指项目全部固定资产的修理费,可直接按固定资产原值(扣除所含的建设期利息)的一定百分数估算。百分数的选取应考虑行业和项目特点。在生产运营的各年中,修理费率的取值,一般采用固定值。根据项目特点也可以间断性地调整修理费率,开始取较低值,以后取较高值。

(8) 利息支出,指按规定应计入财务费用的借款利息。

(9) 税金,指企业应计入成本、费用的各种税金,如资源税、房产税、车船使用税、土地使用税等。

(10) 其他支出,指不属于以上各要素的费用支出,如邮电费、差旅费等。

按照生产要素法估算总成本费用应该编制总成本费用估算表,如表 2-10 所示。

表 2-10 总成本费用估算表(生产要素法)　　　　　　人民币单位:万元

序号	项目	合计	计算期					
			1	2	3	4	…	n
1	外购材料费							
2	外购燃料及动力费							
3	工资及福利费							
4	修理费							
5	其他费用							
6	经营成本(1+2+3+4+5)							
7	折旧费							

续表

序号	项目	合计	计算期					
			1	2	3	4	...	n
8	摊销费							
9	利息支出							
10	总成本费用合计(6+7+8+9)							
	其中:可变成本							
	固定成本							

注:本表适用于新设法人项目与既有法人项目的"有项目"、"无项目"和增量成本费用的估算。

3. 按照与产品产量的关系划分

按照与产品产量的关系划分,即按费用的性态划分,可以分为变动费用(可变成本)、固定费用(不变成本或固定成本)、半变动费用。凡是其数额随着产品产量的增减而成正比例增减(即同步增减)的费用,称为变动费用(Variable Cost),如直接材料、计件工资等。凡是其数额并不因产品产量的增减而相应增减的费用,称为固定费用(Fixed Cost),如折旧费、管理人员工资、取暖费等。凡其数额虽也随着产量的增减而同向增减,但并不成正比例增减的费用,即介于固定费用与变动费用之间的费用,称为半变动费用,如修理费、机物料消耗费用等。

费用按其与产品产量的关系划分为变动费用、固定费用和半变动费用,主要是便于进行成本分析和经营决策,寻求降低产品成本的途径。

由于半变动费用所占比例较小,且难以计量,所以经济评价中常常把半变动费用归入变动费用。

(二) 资产折旧与摊销

1. 固定资产折旧

固定资产在使用过程中会发生各种损耗而引起其使用价值和价值上的损失。为补偿固定资产的损失,通常将固定资产的损耗转移到产品成本,并通过销售收入进行回收。这种损耗并转移回收的固定资产价值就称为折旧。折旧一般以年为时间单位,可逐年累计相加,称为累计折旧,表示已提取折旧之和。

固定资产折旧是固定资产损耗的价值补偿尺度,满足固定资产再生产的正常需要,保证固定资产再生产的资金来源。正确计提折旧,才能正确反映固定资产的现有价值及其新旧程度,以便合理安排再生产计划。

(1) 固定资产的计价。

固定资产折旧是对其损耗价值的补偿,因此,若要正确计算提取折旧,必须先准确计算固定资产价值。固定资产价值主要通过原始价值、重置价值、净值、净残值来表示。

① 原始价值(原值)：建设项目竣工交付使用时，在建造、购置、安装或以其他方式取得该项固定资产实际发生的全部支出。

$$固定资产原值=建设工程总造价-无形资产-其他资产 \quad (2-36)$$

② 重置价值：在当前情况下，重新购建该项目同样全新固定资产所需的全部支出。当企业无法确定某项固定资产的原值时，才用该项固定资产的重置价值入账。包括盘盈的账外固定资产、接受外界捐赠的固定资产。

③ 净值：亦称为折余价值、账面价值，反映投资固定资产上的价值尚未收回的部分。

$$净值=原始价值-累计折旧额 \quad (2-37)$$

④ 净残值：固定资产报废时的残余价值扣除预计的清理费用以后的余额，简称残值。净残值率：净残值占原始价值的比率。净残值率一般按固定资产原值的3%～5%计取。

(2) 折旧的计算方法。

折旧的计算主要考虑三个因素：资产原值、使用期限(折旧年限)、净残值。

① 平均年限法。

平均年限法，亦称为直线折旧法、年限平均法，是指将固定资产预提折旧总额在其使用年限内平均分摊，来计算年折旧额的方法。任一年的折旧额都相同。计算公式如下：

$$D=\frac{P-S}{N} \quad (2-38)$$

$$d=\frac{1-S_r}{N}\times 100\% \quad (2-39)$$

式中 D——年折旧额；

P——固定资产原值；

S——固定资产残值；

N——折旧总年限；

d——年折旧率，表示年折旧额占原始价值或期初净值的比率；

S_r——净残值率。

当 $S=0$ 时，$d=1/N\times 100\%$，称为直线折旧率，此时年折旧额计算公式变为：

$$D=P\cdot d \quad (2-40)$$

平均年限法简单易行，着眼于固定资产使用年限，不考虑固定资产的使用强度，比较适合于各个时期使用强度大致相同的固定资产投资项目。

② 工作量法。

工作量法是将固定资产预提折旧总额按照其总工作量平均分摊，即按照固定资产年工作量计算年折旧额的方法。

工作量法主要是为弥补平均年限法只重视固定资产使用时间，不考虑固定资产使用强度的缺点。

$$单位工作量折旧额 = \frac{固定资产原值 - 预计净残值}{总工作量} \quad (2-41)$$

$$= \frac{固定资产原值 \times (1 - 预计净残值率)}{总工作量}$$

$$年折旧额 = 单位工作量折旧额 \times 年实际完成工作量 \quad (2-42)$$

③ 加速折旧法。

在固定资产使用的早期多提折旧，后期少提折旧，使固定资产损耗在估计使用年限中得到快速的补偿。加速折旧法主要使用双倍余额递减法和年数总和法。

a. 双倍余额递减法。

在不考虑固定资产残值的情况下，用固定资产在每期期初的账面价值（净值）乘以双倍直线折旧率（d）计算当期折旧额的方法。计算公式为：

$$d = \frac{2}{N} \times 100\% \quad (2-43)$$

$$年折旧额 = 年初净值 \times d \quad (2-44)$$

按照我国目前的规定，使用双倍余额递减法计提折旧时，折旧的最后两年转为平均年限法。

b. 年数总和法。

年数总和法是用固定资产预提折旧总额（固定资产原值扣除预计净残值的余额）乘以一个逐年递减的分数（d）计算各年固定资产折旧额的一种方法。计算公式为：

$$d_n = \frac{N - n + 1}{\frac{N(N+1)}{2}} \quad (2-45)$$

$$D = (P - S) \times d \quad (2-46)$$

式中　n——已折旧年限。

固定资产的折旧方法可在税法允许的范围内由企业自行确定，一般采用直线法，包括年限平均法和工作量法。我国税法也允许对某些机器设备采用快速折旧法，即双倍余额递减法和年数总和法。

固定资产折旧年限、预计净残值率可在税法允许的范围内由企业自行确定，或按行业规定。项目评价中一般应按税法明确规定的分类折旧年限，也可按行业规定的综合折旧年限。

2. 无形资产和其他资产摊销

按照有关规定，无形资产从开始使用之日起，在有效使用期限内平均摊入成本。法律和合同规定了法定有效期限或者受益年限的，摊销年限按其规定，否则摊销年限应注意符合税法的要求。无形资产的摊销一般采用平均年限法，不计残值。

其他资产的摊销可以采用平均年限法,不计残值,摊销年限应注意符合税法的要求。

二、经营成本

总成本费用含有折旧费、摊销费、利息支出,不能切实地反映项目当期的实际资源消耗情况和经营水平,因此引入经营成本概念。

经营成本是项目经济评价中所使用的特定概念,作为项目运营期的主要现金流出,其构成和估算可采用下式表达:

经营成本＝外购原材料、燃料及动力费＋工资及福利费＋修理费＋其他费用（2-47）

式中,其他费用是指从制造费用、管理费用和销售费用中扣除了折旧费、摊销费、修理费、工资及福利费以后的其余部分。

经营成本作为项目现金流量表中运营期现金流出的主体部分,应得到充分的重视。经营成本与融资方案无关,因此在完成建设投资和销售收入估算后,就可以估算经营成本,为项目融资前经济分析提供数据。

经营成本估算的行业性很强,不同行业在成本构成科目和名称上都可能有较大的不同。估算应按行业规定,没有规定的也应注意反映行业特点。

经营成本亦可以由总成本费用计算,计算公式如下:

经营成本＝总成本费用－折旧费－摊销费－利息支出　　　　（2-48）

三、沉没成本与机会成本

在技术经济分析中,有时还会遇到沉没成本与机会成本的概念。

沉没成本是指以往发生的与当前决策无关的费用。经济活动在时间上是具有连续性的,但从决策的角度来看,以往发生的费用只是造成当前状态的一个因素,当前状态是决策的出发点,当前决策所要考虑的是未来可能发生的费用及所能带来的收益,以往所发生的费用并不能影响当前的决策。

机会成本是指将一种具有多种用途的有限经济资源置于某种特定用途时所放弃的最大收益。当一种有限的经济资源具有多种用途时,可能有许多个投入这种经济资源并获取相应收益的机会,如果将这种经济资源置于某种特定用途,必然放弃其他的投入机会,同时也就放弃了相应的收益。在所放弃的机会中最佳的机会可能带来的收益,就是将这种经济资源置于特定用途的机会成本。

显然,在技术经济分析中,沉没成本不会在现金流量中出现,而机会成本则会以各种方式影响现金流量。

第三节 销售收入、价格、税金及利润

一、销售收入

销售收入是指建设项目投产后企业销售产品或提供劳务等取得的收入,包括产品销售收入和其他销售收入。

产品销售收入是指企业销售产成品、自制半成品和提供劳务取得的收入。其他销售收入是指企业除产品销售以外的其他销售或其他业务的收入,包括材料销售、固定资产出租、包装物出租、外购商品销售、无形资产转让、运输等提供的非工业性劳务收入。

销售净收入是指销售收入扣除销售退回、销售折让和销售折扣后的余额。

一般地讲,单一产品的销售收入可按下式计算:

$$销售收入 = 销售价格 \times 商品产品销售量 \qquad (2-49)$$

如果是生产多种产品,则总销售收入可按下式计算:

$$总销售收入 = \sum (某种产品销售价格 \times 该种产品销售量) \qquad (2-50)$$

二、价格

(一)影响价格的因素

价格是商品价值的货币表现。价格是项目经济评价的最重要因素,只有在价格确定后,才能计量投资、成本和费用、销售收入等经济要素。

影响价格变动的因素很多,但归纳起来不外乎两类:一是绝对价格变动因素;二是相对价格变动因素。

绝对价格是指用货币单位表示的商品的价格水平。绝对价格变动一般体现为物价总水平的上涨,即因货币贬值或称通货膨胀引起的所有商品价格的普遍上涨。

相对价格是指商品间的价格比例关系。导致商品相对价格发生变化的因素很复杂,例如由供应量变化、价格政策变化、劳动生产率变化等原因引起的商品间比价的变化;或由消费习惯改变、可替代产品的增加或减少引起供求关系发生的变化,以及进一步引起的供求均衡价格的变化等。

(二)基价、时价和实价

(1) 基价,也称固定价(Constant Price),是指不考虑通货膨胀影响的价格,以指定的基年价格水平表示。基年的选择一般取技术经济评价工作进行的年份,也可以选择预计的建设开始年份。在项目财务评价中,基价是确定各种货物预测价格的基础,也是估算

初期投资费用即固定资产投资(建设投资)的基础。

(2)时价(Current Price),顾名思义是指任何时候的当时价格。它包括通货膨胀影响在内,以当时的价格水平表示。时价不仅体现了绝对价格的变化,也包含了相对价格变化的结果。

以基价为基础,按照预计的各种投入物和产出物的价格上涨率(时价上涨率)可以分别求出它们在任何一年的时价。

(3)实价(Real Price),是以基年价格水平表示的、体现相对价格变化的价格。可以由时价中扣除通货膨胀因素影响来求得实价。

(三)影子价格

影子价格(Shadow Price)又称最优计划价格、计算价格、效率价格,是指当社会经济处于某种最优状态时,能够反映社会劳动的消耗、资源稀缺程度和对最终产品需求情况的价格。也就是说,影子价格是人为确定的、比交换价格更为合理的价格。这里所说的"合理"的标志,从定价原则来看,应该能更好地反映产品的价值,反映市场供求状况,反映资源的稀缺程度;从价格产出的效果来看,应该能使资源配置向优化的方向发展。

影子价格的概念源于线性规划,通常所说的"影子价格是线性规划对偶解"就是这一含义。

影子价格与机会成本在含义上也是一致的,一般而言,项目投入品的影子价格就是它的机会成本——资源用于国民经济其他用途时的边际产出价值,即资源用于该项目而不能用于其他项目时所放弃的边际收益。项目产出品的影子价格就是用户的支付意愿——用户为取得该产品所愿意支付的价格。

三、主要税种的税金计算

税金是国家依据法律对有纳税义务的单位和个人征收的财政资金。根据我国税制改革实施方案,增值税、营业税、消费税、城乡维护建设税、资源税、教育费附加等从销售收入中扣除;所得税从利润总额中征收。下面择要进行介绍。

(一)主营业务税金及附加

1. 增值税

增值税是对在我国境内销售货物或提供加工、修理、修配、劳务以及进口货物的单位和个人征收的一种税。根据税法规定,增值税应纳税额的计算分三种情况:

(1)对于一般纳税人销售货物或者提供应税劳务,应纳税额为当期销项税额抵扣当期进项税额后的余额。计算公式为:

$$应纳税额 = 当期销项税额 - 当期进项税额 \tag{2-51}$$

$$当期销项税额 = 当期应税销售额 \times 增值税税率 \tag{2-52}$$

$$当期进项税额 = 购进成本 \times 增值税税率 \tag{2-53}$$

(2) 小规模纳税人销售货物或者提供应税劳务,按照销售额和规定的征收率(3%)计算应纳税额,不得抵扣进项税额。计算公式为:

$$应纳税额 = 销售额 \times 征收率 \tag{2-54}$$

当纳税人销售货物或提供应税劳务采用销售额和销项税额合并定价方法时,按下列公式计算销售额:

$$销售额 = \frac{含税销售额}{1 + 税率或征收率} \tag{2-55}$$

(3) 纳税人进口货物,按照组成计税价格和规定的税率计算应纳税额,不得抵扣任何税额。计算公式为:

$$组成计税价格 = 关税完税价格 + 关税 + 消费税 \tag{2-56}$$

$$应纳税额 = 组成计税价格 \times 税率 \tag{2-57}$$

项目财务评价是对未来的税金进行预测,故先要预测销售收入。对产品销售额一般采用销售额与增值税合并计算,即含税销售额。因为对进项税额的预测,不可能像实际纳税时那样,具有增值税专用发票,也无法从海关取得记载增值税额的完税凭证,所以,项目财务评价时,销项税额最好根据含税销售额计算,进项税额最好按允许扣除项目估算增值税。具体计算可按下列方法进行:

$$应纳增值税税额 = 当期销项税额 - 当期进项税额 \tag{2-58}$$

$$当期销项税额 = 当期应税销售额 \times 增值税税率 \tag{2-59}$$

$$当期进项税额 = 当期购进应税商品的购进价 \times 增值税税率 \tag{2-60}$$

$$应税销售额 = \frac{含税销售额}{1 + 税率} \tag{2-61}$$

无论销项税额还是进项税额,都应按货物品种和适用税率的不同分别估算。

上述产品的增值税属于销售环节的税,故项目财务评价中作为销售税金。

在项目财务评价涉及进口货物时,若该进口货物属基本建设及改扩建工程用的设备、材料,其增值税应随货价一起计入固定资产投资中;如进口货物属于生产用原料及备品备件,则此增值税应随货价一起计入总成本费用。

2. 消费税

消费税是对在我国境内生产、委托加工和进口国家规定的应税消费品的单位和个人征收的流转税。

消费税一般采取从量定额和从价定率两种征收办法,也可以是二者结合的征收办法。对一些供求基本平衡、价格差异不大、计量单位规范的消费品实行从量定额征收的办法,如黄酒、啤酒、汽油、柴油等;对一些供求矛盾突出、价格差异较大、计量单位不规范的消费品,如各类卷烟、烟丝、粮食白酒等,实行从价定率征收的办法。

消费税实行价内征收,故用从价定率办法的应税消费品的计税依据,是含消费税而不含增值税的销售额;实行从量定额办法的应税消费品的计税依据,是应税消费品的销售数量。

消费税应纳税额,根据应税消费品的销售额(或数量)和适用税率(或单位税额)计算。

(1) 实行从价定率办法计算应税消费品应纳税额。

$$消费品应纳税额 = 应税消费品的销售额 \times 消费税税率 \qquad (2-62)$$

式中,应税消费品的销售额,一般情况下指销售应税产品所取得的不包括应交增值税税额在内的全部价款,即包括应税产品的销售收入、其他业务收入以及随着同类产品销售从购置方取得的各种形式的价外收入。如果应税消费品销售额中含有增值税税额,在计算消费税时,应按下列公式换算为不含增值税的计税销售额。

$$计税销售额 = \frac{应税消费品销售额}{1 + 增值税税率或征收率} \qquad (2-63)$$

(2) 实行从量定额办法计算应税消费品应纳税额。

$$消费品应纳税额 = 应税消费品的数量 \times 单位税额 \qquad (2-64)$$

式中,应税消费品的数量需分别按下列情况确定:销售应税消费品,为其销售数量;自产自用应税消费品,为其移送使用的数量;委托加工应税消费品,为受托方收回的数量;进口应税消费品,为海关核定的进口征税数量。

委托加工收回的以已税消费品为原材料生产的应税产品,准予从应纳消费税税额中扣除原料已纳消费税税款。

3. 营业税

营业税是对在我国境内提供交通运输、建筑、金融保险、邮电通信、文化体育、娱乐、服务等劳务、转让无形资产或者销售不动产的单位和个人征收的一种税。项目财务评价时,属于交通运输业、建筑业、金融保险业、邮电通信业、文化体育业、服务业及涉及转让无形资产、销售不动产者均应估算营业税。

营业税税率实行比例税率,即3%,5%,5%~20%三档:交通运输业、建筑业、邮电通信业、文化体育业的税率为3%;娱乐业的税率为5%~20%,具体由省、自治区、直辖市人民政府在规定的幅度内确定;其余的税率为5%。

应纳营业税额按营业额及规定税率计算,其计算公式为:

$$应纳营业税额 = 营业额 \times 税率 \qquad (2-65)$$

项目财务评价时,应区分不同行业对营业税作不同的处理。

4. 城乡维护建设税

城乡维护建设税是向缴纳增值税、消费税和营业税的单位和个人征收的一种税。其税款用于城市的公用事业和公共设施的维护建设。

城乡维护建设税征收范围和税率为:纳税人所在地在市区的,税率为7%;纳税人所在地在县城、镇的,税率为5%;纳税人所在地不在市区、县城或镇的,税率为1%;深圳特区适用税率统一为1%。

城乡维护建设税以纳税人应缴纳增值税税额、消费税税额、营业税税额为计税依据。

$$城乡维护建设税 = (应交增值税 + 应交消费税 + 应交营业税) \times 地区适用税率 \quad (2\text{-}66)$$

5. 资源税

资源税是国家对在国内从事某些初级资源(如石油、天然气、煤炭、金属矿产品和其他非金属矿产品资源)开发的单位和个人征收的一种税。主要目的在于调节因资源条件差异而形成的级差收入。

资源税的计税依据为销售额,其计算方法有从价定率和从量定额两种。

(1) 从价定率计算公式为:

$$应纳税额 = 应税产品销售收入 \times 税率 \quad (2\text{-}67)$$

(2) 从量定额计算公式为:

$$应纳税额 = 应税产品销售产量 \times 单位税额 \quad (2\text{-}68)$$

6. 教育费附加

凡缴纳增值税、消费税、营业税的单位和个人,都必须缴纳教育费附加。教育费附加以各单位和个人实际缴纳的增值税、消费税、营业税的税额为计征依据,教育附加费率为3%,分别与增值税、消费税、营业税同时缴纳。

征收教育费附加的目的是贯彻落实《中共中央关于教育体制改革的决定》,加快发展地方教育事业,扩大地方教育经费来源。

(二) 所得税

在我国境内的企业,包括国有企业、集体企业、私营企业、联营企业、股份制企业等内资企业及外商投资企业和外国企业,应当就其生产、经营所得和其他所得,缴纳企业所得税。

所得税的计税依据为应纳税所得额。应纳税所得额为收入总额减去准予扣除项目后的余额。收入总额包括:① 生产经营收入;② 财产转让收入;③ 利息收入;④ 租赁收入;⑤ 特许权使用费收入;⑥ 股息收入;⑦ 其他收入。准予扣除项目包括:① 生产、经营成本;② 营业(销售)费用、管理费用和财务费用;③ 税金;④ 利息支出。

所得税计算公式为:

$$应纳所得税额 = 应纳税所得额 \times 税率 \quad (2\text{-}69)$$

式中,国家另有政策减免的除外,一般税率为25%。若纳税人发生年度亏损,经税务机关核实后,可从下一年度的所得税中抵补,一年抵补不足的,可逐年延续抵补,但最长不超过5年。

销售收入、主营业务税金及附加的估算应该编制营业收入、主营业务税金及附加和增值税估算表,如表 2-11 所示。

表 2-11 营业收入、主营业务税金及附加和增值税估算表

人民币单位:万元

序号	项目	合计	计算期					
			1	2	3	4	…	n
1	营业收入							
1.1	产品 A 营业收入							
	单价							
	数量							
	销项税额							
1.2	产品 B 营业收入							
	单价							
	数量							
	销项税额							
	……							
2	主营业务税金及附加							
2.1	营业税							
2.2	消费税							
2.3	城乡维护建设税							
2.4	教育费附加							
3	增值税							
	销项税额							
	进项税额							

注:1. 本表适用于新设法人项目与既有法人项目的"有项目"、"无项目"和增量的营业收入、主营业务税金及附加和增值税估算;

2. 根据行业或产品的不同可增减相应税收科目。

四、利润

(一)利润的概念及其意义

利润是企业经济目标的集中表现。建设项目的利润,就是项目建成投产后按照销售价格出售产品和副产品等所获得的收入扣除产品成本、费用和应缴纳的主营业务税金及附加等之后的余额,是项目运营后的净收益。

利润是表明项目经济效益高低的最直接、最重要的一项指标,在技术经济分析和方案评价中经常以利润指标,即纯收益的多少考核项目的盈利能力和清偿能力,并进而以此对方案作出决策选择。

利润也是国家财政收入和企业各项专用基金的重要来源。建设项目运营后实现的利润,要在国家与企业间进行合理分配。按现行规定,企业要从实现的利润中缴纳所得税,形成国家财政收入的重要组成部分,而其余部分则留给企业按下列顺序使用和分配:

① 弥补被没收的财务损失、违反税法规定支付的滞纳金和罚款。
② 弥补以前年度的亏损。
③ 提取法定盈余公积金,即按税后利润且弥补以前年度的亏损后的10%提取,当法定盈余公积金已达到注册资本50%时可不再提取。一般要求法定盈余公积金不低于注册资金的25%。
④ 提取公益金,主要用于企业职工集体福利设施支出,可根据项目具体情况,按提取法定公积金利润的一定比例计提,在会计核算时将其归并到盈余公积金科目中。
⑤ 向投资者分配利润,如果以前年度有未分配利润,可并入本年度向投资者分配。

(二) 财务评价中的利润估算

由于建设项目财务评价,主要是预测项目投资的经济效益,对某些收支情况可不必考虑或不可能预测,如:营业利润中的投资净收益不属于项目投资的效益,不必考虑,其他业务利润也无法预测;营业外收支一般数额较小,且不便估算,故财务评价中一般也不作考虑。

1. 利润总额

利润总额是销售收入减去主营业务税金及附加和总成本费用之和后的余额,即:

$$利润总额 = 销售收入 - 主营业务税金及附加 - 总成本费用 \qquad (2-70)$$

如果企业经营过程中有其他利润,则利润总额应再加上其他利润。

2. 税后利润

税后利润又称可供分配利润,按下式计算:

$$税后利润(可供分配利润) = 利润总额 - 所得税 \qquad (2-71)$$

第四节 投资项目现金流量

一、现金流量的概念

一个投资项目,从筹建到投产直到项目终止的整个时期内,都要发生大量的资金流通。资金在流通过程中的流转数量叫做现金流量(Cash Flow)。现金流量是投资项目全部经济活动的反映,是进行技术经济评价的基础。把企业或项目作为一个独立系统来考察,项目在建设时期和生产经营期间要进行资源的投入,要消耗一定的资金,即资金流出;销售产品获得一定的销售收入,即资金流入。在技术经济分析中,把各个时间点上实际发生的这种资金流出和资金流入称为现金流量。为项目所消耗的一切现金称作现金流出(Cash Outflow),取得的收入则称作现金流入(Cash Inflow)。所谓现金流量就是以项目为系统,在项目寿命期内现金流出和现金流入的总称。

现金流量的特点是现金何时发生就在何时计入,不包括内部转移支付。如折旧费、摊销费在建设期内已经发生计入,所以生产经营期间就不应再计入现金流出。

二、投资项目现金流量的构成

研究角度不同,现金流量的构成不同。研究角度可以分为项目、资本金、投资各方三个角度,可以分别用于计算、评价各角度的盈利能力。本书主要研究项目角度的现金流量,即投资项目现金流量,把企业或项目作为一个独立系统来考察其在寿命期内的资金流动情况,用于评价项目本身的盈利能力。

投资项目现金流量应该遵循资金何时发生就何时计入的原则。该现金流量以全部投资为考察对象,不考虑资金来源。

1. 现金流出

现金流出包括建设投资、流动资金投资、维持运营投资、经营成本、主营业务税金及附加、所得税。

某些项目在运营期需要投入一定的固定资产才能维持正常运营,称为维持运营投资,例如设备更新费用、油田的开发费用、矿山的井巷开拓延伸费用等。不同类型和不同行业的项目投资的内容可能不同,如发生维持运营投资时应将其列入现金流量表作为现金流出,参与内部收益率等指标的计算。同时,也应反映在财务计划现金流量表中,参与财务生存能力分析。按照《企业会计准则——固定资产》,该投资是否能予以资本化,取决于其是否能为企业带来经济利益及该固定资产的成本是否能够可靠地计量。项目评价中,如果该投资投入后延长了固定资产的使用寿命,或使产品质量实质性提高,或使成本实质性降低等,使可能流入企业的经济利益增加,那么该固定资产投资应予以资本化,即应计入固定资产原值,并计提折旧。否则该投资只能费用化,不形成新的固定资产原值。

2. 现金流入

现金流入包括销售收入、回收固定资产残值、生产经营期末回收流动资金。

三、净现金流量

净现金流量(Net Cash Flow)是指各个时点上发生的现金流入与现金流出之差额，一般以年为时间单位。净现金流量的计算公式为：

$$NCF = CI - CO \tag{2-72}$$

式中　NCF——净现金流量；
　　　CI——现金流入；
　　　CO——现金流出。

根据投资项目现金流量的构成，任一年的净现金流量按下式计算：

$$NCF = \frac{销售}{收入} + \frac{回收固定}{资产残值} + \frac{回收流动}{资金} - \frac{固定资产}{投资} - \frac{流动资金}{投资} -$$

$$\frac{维持运营}{投资} - \frac{经营}{成本} - \frac{主营业务}{税金及附加} - 所得税 \tag{2-73}$$

正常生产经营期间各年的净现金流量按下式计算：

$$NCF = 销售收入 - 经营成本 - 主营业务税金及附加 - 所得税 \tag{2-74}$$

四、现金流量图

现金流量图是表示项目系统在整个寿命周期内各时点的现金流入和现金流出状况的一种图示。它是用纵轴表示现金流量，用横轴表示时间的现金流量与时间关系的直角坐标图。现金流量示意图如图2-3所示。

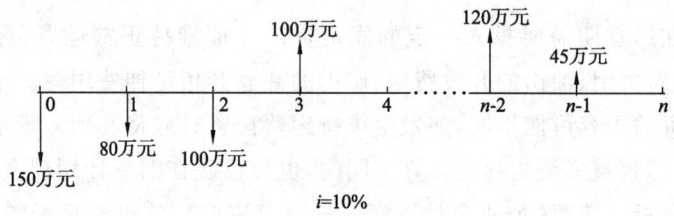

图 2-3　现金流量图

现金流量图绘制过程如下：

(1) 作一水平轴线，表示计息期，即投资项目的整个寿命期。

(2) 在该轴线上划出等分间隔，每一个等分段代表一个时间期限。

(3) 将始点定为零点，表示投资过程的开始时刻，沿轴线自左向右对每一等分间隔点依次连续编号(整数)。其中编号"n"表示第"n"期期末，也是第"$n+1$"期期初。

(4) 在时间点上，相对于水平轴线画出垂直箭头线，以表示投资项目在该时点上的资金流动情况。箭头表示资金流动的方向：向上表示现金流入(正现金流量)，向下表示现金流出(负现金流量)。箭头线的长短代表资金额的大小,在箭头附近标明资金额。

(5)在现金流量图上标明资金时间价值(基准投资收益率),该项内容在下一章节阐述。

注意:

(1)箭头线方向与作图立场有关。如某人到银行存款1万元,站在存款者角度,该笔资金属于现金流出,箭头线方向应向下;如果站在银行角度,该笔资金则属于现金流入,箭头线方向应向上。

(2)现金流量皆发生于时间点,即期初或期末,而不能发生于期中。

五、投资项目现金流量表

投资项目现金流量表就是反映项目在计算期内逐年发生的现金流入和现金流出情况的表格。现金流量表是项目经济评价的基础报表之一,某项目现金流量表如表2-12所示。

表2-12 项目现金流量表　　　　　　　　　　人民币单位:万元

序号	项目	合计	计算期					
			1	2	3	4	…	n
1	现金流入							
1.1	营业收入							
1.2	补贴收入							
1.3	回收固定资产残值							
1.4	回收流动资金							
2	现金流出							
2.1	建设投资							
2.2	流动资金							
2.3	经营成本							
2.4	主营业务税金及附加							
2.5	维持运营投资							
3	所得税前净现金流量(1-2)							
4	累计所得税前净现金流量							

续表

序号	项目	合计	计算期					
			1	2	3	4	…	n
5	调整所得税							
6	所得税后净现金流量(3-5)							
7	累计所得税后净现金流量							

计算指标:
项目投资财务内部收益率(%)(所得税前):
项目投资财务内部收益率(%)(所得税后):
项目投资财务净现值(所得税前)($i_c=$ %):
项目投资财务净现值(所得税后)($i_c=$ %):
项目投资回收期(所得税前):
项目投资回收期(所得税后):

注:1. 本表适用于新设法人项目与既有法人项目的增量和"有项目"的现金流量分析;
   2. 调整所得税为以息税前利润为基数计算的所得税,区别于"利润与利润分配表"、"项目资本金现金流量表"和"财务计划现金流量表"中的所得税。

六、常规投资项目与非常规投资项目

根据项目净现金流量的符号变化情况可以把投资项目分为常规投资项目和非常规投资项目。常规投资(Conventional Investment)项目是指项目投资净现金流量从负号开始,有且只有一次正负交替,且累计净现金流量大于零的项目。或者说,只有期初一次投资(该次投资可以连续持续若干年),投资后在较长时间内能够连续产生较高净收益的项目。非常规投资(Nonconventional Investment)项目则是有一个或更多个带负号的净现金流量,但它们是分散在带正号的净现金流量之间的。

思 考 题

1. 建设项目总投资包括哪些内容,如何进行固定资产投资估算?
2. 什么是流动资金,包括哪些内容,怎样估算项目所需流动资金?
3. 什么是固定资产折旧,如何进行固定资产折旧估算?
4. 什么是无形资产,什么是其他资产,如何摊销?
5. 什么是生产成本,什么是机会成本,如何进行成本估算?
6. 什么是经营成本,它与生产成本有何区别?
7. 影子价格的含义是什么?

8. 某地区投入建设投资 45 万元,已建成一座年生产各类食品罐头 500 吨的食品加工厂。为充分利用当地资源,满足人民生活日益提高的需要,现拟通过引进新技术设备建设一座年生产能力为 750 吨的同类企业,假如这两个企业的投资之比与生产能力之比的指数幂相等,指数幂取值 0.8,价差系数为 1.2,试计算拟建企业固定资产总投资费用是多少?

9. 某建设项目各个专业设计方案采用的主要机器设备,按现行出厂价格计算机器设备费用为 470 万元。根据同类型建设项目的施工决算资料分析得知,其建筑工程费用系数为 0.7;安装工程费用系数为 0.1;主要原材料费用系数为 0.35;其他费用系数为 0.4。试估算固定资产总投资额。

10. 某建设项目共向建设银行贷款 2 亿元,建设期为 4 年。贷款投放安排为第一年 4 000 万元,第二年 7 500 万元,第三年 7 500 万元,第四年 1 000 万元。年利率为 10%,试列表计算各年利息额及建设期借款利息总额。

11. 一台设备原值 28 000 元,预计服务年限为 6 年,净残值为 2 000 元,试用直线折旧法、年数总和法、双倍余额递减法分别计算各年折旧费。

12. 某项目设计年产量为 50 万吨,投产后第一年达到设计产量的 40%(20 万吨),第二年达到 60%(30 万吨),第三年达到设计产量。正常生产年份的产品经营成本为 7 400 万元,其中:可变成本为 6 400 万元,固定成本为 1 000 万元。试估算投产期间各年的经营成本。

第三章 资金时间价值

第一节 资金时间价值的相关概念

一、资金时间价值的概念

资金时间价值，是指资金在时间推移中的增值能力，它是社会劳动创造价值能力的一种表现形式。当然，一般的货币不会增值，只有同劳动结合的资金、不断循环周转的资金，才会增值，才具有时间价值。因为这种物化为劳动及其相应的生产资料的货币，已转化为生产要素，经过生产和流通过程，回流的货币量比原来支付的货币量更大，这种增值是时间效应的产物，即资金的时间价值。

利润和利息是资金时间价值的基本形式，它们都是社会资金增值的一部分，是社会剩余劳动在不同部门的再分配。利润由生产和经营部门产生，利息是以信贷为媒介的资金使用权的报酬，二者都是资金在时间推移中的增值。对于利息和利润的获得者来说，利息和利润都是一种收入，都是投资得到的报酬。利息是贷款者的报酬，而利润则是生产经营者的报酬。在经济评价中用以度量资金时间价值的"折现率"，是指贷款人或企业经营者其投资得到的利息率或利润率，也是指企业使用贷款人的资金或自有资金来支付人力、物力耗费，用以经营企业所获得的收益率。

衡量资金时间价值的尺度是社会平均收益率，或称社会折现率，折现率反映了对未来货币价值所作的衡量。社会平均的资金收益率，各国不等，一般为公债利率与平均风险利率之和。

劳动时间价值概念的建立和应用，不仅可以促进节约资金，而且可以促进更好地利用资金。活劳动的节约、物化劳动消耗和占用的节约，体现在作为活劳动和物化劳动的货币表现的资金节约上。它不仅要求缩减一切不必要的开支，而且要求考虑到项目在不同时期投资资金价值大小。这对于提高经济评价工作的科学性,促进整个社会重视货币资金有效利用等都具有重要意义。

二、利息与利率

(一) 利息

利息是指占用资金使用权所付的代价或放弃资金使用权所获得的报酬。这是从资金的使用权和所有权可以相分离的原则出发来考虑的,但二者所站的角度不同。利息来自信贷,利润来自生产和经营。从资金时间价值来看,利息和利润都是资金对时间的支付。在项目的技术经济评价中,把利息看成是货币因有效使用而取得的盈利更为恰当。

利息的大小与利率、时间、本金有关。利率越高、时间越长、本金越大,则利息越多;否则,利息越少。

(二) 利率

利率是指一定时间内所得到的利息额与本金之比,通常以百分数表示,它是计算利息的尺度。其计算公式为:

$$i = \frac{I'}{P} \times 100\% \tag{3-1}$$

式中　i——利率;

　　　I'——一定时期(一般为一年,也可以为半年、季、月等)的利息;

　　　P——本金。

利率按其计息时间的长短可分为:年利率、季利率、月利率、周利率、日利率等等。

若某人在银行存款 1 000 元,在一年期限得到 75 元的利息,则银行存款年利率为 7.5%。

三、计息方法

(一) 有关利息计算的几个术语

1. 本金

用来获利的原始资金就叫做本金,通常称为本钱。对银行来说,本金就是其借贷资金;而对工程项目来说,本金就是项目的总投资。

2. 计息期

计息期就是计算利息的整个时期。对银行来说,计息期就是存款期或贷款期;而对工程项目来说,计息期就是其寿命期。

3. 计息周期

计息周期指计算一次利息的时间单位。计息周期的单位有年、半年、季、月、周或日等等,通常用年或月来表示。

4. 计息周期数

计息周期数指一年中计息周期的数目。若计息周期以年为单位,则表示一年计息一次;若以月为单位,则表示一月计息一次,一年计息12次。

5. 计息次数

计息次数指根据计息周期和计息期所求得的计息次数,一般用 n 表示。若以月为计息周期,则一年计息次数 $n=12$,四年计息次数 $n=12\times4=48$ 次。若以年为计息周期,即一年计息次数 $n=1$,四年计息次数 $n=4$。

6. 付息周期与支付周期

二者都指支付利息的时间单位,付息周期一般以年为支付利息的时间单位,而支付周期的时间单位有年、半年、季、月、周或日。

(二) 利息的计算方法

利息的计算方法有单利法和复利法之分。分别介绍如下:

1. 单利法

所谓单利法,就是在计算利息时,只有本金生息,利息不再生息。此时,利息的大小与本金、利率、计息期成正比。若以 P 表示本金,i 表示计息周期内的利率,n 表示计息次数,F 表示期末本利和,I' 表示计息期内总利息额,则单利法计算每期本利和的过程如表 3-1 所示。

表 3-1 单利法本利和计算过程

计息期/年	期初本金	当期利息	期末本利和
1	P	Pi	$P+Pi=P(1+i)$
2	$P(1+i)$	Pi	$P(1+i)+Pi=P(1+2i)$
3	$P(1+2i)$	Pi	$P(1+2i)+Pi=P(1+3i)$
⋮	⋮	⋮	⋮
n	$P[1+(n-1)i]$	Pi	$P[1+(n-1)i]+Pi=P(1+ni)$

由表 3-1 可以看出:

$$F=P(1+ni) \tag{3-2}$$

$$I'=F-P=Pni \tag{3-3}$$

可见,单利法的计算特点是:每个计息周期内所得的利息相同。若以年为计息周期,只要本金不变,第一年与第二年以及第 n 年所计算的利息都是相同的。

2. 复利法

所谓复利法,是指将本期利息转为下期本金,下期将按本利和的总额计息,这种计息方式叫做复利法。其特点是在计算利息时,不仅本金要计息,而且利息还要计息,俗称"利滚利"。在计息时,第一年以本金为基础,第二年以本金与第一年的利息额之和为基础,以此类推,越滚本金越大,利息越多。

若仍以 P 表示本金,i 表示计息周期内的利率,n 表示计息次数,F 表示本利和,I' 表示计息期内总利息额,则复利法计算每期本利和的过程如表3-2所示。

表3-2 复利法本利和计算过程

计息期/年	期初本金	当期利息	期末本利和
1	P	Pi	$P+Pi=P(1+i)$
2	$P(1+i)$	$P(1+i)i$	$P(1+i)+P(1+i)i=P(1+i)^2$
3	$P(1+i)^2$	$P(1+i)^2 i$	$P(1+i)^2+P(1+i)^2 i=P(1+i)^3$
⋮	⋮	⋮	⋮
n	$P(1+i)^{n-1}$	$P(1+i)^{n-1} i$	$P(1+i)^n$

由表3-2可以看出:

$$F=P(1+i)^n \tag{3-4}$$

$$I'=P[(1+i)^n-1] \tag{3-5}$$

[**例3-1**] 某工程项目年初向银行贷款100万元,若贷款年利率为10%,一年计息一次,贷款期为5年,试分别用单利法和复利法计算到期后企业应付的本利和及利息。

解:根据题意 $P=100$ 万元,$i=10\%$,$n=5$。

(1) 单利法。

$$F=P(1+ni)=100\times(1+5\times10\%)=150(万元)$$
$$I'=Pni=100\times5\times10\%=50(万元)$$

(2) 复利法。

$$F=P(1+i)^n=100\times(1+10\%)^5=161.05(万元)$$
$$I'=P[(1+i)^n-1]=100\times[(1+10\%)^5-1]=61.05(万元)$$

很明显,单利法每年只是以100万元计算利息,而复利法第一年以本金100万元计算利息,第二年则以110[100×(1+10%)]万元计算利息,每年计算利息的基数逐渐增加。所以,单利法计算出来的利息永远不会大于复利法计算出来的利息。这也说明复利法更充分地反映了资金的时间价值。因此,在技术经济学中,一般都用复利法来计算利息。但是,由于单利法计算方便,在现实生活中,比如银行存款也很常用。

四、名义利率和实际利率

1. 名义利率

名义利率:付息周期内的利率就是名义利率。在这里所提到的付息周期是指应该支付利息的最小时间单位,其单位常用年来表示。付息周期通常用事先规定利率的形式来反映,在上例中,规定年利率为12%,则付息周期为一年。为此,也有人把付息周期定义为计算给定利率的最小时间单位。名义利率可理解为某机构（一般是银行）规定的利率。

在技术经济评价中，名义利率一般特指年名义利率。

2. 实际利率

实际利率：简单说就是从名义利率中扣除通货膨胀率后的利率。它是由正常生活决定的利率，也是人们预期价格不变时所指的利率，不含通货膨胀因素。

实际利率有两种计算方法：

第一是比较常见和通用的，但较为粗略的方法：

$$实际利率 = 名义利率 - 通货膨胀率 \qquad (3-6)$$

第二是较为精确的方法：

$$实际利率 = \frac{1+名义利率}{1+通货膨胀率} - 1 \qquad (3-7)$$

[例 3-2] 有一笔 100 万元的贷款，期限为 1 年，名义利率为 10%，通货膨胀率为 8%，求实际利率是多少？

解：按第一种方法计算：

$$实际利率 = 10\% - 8\% = 2\%$$

按第二种方法计算：

$$实际利率 = \frac{1+10\%}{1+8\%} - 1 = 1.85\%$$

两种方法相差 0.15% 的原因是第一种方法只考虑了本金购买力的贬值，而忽视了利息购买力的贬值。

由公式(3-6)和(3-7)可以看出：名义利率大于通货膨胀率时，实际利率为正值；名义利率等于通货膨胀率时，实际利率为零；名义利率小于通货膨胀率时，实际利率为负值。

五、名义利率与有效利率

[例 3-3] 甲、乙两个企业集资的年利率都是 12%，集资期限都是 10 年，但甲企业是按年计息，而乙企业却是按季计息。问如果有一人想投资 10 万元，投在哪一个企业最好？（采用复利计息）

现在我们来分析这个问题。很明显，在该例中，其他条件都相同，只有两个企业的计息周期不同。要解决这个问题，就必须引入有效利率问题。

有效利率：计息周期内实际使用的利率就是有效利率。根据计息时间的长短不同，有效利率可以分为年有效利率、季有效利率、月有效利率、周有效利率、日有效利率等，其换算关系必须按照复利计算公式来确定。

在技术经济评价中，有效利率是指本金在一年中增加的百分数。

年名义利率与年有效利率的关系推导如下：

以 i 表示年有效利率，r 表示年名义利率，m 表示一年中的计息次数，r/m 表示计息周期利率。根据复利公式，年末本利和为：

$$F=P\left(1+\frac{r}{m}\right)^m \tag{3-8}$$

式(3-8)两边分别减去本金 P，即得一年中的利息额为：

$$F-P=P\left(1+\frac{r}{m}\right)^m-P \tag{3-9}$$

式(3-9)两边分别除以本金 P，即利息与本金之比，可得年有效利率：

$$i=\left(1+\frac{r}{m}\right)^m-1 \tag{3-10}$$

根据名义利率和有效利率的关系，我们可以发现：只要一年中的计息次数(m)不等于1，年有效利率永远大于年名义利率，且计息次数越多，二者差别越大；当且仅当一年中的计息次数(m)等于1时，年有效利率才等于年名义利率。

名义利率为12%，不同计息周期的有效利率如表3-3所示。

表3-3 计息周期对有效利率的影响

计息周期	计息次数	各期利率 $\frac{r}{m}$/%	年有效利率/%
年	1	12	12
半年	2	6	12.36
季	4	3	12.55
月	12	1	12.68
周	52	0.230 77	12.73
日	365	0.032 88	12.748 8
无限小	∞	无限小	12.749 7

由此可见，年有效利率与年名义利率是由计息周期与付息周期不相等造成的。

例3-3中，我们可以求出其年有效利率为：

甲企业： $i=\left(1+\frac{r}{m}\right)^m-1=\left(1+\frac{12\%}{1}\right)-1=12\%$

乙企业： $i=\left(1+\frac{r}{m}\right)^m-1=\left(1+\frac{12\%}{4}\right)^4-1=12.55\%$

很明显，乙企业的年有效利率大于甲企业的年有效利率，这就导致了投资者投资乙企业和投资甲企业所获得的利息不同。其计算过程如下：

如果投资者把资金投在甲企业，其年利率为12%，一年计息一次，即计息周期为一年，那么计息周期内的利率为12%，这样，投资者10年后可以获得的利息总额为：

$$I'=P[(1+i)^n-1]=10\times[(1+12\%)^{10}-1]=21.058(万元)$$

同样,如果投资者把资金投在乙企业,其年利率也为12%,但一季计息一次,即计息周期为一个季度,那么计息周期内的利率为3%,这样,投资者10年后可以获得的利息总额为:

$$I' = P[(1+i)^n - 1] = 10 \times [(1+3\%)^{40} - 1] = 22.62(万元)$$

由上面的计算,我们可以得出结论:投资者应该把资金投在乙企业,因为乙企业到期后会比甲企业向投资者支付更多数额的利息。造成这一结果的根源在于乙企业的计息周期缩短了,从而产生了名义利率和有效利率问题。

总之,之所以会产生名义利率和有效利率,是因为在计算复利时出现了付息周期和计息周期不相等的问题。这包括以下两个方面的内容:

第一,名义利率和有效利率产生的前提是复利计息方法。在单利计息方法中无所谓名义利率和有效利率问题。

第二,名义利率和有效利率产生的条件是付息周期与计息周期不相等。如果付息周期等于计息周期,名义利率就是有效利率,反之亦然。

六、普通复利和连续复利

在上面我们讨论的利息的计算方法中,都涉及计息周期的概念,也就是事先确定在多长的时间内计算一次利息,如果计息期小于计息周期,就不计算利息。然而,根据资金时间价值的定义,资金在每时每刻都应该具有时间价值。这样,计息周期就可以无限地缩短,直到趋近于零。由此,在复利的计算中就出现了普通复利和连续复利的问题。

1. 普通复利

当计息周期不趋近于零时,采用间歇性方法来计算利息,这种复利就叫做普通复利,也叫做离散式复利。其付息周期内的有效利率为:

$$i = \left(1 + \frac{r}{m}\right)^m - 1$$

2. 连续复利

当计息周期趋近于零时,应当每时每刻都计算利息,这种复利就叫做连续复利。其付息周期内的有效利率为:

$$\begin{aligned} i &= \lim_{m \to \infty} \left(1 + \frac{r}{m}\right)^m - 1 \\ &= \lim_{m \to \infty} \left(1 + \frac{r}{m}\right)^{\frac{m}{r} \times r} - 1 \\ &= e^r - 1 \end{aligned} \quad (3-11)$$

式中各符号的含义同上,其中 $e = 2.71828$。

就整个社会而言,资金确实在不停地运动,每时每刻都通过生产和流通在增值,从理论上讲应采用连续复利,但在经济评价中一般多采用普通复利。

七、资金等值、现值和将来值

1. 资金等值

资金等值是考虑货币时间价值时的等值,即在一定的折现率下,不同时点绝对值不等而价值相等的两笔资金具有的相等的价值。如今年100元,在年利率10%的复利条件下,一年后相当于110元,两年后相当于121元等等。从资金的绝对值看,100元不等于110元和121元,但在年利率$i=10\%$的条件下,我们说今年的100元与一年后的110元和两年后的121元其价值是相等的。

影响资金等值的因素有:资金额的大小、资金额发生的时间及其利率的大小。

例如:在上例中把100元的资金换成200元,年利率还是10%,则一年后的等值为220元,而不是110元;同样,其他条件不变,年利率降为5%,则一年后的等值为105元。

资金等值在技术经济学中是一个非常重要的概念。在不同方案比较时,必须运用资金等值原理把各个方案发生在不同时点上的现金流量换算为相同时刻的资金进行比较与选择。

2. 现值

现值是指现在时刻的资金价值,或者说我们把某一时刻的资金价值按一定的利率换算成的现在时刻的价值。如按年利率10%,可以把两年后的121元换算成现在的价值为100元,亦可以把一年后的110元换算成现在的价值100元。这一换算过程称为"贴现"或"折现",用以换算的利率称为折现率,换算所得到的现在时刻的价值即"现值"。现值就是"期初值"或"基期的价值"。

3. 将来值

在复利条件下,按一定利率可以将"现值"换算到将来某一时刻的价值,即将来值,又称为"期末值"或"终值"。

现值与将来值之间的关系为:

$$将来值=现值+复利利息 \tag{3-12}$$

第二节 复利计算基本公式

一、符号和术语

在基本复利公式中将用到以下符号:

P——货币的现值。在时间标度上,它出现在零点上或出现在我们所选定的用以度量时间的任一其他点上。若不指明,P 处在初始周期的起点上。

F——某一特定未来日期的货币金额,即将来值。在时间标度上,它出现在点 n 或我们所选定的用以计算时间的某一未来点。若不指明,F 出现在最终周期的末尾。

A——n 次等额支付系列的一次支付,在每期末发生。

i——每一个计息周期的利率。

n——计息次数。

二、复利计算公式

由于各种经济活动的情况不同,现金收支也各有不同。一般来说有如下几种情况:

① 一次支付经济活动:在整个时期现金流入和现金流出分别只有一次的现金流量情况。

② 多次支付经济活动:在整个时期现金流入和现金流出各有多次的现金流量情况。

根据每次支付是否相等及是否连续,多次支付又分为等额连续支付和不等额连续支付及等额不连续支付和不等额不连续支付。

③ 等差支付序列:每相邻两期支付按一个定数增加或减少的现金流量数列。

④ 等比支付序列:每相邻两期支付按一个定比增加或减少的现金流量数列。

下面分别介绍各种经济活动情况的复利计算公式。

(一)一次支付经济活动情况

1. 一次支付终值复利公式

已知本金(期初投资)为 P,利率为 i,以复利计算,求 n 期末的本利和(将来值)F 为多少? 其现金流量如图 3-1 所示。

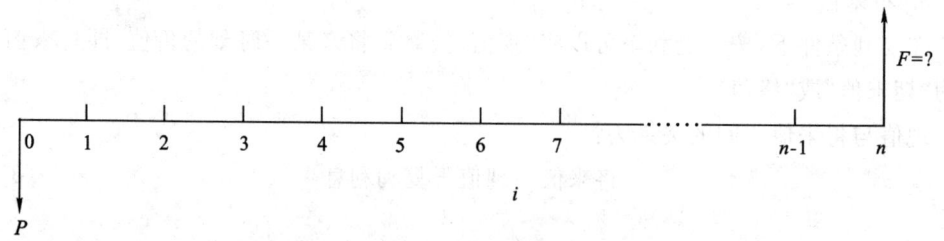

图 3-1 已知 P 求 F 的现金流量图

在本章的第一节中我们已经推导出:

$$F = P(1+i)^n \tag{3-13}$$

式中 $(1+i)^n$ 为一次支付终值复利系数。其经济意义为:现在的 1 元钱按复利率 i 计息,在 n 年后可得到 $(1+i)^n$ 元钱,即 1 元钱的复利本利和。通常以 $(F/P,i,n)$ 表示,公式(3-13)可写成:

$$F = P(F/P, i, n) \tag{3-14}$$

如果已知 i、n 的值,我们就可计算出一次支付终值复利系数 $(1+i)^n$ 的值。因此,我们可事先计算出不同利率 i 在不同时期 n 的复利系数,在实际工作中,只要查相应的复利系数表即可。本书附录中列出几个常用的利率在不同时期的复利系数,计算时可根据需要查出不同的复利系数。

[例 3-4] 一企业一次向银行贷款 20 000 元,假如年利率为 10%,一年计息一次。问 5 年到期后应该还银行多少钱?

解:由公式(3-13)可直接求得:
$$F = 20\,000 \times (1+10\%)^5 = 20\,000 \times 1.610\,5 = 32\,210(元)$$
也可查复利系数表 $(F/P, 10\%, 5) = 1.610\,5$
$$F = 20\,000 \times (F/P, 10\%, 5) = 20\,000 \times 1.610\,5 = 32\,210(元)$$
即 5 年到期后该企业应该还银行 32 210 元。

2. 一次支付现值复利公式

如果已知 F、i 和 n,求现值 P,则现金流量如图 3-2 所示。

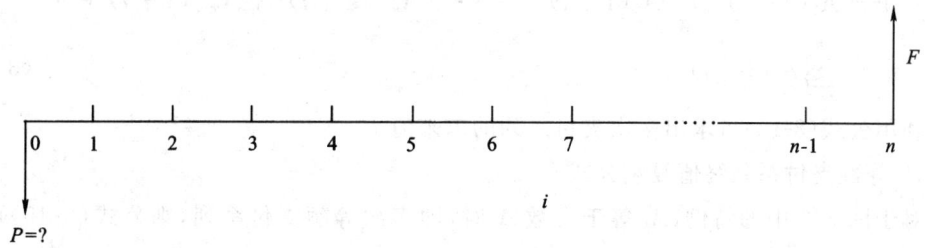

图 3-2 已知 F 求 P 的现金流量图

由公式(3-13)可得:
$$P = \frac{F}{(1+i)^n} \quad \text{或} \quad P = F(1+i)^{-n} \tag{3-15}$$

式中 $\dfrac{1}{(1+i)^n}$ 为一次支付现值系数,也叫贴现系数,常以 $(P/F, i, n)$ 表示。它表示将来 1 元钱的现值是多少。同样以符号形式表示,公式(3-15)也可写成:
$$P = F(P/F, i, n) \tag{3-16}$$

[例 3-5] 某企业 5 年后需要一笔 500 万元的资金用于设备更新,若利率为 10%,问现在应一次存入银行多少钱?

解:由公式(3-15)可得:
$$P = F(1+i)^{-5} = 500 \times 0.620\,9 = 310.45(万元)$$
即企业现在应一次存入银行 310.45 万元。

(二) 多次支付经济活动情况

在经济活动分析中,有时需要由一系列的期末偿付值 A_t 依复利计息,求 n 次偿付后的未来累计值 F。现金流量图如图 3-3 所示。(注意图中 F 和最后一个 A 同时发生)

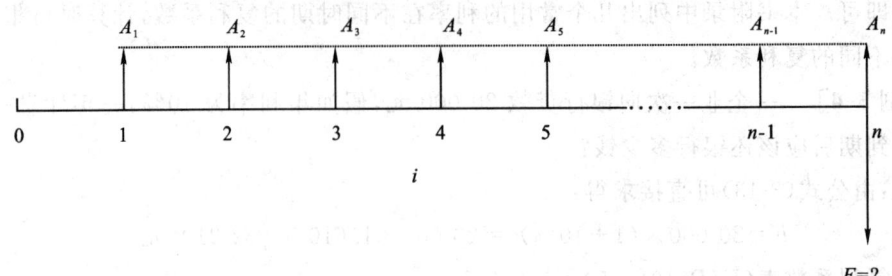

图 3-3 已知 A 求 F 的现金流量图

由图 3-3 可知,在 n 年末一次支付的未来值 F,应等于每次支付值 A_t 的未来值之和。即:

$$F = A_1(1+i)^{n-1} + A_2(1+i)^{n-2} + \cdots + A_{n-2}(1+i)^2 + A_{n-1}(1+i) + A_n$$

$$= \sum_{t=1}^{n} A_t (1+i)^{n-t} \tag{3-17}$$

利用公式(3-17)可求出多次支付系列的未来值 F。

1. 等额支付系列终值复利公式

对于图 3-3 中的特例,A_t 等于常数 A 时,即多次等额支付系列,则公式(3-15)可写成:

$$F = A(1+i)^{n-1} + A(1+i)^{n-2} + \cdots + A(1+i)^2 + A(1+i) + A \tag{3-18}$$

将式(3-18)两边乘以 $(1+i)$ 得:

$$F(1+i) = A(1+i)^n + A(1+i)^{n-1} + \cdots + A(1+i)^3 + A(1+i)^2 + A(1+i) \tag{3-19}$$

式(3-19)减去式(3-18)得:

$$F(1+i) - F = A(1+i)^n - A$$

$$Fi = A[(1+i)^n - 1]$$

$$F = A \frac{(1+i)^n - 1}{i} \tag{3-20}$$

式(3-20)称为等额支付系列终值复利公式,式中 $\frac{(1+i)^n - 1}{i}$ 叫做等额支付终值复利系数,其经济意义为:在期利率为 i 时,每期期末的 1 元钱相当于第 n 期末的多少元钱,并以 $(F/A, i, n)$ 表示。式(3-20)可写成:

$$F = A(F/A, i, n) \tag{3-21}$$

由于每期期末均有等额支付值 A，故称为"年金"，所以等额支付终值复利公式又叫做"年金终值"公式。

[例 3-6]　某厂计划自筹资金扩建，连续 5 年每年年末从利润中提取 100 万元存入银行，年利率为 10%，问 5 年后一次可以提取多少万元？

解：由式(3-20)得：

$$F = 100 \frac{(1+10\%)^5 - 1}{10\%} = 100 \times 6.105\,1 = 610.51(万元)$$

即 5 年后可以提取 610.51 万元。

2. 等额支付系列资金积累公式

等额支付系列资金积累公式又称为资金储存公式。与上述等额支付系列终值复利公式正好相反，已知第 n 期期末的将来值为 F，期利率为 i，求连续 n 期每期期末的等额支付值 A，现金流量图如图 3-4 所示。由公式(3-20)可得：

$$A = F \frac{i}{(1+i)^n - 1} \tag{3-22}$$

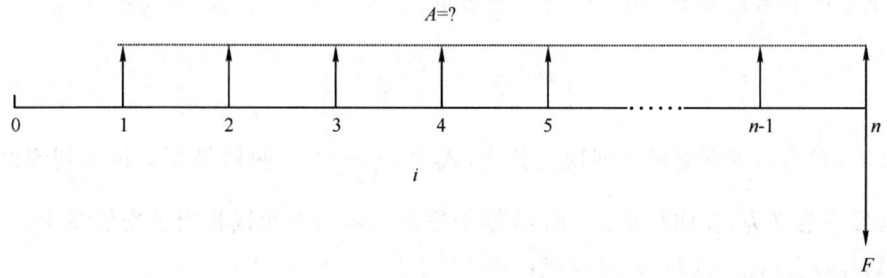

图 3-4　已知 F 求 A 的现金流量图

式(3-22)称为等额支付系列资金积累公式，式中 $\frac{i}{(1+i)^n - 1}$ 叫做等额支付系列资金积累复利系数，其经济意义为：在期利率为 i 时，第 n 期末的 1 元钱相当于每期期末的多少元钱，并以 $(A/F, i, n)$ 表示。则式(3-22)可写成：

$$A = F(A/F, i, n) \tag{3-23}$$

式(3-23)也可理解为在存款年利率为 i 时，第 n 年年末要偿还一笔资金 F，从现在起每年年末应该向银行存款多少元钱。因此，式(3-23)又称为资金偿还公式。

[例 3-7]　某企业计划 5 年后更新设备，共需资金 1 000 万元。为落实资金，现决定每年末从企业利润中提出一部分存入银行。若银行年存款利率为 10%，问每年企业应该等额提出多少钱才能满足需要？

解：由式(3-22)得：

$$A = 1\,000 \times \frac{10\%}{(1+10\%)^5 - 1} = 1\,000 \times 0.163\,8 = 163.8(万元)$$

即企业每年年末应该存入银行 163.8 万元,5 年后就可得到 1 000 万元的资金用来更新设备。

3. 等额支付系列现值公式

如果在利率 i 的时间因素作用下,n 年中每年年末得到等额值 A,现在应该一次投入多少元钱,即现值 P 是多少？如图 3-5 所示(注意现值 P 发生在第一个 A 值的前一期)。

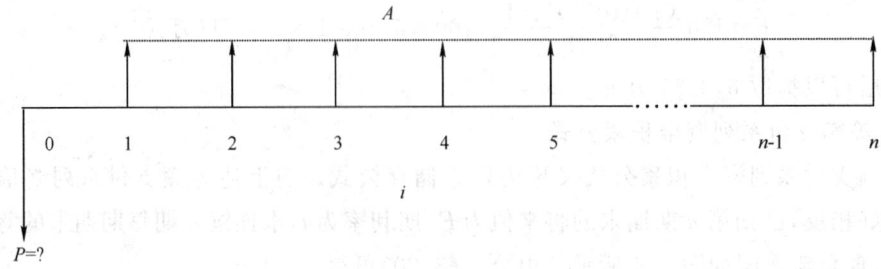

图 3-5 已知 A 求 P 的现金流量图

由 $F=P(1+i)^n$ 及 $F=A\dfrac{(1+i)^n-1}{i}$ 可得:

$$P=A\frac{(1+i)^n-1}{i(1+i)^n} \tag{3-24}$$

式(3-24)称为等额支付系列现值公式,式中 $\dfrac{(1+i)^n-1}{i(1+i)^n}$ 叫做等额支付系列现值复利系数,其经济意义为:在期利率为 i 时,n 期中每期期末的 1 元钱相当于现值多少元钱,并以 $(P/A,i,n)$ 表示。式(3-24)可写成:

$$P=A(P/A,i,n) \tag{3-25}$$

同样,由于每期期末均有等额支付值 A,称为"年金",所以等额支付系列现值公式又叫做"年金现值"公式。

[例 3-8] 某工程项目建成后预计每年可获利 100 万元,其寿命期为 10 年,银行存款年利率为 10%。问如果该项目可行,总投资应控制在多少万元以内？

解:由式(3-24)得:

$$P=100\times\frac{(1+10\%)^{10}-1}{10\%(1+10\%)^{10}}=100\times 6.144\ 6=614.46(万元)$$

即为确保该项目可行,其总投资应控制在 614.46 万元以内。

4. 等额支付系列资金回收公式

等额支付系列资金回收公式又称为资金恢复公式。与上述等额支付系列现值公式正好相反,若现值为 P,期利率为 i,求连续 n 期每期期末的等额支付值 A。其经济意义为:在利率为 i 的情况下,企业现在向银行贷款进行投资,投产后用逐年的利润均衡偿还贷款,如按协定要在 n 年内全部偿清,每年应该偿还多少?现金流量图如图3-6所示。

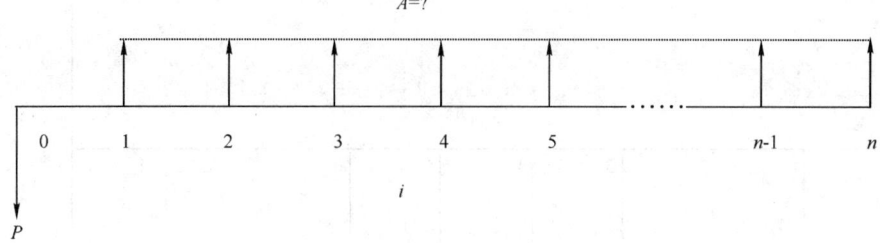

图 3-6 已知 P 求 A 的现金流量图

由式(3-24)得：

$$A = P \frac{i(1+i)^n}{(1+i)^n - 1} \tag{3-26}$$

式(3-26)称为等额支付系列资金恢复公式,式中 $\frac{i(1+i)^n}{(1+i)^n - 1}$ 叫做等额支付系列资金恢复系数,其经济意义为:在期利率为 i 时,现在的 1 元钱相当于 n 期中每期期末的多少元钱,并以 $(A/P, i, n)$ 表示。式(3-26)可写成：

$$A = P(A/P, i, n) \tag{3-27}$$

[例 3-9] 某企业贷款投资 10 000 元,贷款年利率为 8%。如果生产经营期为 5 年,则每年最低盈利应该为多少此项目才可行?

解:由式(3-26)得：

$$A = 10\ 000 \times \frac{8\%(1+8\%)^5}{(1+8\%)^5 - 1} = 10\ 000 \times 0.250\ 5 = 2\ 505(元)$$

即此项目每年至少应该盈利 2 505 元才是可行的。

(三) 等差与等比系列情况

1. 等差系列公式

等差系列是按一个定数增加或减少的现金流量数列。例如某项目费用支出逐年增加一个相等的数额,或收入逐年减少一个相等的数额,均为等差系列。以 G 表示等差系列中的定数,现金流量图如图 3-7 所示。注意,一般把第一期期末的数额作为基础数额,自第二期期末开始等额逐期增加(或减少)。

(1) 等差系列本利和公式。

现在我们来计算期末值 F：

$$F = A(1+i)^{n-1} + (A+G)(1+i)^{n-2} + \cdots + [A+(n-1)G] \tag{3-28}$$

式(3-28)两边分别乘以 $(1+i)$ 得：

$$F(1+i) = A(1+i)^n + (A+G)(1+i)^{n-1} + \cdots + [A+(n-1)G](1+i) \tag{3-29}$$

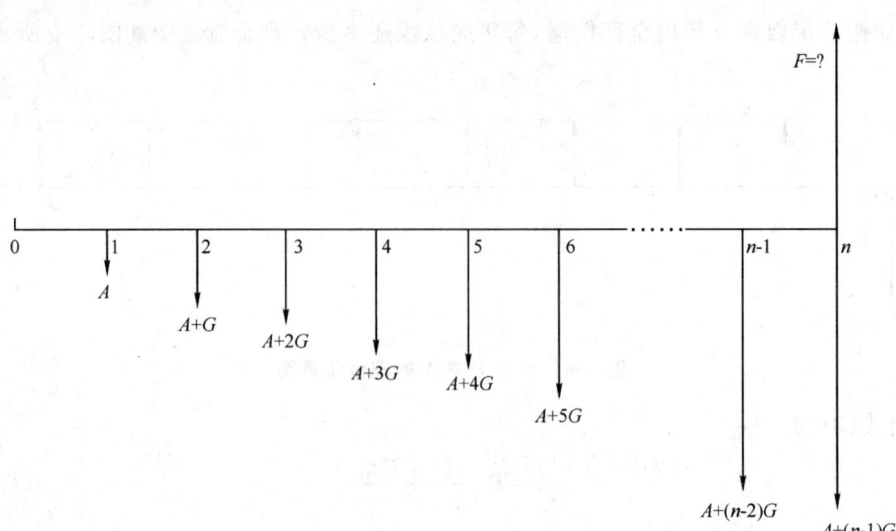

图 3-7 等差系列现金流量图

式(3-29)减式(3-28)得:

$$F(1+i) - F = A(1+i)^n - A + G[(1+i)^{n-1} + (1+i)^{n-2} + \cdots + 1] - nG \quad (3-30)$$

式(3-30)右边的第三项可以改写为:

$$G[(1+i)^{n-1} + (1+i)^{n-2} + \cdots + 1] = G\frac{(1+i)^n - 1}{i} \quad (3-31)$$

结合式(3-31)和式(3-30)得:

$$F = \left(A + \frac{G}{i}\right)\frac{(1+i)^n - 1}{i} - \frac{n}{i}G \quad (3-32)$$

(2) 等差系列现值公式。

由 $F = P(1+i)^n$ 和式(3-32)可以得到:

$$P = \left(A + \frac{G}{i}\right)\frac{(1+i)^n - 1}{i(1+i)^n} - \frac{n}{i(1+i)^n}G \quad (3-33)$$

[例 3-10] 在 10 年中,如果我们第一年向银行存款 1 000 元,以后每年递增 50 元,假定银行利率为 8%,10 年末我们将一次提取多少元?

解: $A = 1\,000$ 元,$G = 50$ 元,$i = 8\%$,$n = 10$ 年。

由式(3-32)得:

$$F = \left(A + \frac{G}{i}\right)\frac{(1+i)^n - 1}{i} - \frac{n}{i}G$$

$$= \left(1\,000 + \frac{50}{8\%}\right)\frac{(1+8\%)^{10} - 1}{8\%} - \frac{10}{8\%} \times 50$$

$$= 17\,291(\text{元})$$

即 10 年末我们将得到 17 291 元。

[例 3-11] 某公司购买一台新计算机。第一年需要支付 2 000 元的维护费用,以后每年需递增 200 元的维护费。如果公司打算这台计算机使用 6 年,假定年利率为 6%。现在应该一次准备多少资金来支付每年的维护费用?

解:$A=2\,000$ 元,$G=200$ 元,$n=6$ 年,$i=6\%$。

由式(3-33)得:

$$P = \left(A + \frac{G}{i}\right)\frac{(1+i)^n - 1}{i(1+i)^n} - \frac{n}{i(1+i)^n}G$$
$$= \left(2\,000 + \frac{200}{0.06}\right)\frac{(1+0.06)^6 - 1}{0.06(1+0.06)^6} - \frac{6}{0.06(1+0.06)^6} \times 200$$
$$= 12\,127(元)$$

即现在需要准备 12 127 元来支付 6 年中的维护费用。

(3) 等差系列年度等值公式。

我们也可以用等额支付系列来表示等差支付系列。在这种情况下,我们要计算等额支付值 A,即把每年不等的等差系列换算为每年相等的支付系列。我们可以用图 3-8 来表示。两边的 F 值是相等的。

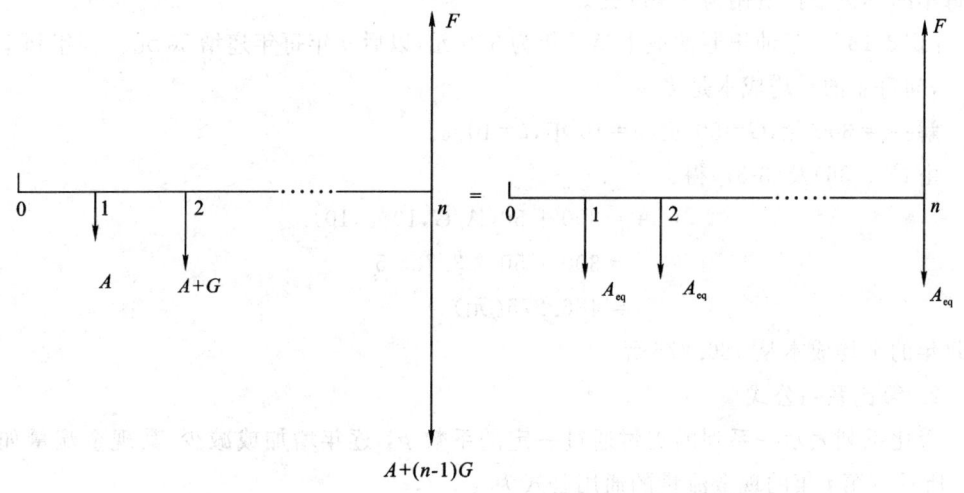

图 3-8 等差支付系列转换成等额支付系列现金流量图

如果我们假定 A_{eq} 是等额支付,用来计算图 3-8 中的 F 值,公式如下:

$$F = A_{eq}\frac{(1+i)^n - 1}{i} \tag{3-34}$$

式(3-34)的 F 值应等于式(3-32)的 F 值,可得:

$$F=\left(A+\frac{G}{i}\right)\frac{(1+i)^n-1}{i}-\frac{n}{i}G=A_{eq}\frac{(1+i)^n-1}{i} \qquad (3\text{-}35)$$

由式(3-35)可得：

$$A_{eq}=A+\frac{G}{i}-\frac{nG}{(1+i)^n-1} \qquad (3\text{-}36)$$

式(3-36)中的 $\left[\frac{1}{i}-\frac{n}{(1+i)^n-1}\right]$ 为等差系列换算系数，记作 $(A/G,i,n)$，则式(3-36)可写成：

$$A_{eq}=A+G(A/G,i,n) \qquad (3\text{-}37)$$

[例 3-12] 如例 3-11，试计算 6 年中的等额维护费用。

解：$A=2\,000$ 元，$G=200$ 元，$n=6$ 年，$i=6\%$。

由式(3-29)得：

$$\begin{aligned}A_{eq}&=A+\frac{G}{i}-\frac{nG}{(1+i)^n-1}\\ &=2\,000+\frac{200}{0.06}-\frac{6\times 200}{(1+0.06)^6-1}\\ &=2\,466(\text{元})\end{aligned}$$

即每年的等额维护费用为 2 466 元。

[例 3-13] 某油田原油成本第一年为 300 元，以后 9 年每年递增 50 元。若年利率为 10%，问每年的平均成本是多少？

解：$A=300$ 元，$G=50$ 元，$n=10$ 年，$i=10\%$。

由式(3-36)及(3-37)得：

$$\begin{aligned}A&=300+50(A/G,10\%,10)\\ &=300+50\times 3.725\,5\\ &=486.275(\text{元})\end{aligned}$$

即每年的平均成本是 486.275 元。

2. 等比系列公式

等比系列表示一系列的支付通过一定的系数 g，逐年增加或减少，其现金流量如图 3-9 所示。第 t 年的现金流量的通用公式为：

$$A_t=A(1+g)^{t-1} \qquad (3\text{-}38)$$

(1) 等比系列本利和公式。

$$F=A(1+i)^{n-1}+A(1+g)(1+i)^{n-2}+\cdots+A(1+g)^{n-1} \qquad (3\text{-}39)$$

式(3-39)两边分别乘以 $\frac{1+i}{1+g}$ 可得：

$$F\frac{1+i}{1+g}=A\frac{(1+i)^n}{1+g}+A(1+i)^{n-1}+\cdots+A(1+i)(1+g)^{n-2} \qquad (3\text{-}40)$$

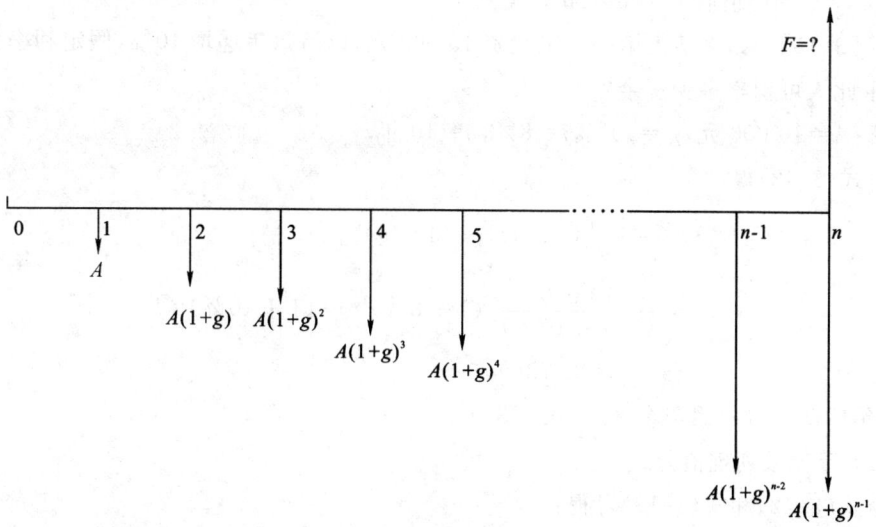

图 3-9 等比系列现金流量图

由式(3-40)减去式(3-39)得：

$$F\frac{1+i}{1+g}-F=A\frac{(1+i)^n}{1+g}-A(1+g)^{n-1} \tag{3-41}$$

整理式(3-41)得：

$$F=\frac{A}{i-g}[(1+i)^n-(1+g)^n] \tag{3-42}$$

式(3-42)仅适用于 $i\neq g$ 的情况，如果 $i=g$，上面的(3-39)式可简化为：

$$F=A(1+i)^{n-1}+A(1+i)(1+i)^{n-2}+\cdots+A(1+i)^{n-1} \tag{3-43}$$

整理得：

$$F=nA(1+i)^{n-1} \tag{3-44}$$

[例 3-14] 某油田开发第一年的年收益预期为 50 万美元，且以每年 12% 的速率递减，油田生产期至少为 10 年。假定基准收益率为 15%，试计算第 10 年末的终值收入为多少？

解：$A=50$ 万美元，$g=-12\%$，$i=15\%$，$n=10$ 年。

由式(3-42)得：

$$\begin{aligned}F&=\frac{A}{i-g}[(1+i)^n-(1+g)^n]\\&=\frac{50}{15\%-(-12\%)}[(1+15\%)^{10}-(1-12\%)^{10}]\\&=697.6(万美元)\end{aligned}$$

即第 10 年末的终值收入为 697.6 万美元。

[例 3-15] 如果某人第一年末投资 10 000 元，以后每年递增 10%，假定利率为 8%，10 年末此人可积累多少资金？

解：$A=10\ 000$ 元，$g=10\%$，$i=8\%$，$n=10$ 年。

由式(3-42)得：

$$F=\frac{A}{i-g}[(1+i)^n-(1+g)^n]$$

$$=\frac{10\ 000}{(8\%-10\%)}[(1+8\%)^{10}-(1+10\%)^{10}]$$

$$=217\ 408.73(元)$$

即 10 年后此人可积累资金 217 408.73 元。

(2) 等比系列现值公式。

由式(3-42)和式(3-13)可得：

$$P=\frac{A}{i-g}\left[1-\frac{(1+g)^n}{(1+i)^n}\right] \tag{3-45}$$

如果 $i=g$，则式(3-13)等于式(3-44)得：

$$P(1+i)^n=nA(1+i)^{n-1}$$

整理得：

$$P=\frac{nA}{1+i} \tag{3-46}$$

[例 3-16] 某公司在 5 年生产经营期内，第一年的设备修理费为 20 000 元，以后每年递增 6%，假如利率为 7%，该公司 5 年设备修理费用的现值为多少？假如利率为 6% 时又为多少？

解：$A=20\ 000$ 元，$g=6\%$，$i=7\%$，$n=5$ 年。

由式(3-45)得：

$$P=\frac{A}{i-g}\left[1-\frac{(1+g)^n}{(1+i)^n}\right]$$

$$=\frac{20\ 000}{7\%-6\%}\left[1-\frac{(1+6\%)^5}{(1+7\%)^5}\right]$$

$$=91\ 727(元)$$

如果 $i=6\%$，则由式(3-46)得：

$$P=\frac{nA}{1+i}$$

$$=\frac{5\times 20\ 000}{1+6\%}$$

$$=94\ 340(元)$$

因此,如果利率为6%,公司的维修费用就要增加2 613(即94 340-91 727)元。

(3) 等比系列年度等值公式。

由式(3-45)及式(3-24)得:

$$\frac{A}{i-g}\left[1-\frac{(1+g)^n}{(1+i)^n}\right]=A_{eq}\frac{(1+i)^n-1}{i(1+i)^n} \tag{3-47}$$

$$A_{eq}=\frac{iA}{i-g}\left[\frac{(1+i)^n-(1+g)^n}{(1+i)^n-1}\right] \tag{3-48}$$

如果 $i=g$,则由式(3-46)及式(3-24)得:

$$A_{eq}=A\frac{ni(1+i)^{n-1}}{(1+i)^n-1} \tag{3-49}$$

三、公式小结

1. 基本复利公式

公式名称	已知	求解	计算公式	公式符号
① 一次支付终值公式	P,i,n	F	$F=P(1+i)^n$	$F=P(F/P,i,n)$
② 一次支付现值公式	F,i,n	P	$P=F(1+i)^{-n}$	$P=F(P/F,i,n)$
③ 年金终值公式	A,i,n	F	$F=A\dfrac{(1+i)^n-1}{i}$	$F=A(F/A,i,n)$
④ 资金储存公式	F,i,n	A	$A=F\dfrac{i}{(1+i)^n-1}$	$A=F(A/F,i,n)$
⑤ 年金现值公式	A,i,n	P	$P=A\dfrac{(1+i)^n-1}{i(1+i)^n}$	$P=A(P/A,i,n)$
⑥ 资金恢复公式	P,i,n	A	$A=P\dfrac{i(1+i)^n}{(1+i)^n-1}$	$A=P(A/P,i,n)$

以上各公式之间的关系是:

(1) 倒数关系。

$$(F/P,i,n)=\frac{1}{(P/F,i,n)}$$

$$(F/A,i,n)=\frac{1}{(A/F,i,n)}$$

$$(A/P,i,n)=\frac{1}{(P/A,i,n)}$$

(2) 乘积关系。

$$(F/A,i,n)=(P/A,i,n)\times(F/P,i,n)$$

$$(F/P,i,n)=(A/P,i,n)\times(F/A,i,n)$$

$$(P/A,i,n)=(P/F,i,n)\times(F/A,i,n)$$

(3) 加减关系。

$$(A/P,i,n)-(A/F,i,n)=i$$

$$(F/A,i,n)=1+(F/P,i,1)+(F/P,i,2)+\cdots+(F/P,i,n-1)$$
$$(P/A,i,n)=(P/F,i,1)+(P/F,i,2)+\cdots+(P/F,i,n)$$

2. 基本复利公式极限值

公式名称	计算公式	$n\to\infty$	$i=0$
① 一次支付终值公式	$F=P(1+i)^n$	∞	$F=P\cdot 1$
② 一次支付现值公式	$P=F(1+i)^{-n}$	0	$P=F\cdot 1$
③ 年金终值公式	$F=A\dfrac{(1+i)^n-1}{i}$	∞	$F=A\cdot n$
④ 资金储存公式	$A=F\dfrac{i}{(1+i)^n-1}$	0	$A=F\cdot\dfrac{1}{n}$
⑤ 年金现值公式	$P=A\dfrac{(1+i)^n-1}{i(1+i)^n}$	$P=A\cdot\dfrac{1}{i}$	$P=A\cdot n$
⑥ 资金恢复公式	$A=P\dfrac{i(1+i)^n}{(1+i)^n-1}$	$A=P\cdot i$	$A=P\cdot\dfrac{1}{n}$

3. 等差系列公式

已知	求解	计算公式
A,G,i,n	F	$F=\left(A+\dfrac{G}{i}\right)\dfrac{(1+i)^n-1}{i}-\dfrac{n}{i}G$
A,G,i,n	P	$P=\left(A+\dfrac{G}{i}\right)\dfrac{(1+i)^n-1}{i(1+i)^n}-\dfrac{n}{i(1+i)^n}G$
A,G,i,n	A_{eq}	$A_{eq}=A+\dfrac{G}{i}-\dfrac{nG}{(1+i)^n-1}$

4. 等比系列公式

类型	已知	求解	计算公式
$i\neq g$	A,g,i,n	F	$F=\dfrac{A}{(i-g)}[(1+i)^n-(1+g)^n]$
$i\neq g$	A,g,i,n	P	$P=\dfrac{A}{(i-g)}\left[1-\left(\dfrac{1+g}{1+i}\right)^n\right]$
$i\neq g$	A,g,i,n	A_{eq}	$A_{eq}=A\left(\dfrac{i}{i-g}\right)\dfrac{(1+i)^n-(1+g)^n}{(1+i)^n-1}$
$i=g$	A,g,i,n	F	$F=nA(1+i)^{n-1}$
$i=g$	A,g,i,n	P	$P=\dfrac{nA}{1+i}$
$i=g$	A,g,i,n	A_{eq}	$A_{eq}=A\dfrac{ni(1+i)^{n-1}}{(1+i)^n-1}$

第三节 资金等值计算

上一节我们讲了资金时间价值的基本计算,只要已知基本要素就可以求出另一个要素,而实际工作中,资金的运动比较复杂,往往需要多个公式结合运用才能解决。通过本节的学习,能够使我们灵活运用基本公式,并进一步理解资金时间价值的计算。

一、求利率问题

[例 3-17] 当利率为多大时,现在的 300 元等值于第 9 年末的 525 元?

解:$P=300$ 元,$F=525$ 元,$n=9$ 年。

由 $F=P(1+i)^n$ 得:

$$525 = 300 \times (1+i)^9$$

解之得:

$$i = 6.42\%$$

二、求计息期问题

[例 3-18] 如果年利率为 5%,现在 1 000 元的投资经过多少年后可达到 2 000 元?

解:$P=1\,000$ 元,$F=2\,000$ 元,$i=5\%$。

由 $F=P(1+i)^n$ 得:

$$2\,000 = 1\,000 \times (1+5\%)^n$$

解之得:

$$n = 14.2 \,(年)$$

本题也可以这样做:

由 $F=P(F/P,i,n)$ 得:

$$2\,000 = 1\,000 \times (F/P, 5\%, n)$$

所以

$$(F/P, 5\%, n) = 2.0$$

查 5% 的一次支付复利系数表得:

$$n=14 \text{ 时},(F/P, 5\%, 14) = 1.980$$

$$n=15 \text{ 时},(F/P, 5\%, 15) = 2.079$$

用插值法求得:

$$n = 14 + \frac{2.0 - 1.980}{2.079 - 1.980} \times (15-14) = 14.2 \,(年)$$

三、支付周期不等于计息周期问题

[例 3-19] 某企业计划在三年后建成一座新的办公楼,今每季度末从企业盈利中提取 10 万元作为存储资金。若银行年利率为 12%,每季度计息一次。问这笔资金在三年末是多少?

解:根据题意画出现金流量图如图 3-10 所示。

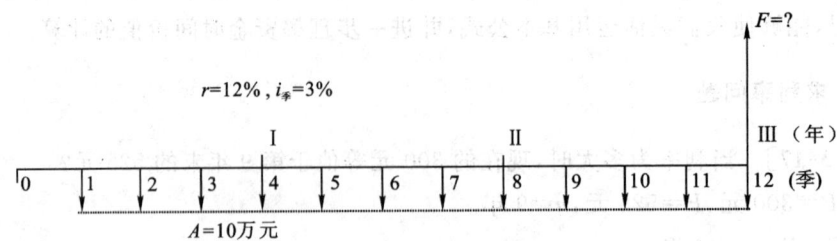

图 3-10 例 3-19 现金流量图

这是一个等额支付问题。计息周期是一个季度,支付周期也是一个季度。可直接用公式计算:

$$A = 10 \text{ 万元}, i_{季} = 12\%/4 = 3\%, n = 12 \text{ 季}$$

则:
$$F = A(F/A, i, n) = 10 \times (F/A, 3\%, 12)$$
$$= 10 \times 14.192$$
$$= 141.92(\text{万元})$$

[例 3-20] 在例 3-19 中,若把"每季度"末改成"每年"末从企业盈利中提取 40 万元,其他条件不变。那么这笔资金在三年末是多少?

解:现金流量图如图 3-11 所示。

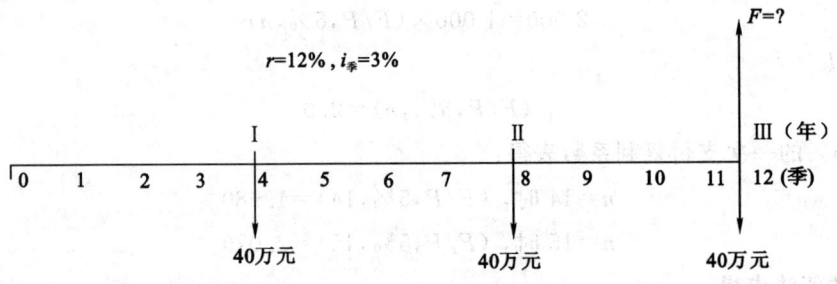

图 3-11 例 3-20 现金流量图

在此例中,计息周期是一个季度,而支付周期为一年。支付周期长于计息周期,不可直接用公式计算。解决这类问题,应以支付周期为准,求出支付周期内的有效利率后再计算。

年有效利率为：$i=\left(1+\dfrac{r}{m}\right)^m-1=\left(1+\dfrac{12\%}{4}\right)^4-1=12.55\%$

则 $F=A(F/A,i,n)=40\times(F/A,12.55\%,3)$

查表得：$(F/A,12\%,3)=3.374,(F/A,15\%,3)=3.472$

利用插值法得：$(F/A,12.55\%,3)=3.374+\dfrac{3.472-3.374}{15\%-12\%}(12.55\%-12\%)=3.392$

所以：$F=40\times3.392=135.68(万元)$

或直接把年有效率代入公式(3-20)进行计算：

$$F=40\times\dfrac{(1+12.55\%)^3-1}{12.55\%}=40\times3.392=135.68(万元)$$

[**例 3-21**] 在例 3-19 中，若把"每季度计息一次"改成"每年计息一次"，其他条件不变。那么这笔资金在三年末是多少？

解： 现金流量图如图 3-12 所示。

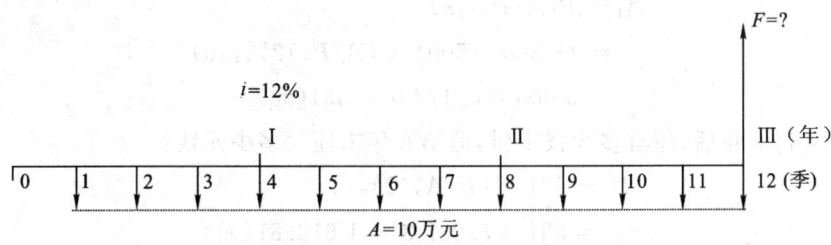

图 3-12 例 3-21 现金流量图

在此例中，支付周期还是一季，而计息周期却为一年。支付周期短于计息周期。通常规定存款必须存满一个计息周期才能计算利息。因此处理原则是，计息期间的存款相当于在本期末存入，而取款相当于在本期初支出。即在计息周期内的存款，应在本计息周期末开始计息；在计息周期内的提款，应在本计息周期初计息。计息周期内的支付款（存款或提款）都不计算利息。这样，该问题可以简化为如图 3-13。

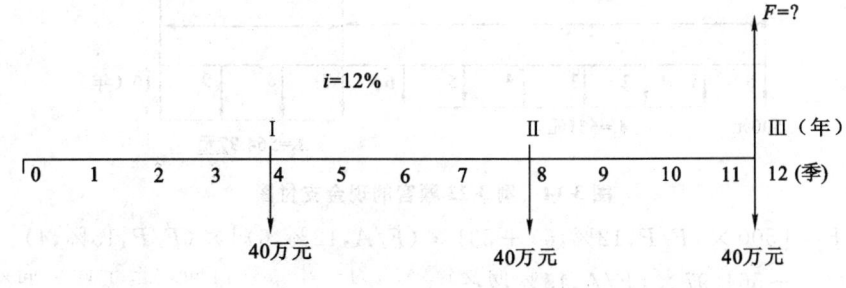

图 3-13 例 3-21 现金流量简化图

由图 3-13 可得：
$$F = A(F/A, i, n) = 40 \times (F/A, 12\%, 3)$$
$$= 40 \times 3.3744 = 134.976(万元)$$

四、综合运算问题

对于一些复杂的问题，我们要记住基本公式的使用条件，分析题意，灵活运用，进行计算。

[**例 3-22**] 某人购买一台电视机，价值为 3 500 元。商店要求先支付 500 元，剩余的钱以后分 10 年等额支付，并且还款条件随银行利率而变动，现在年利率为 12%。但在支付了 6 年以后，因通货膨胀，银行年利率调整到 15%。问用户在利率变动后每年应等额支付多少元钱？所有各次支付相当于第 10 年末的等值及现值各是多少？

解：先求用户一共需支付的钱数：

(1) 先求剩余 3 000 元钱的等额支付值 A_1。
$$A_1 = P(A/P, i, n)$$
$$= (3\,500 - 500) \times (A/P, 12\%, 10)$$
$$= 3\,000 \times 0.177\,0 = 531(元)$$

(2) 支付 6 年后，还有多少钱未付，即第 6 年末还欠多少元钱？
$$P_6 = 531 \times (P/A, 12\%, 4)$$
$$= 531 \times 3.037\,3 = 1\,612.81(元)$$

(3) 支付 6 年后，银行年利率调整到 15%，则该用户后 4 年每年应支付多少元钱？
$$A_2 = 1\,612.81 \times (A/P, 15\%, 4)$$
$$= 1\,612.81 \times 0.350\,3 = 564.97(元)$$

再求各次支付相当于第 10 年末的等值及现值。此人的现金支付如图 3-14 所示。

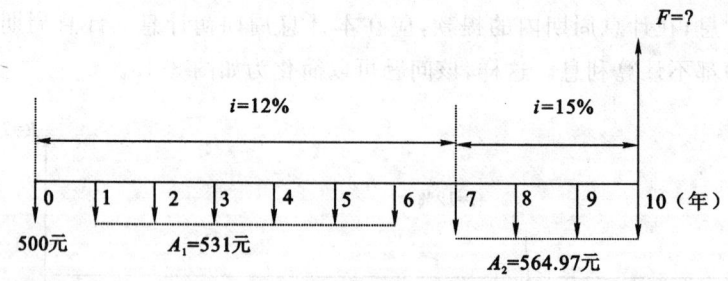

图 3-14　例 3-22 顾客的现金支付图

$$F = [500 \times (F/P, 12\%, 6) + 531 \times (F/A, 12\%, 6)] \times (F/P, 15\%, 4)$$
$$+ 564.97 \times (F/A, 15\%, 4)$$

$$= (500 \times 1.973\ 8 + 531 \times 8.115\ 2) \times 1.749\ 0 + 564.97 \times 4.993\ 4$$
$$= 9\ 262.83 + 2\ 821.12$$
$$= 12\ 083.95(元)$$
$$P_{总} = 500 + 531 \times (P/A, 12\%, 6) + 564.97 \times (P/A, 15\%, 4) \times (P/F, 12\%, 6)$$
$$= 500 + 531 \times 4.111\ 4 + 564.97 \times 2.855\ 0 \times 0.506\ 6$$
$$= 500 + 2\ 183 + 817 = 3\ 500(元)$$

即此人在利率变动后每年需支付的金额为564.97元;所有各次支付等值于10年末的12 083.95元;相当于现在支付3 500元。

[**例 3-23**] 某项经济活动现金流量是:第6年年末支付3 000元,第9、10、11、12年各年年末支付600元,第13年年末支付2 100元,第15、16、17年各年年末支付800元。假如按年利率为5%计息,与其等值的现金流量的现值为多少?

解:现金流量如图3-15所示。

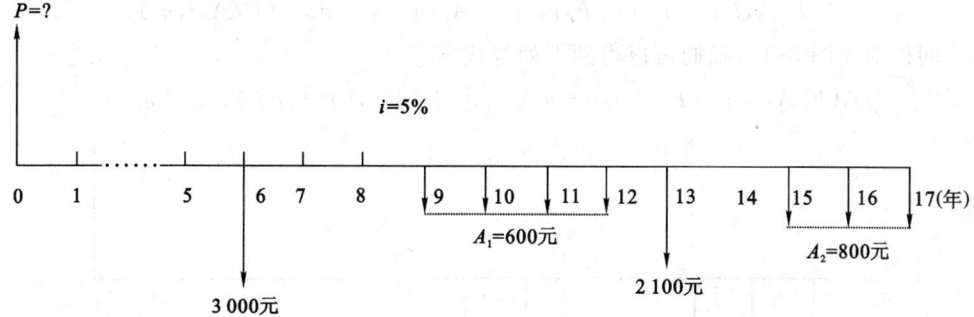

图3-15 例3-23现金流量图

解法①:
$$P = 3\ 000 \times (P/F, 5\%, 6) + 600 \times (P/A, 5\%, 4) \times (P/F, 5\%, 8) +$$
$$\quad 2\ 100 \times (P/F, 5\%, 13) + 800 \times (F/A, 5\%, 3) \times (P/F, 5\%, 17)$$
$$= 3\ 000 \times 0.746\ 2 + 600 \times 3.545\ 6 \times 0.676\ 8 + 2\ 100 \times 0.530\ 5 +$$
$$\quad 800 \times 3.152\ 5 \times 0.436\ 3$$
$$= 5\ 892.79(元)$$

解法②:
$$P = 3\ 000 \times (P/F, 5\%, 6) + 600 \times [(P/A, 5\%, 12) - (P/A, 5\%, 8)] +$$
$$\quad 2\ 100 \times (P/F, 5\%, 13) + 800 \times [(F/A, 5\%, 17) - (P/F, 5\%, 14)]$$
$$= 3\ 000 \times 0.746\ 2 + 600 \times (8.863\ 3 - 6.463\ 2) + 2\ 100 \times 0.530\ 3 +$$
$$\quad 800 \times (11.274\ 1 - 9.898\ 6)$$
$$= 5\ 892.69(元)$$

通过此例我们可以发现这样一种情况(现金流量如图 3-16 所示)：

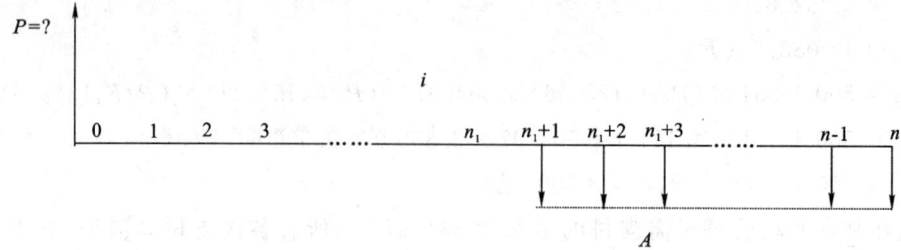

图 3-16　后期等额系列求 P 值现金流量图

计算图 3-16 中的现值 P，可以把等额年金 A 换算为 n 期末的 F 值，再换算为现值 P；也可以把等额年金 A 换算为 n_1 期末的时值，再换算为现值 P，如上例中的解法①。这两种方法都需要用不同的复利系数计算。另一种方法是直接用相同的年金现值系数计算现值 P，如上例中的解法②。可以证明下列等式成立。

$$A(P/A,i,n-n_1)(P/F,i,n_1)=A[(P/A,i,n)-(P/A,i,n_1)]$$

同样对于图 3-17，我们可以得到下列等式：

$$A(F/A,i,n_1)(F/P,i,n-n_1)=A[(F/A,i,n)-(F/A,i,n-n_1)]$$

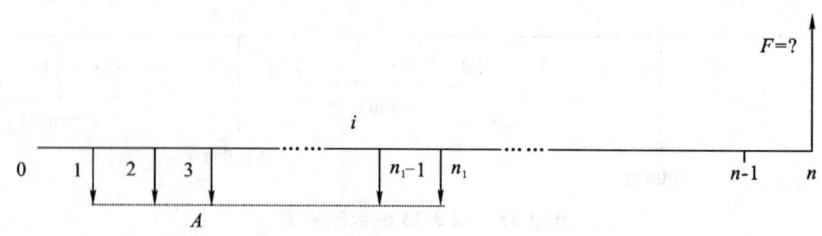

图 3-17　前期等额系列求 F 值现金流量图

[**例 3-24**]　一家小规模的新型制造公司，需要获得产品存放空间，以便通过稳定生产来减少产品成本。资源有效利用的研究表明：在一年里，如果均衡生产，产品储存量将减少，总的制造成本将降低。

这家新型公司生产的产品已广泛被市场接受，销售量每年都有增加，为了增强生产能力，有两种可行的方案：一是建一座能满足 10 年全部需要的，有足够空间的较大仓库。由于对未来产量究竟能增加多少不太明确，公司不愿投资，而以每年 23 000 元的价格租用。另一个方案是目前用 110 000 元建一个小仓库，并在第三年末用 50 000 元扩建它，前三年的年税收、保险费用为 1 000 元，后七年为 2 000 元。10 年后扩建的仓库可以 50 000 元卖出。考察周期等于租赁合同期，利率为 12%，问哪一个方案可取？

此题是要选择比较有利的方案，而两方案的现金流量是不同的，必须根据资金等值原理把两方案发生在不同时刻的资金值按利率换算为相同时刻的资金值，我们以现值 P

进行比较。两方案的现金流量图如图 3-18 所示。

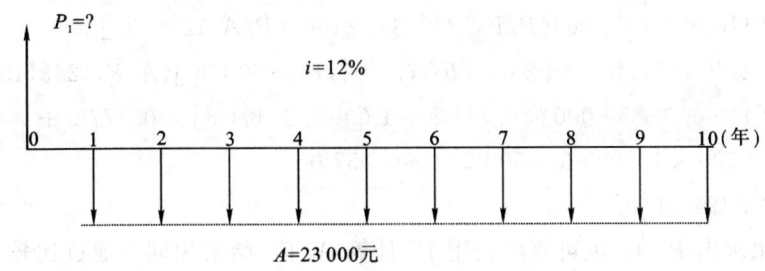

(a) 租用

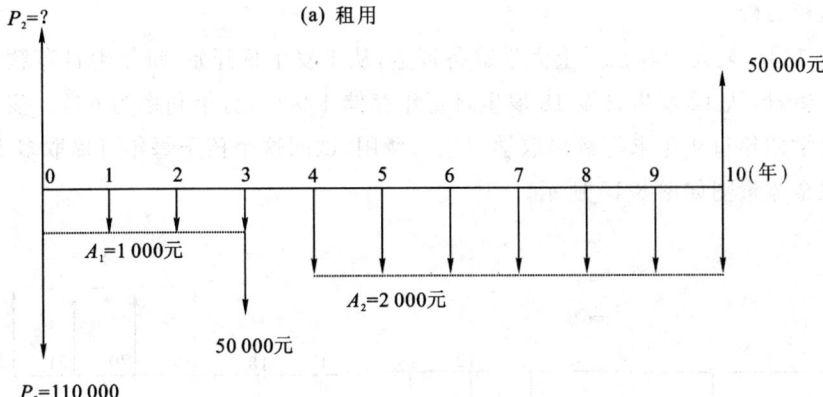

(b) 先建小仓库后扩建

图 3-18 例 3-24 现金流量图

解：租用仓库的现值费用为：

$$P_1 = 23\,000 \times (P/A, 12\%, 10)$$
$$= 23\,000 \times 5.650\,2$$
$$= 129\,954.6(元)$$

先建小仓库后扩建方案最后一年可以把仓库卖出得收入 50 000 元，是与费用相反方向流动的，在此我们取负值计算，得：

$$P_2 = 110\,000 + 50\,000(P/F, 12\%, 3) + 1\,000(P/A, 12\%, 3) +$$
$$\quad 2\,000[(P/A, 12\%, 10) - (P/A, 12\%, 3)] - 50\,000(P/F, 12\%, 10)$$
$$= 110\,000 + 50\,000 \times 0.711\,8 + 1\,000 \times 2.401\,8 +$$
$$\quad 2\,000 \times (5.650\,2 - 2.401\,8) - 50\,000 \times 0.322\,0$$
$$= 138\,388.6(元)$$

由于 $P_2 > P_1$，所以在 10 年内租赁仓库较好。

此题也可以比较两方案的年度费用，计算如下：

租赁年度费用 $A_1 = 23\,000$ 元。

先建小仓库后扩建的年度费用为:
$$A_2 = [110\,000 + 50\,000(P/F,12\%,3) + 1000(P/A,12\%,3)] \times$$
$$(A/P,12\%,10) + [2\,000(F/A,12\%,7) - 50\,000](A/F,12\%,10)$$
$$= [110\,000 + 50\,000 \times 0.711\,8 + 1\,000 \times 2.401\,8] \times 0.177\,0 +$$
$$[2\,000 \times 10.089\,0 - 50\,000] \times 0.057\,0$$
$$= 24\,494.69(元)$$

当然,如果求出 P_2 值,也可直接利用 P_2 计算 A_2 值,结果相同。通过比较年度费用发现,还是租赁较好。

[例 3-25] 某人为其孩子上大学筹备资金,从 1 岁生日开始,每年生日存款 500 元,直至 11 岁生日,从 12 岁生日至 18 岁生日每年存储 1 000 元,年利率为 6%。孩子 19 岁上大学,大学四年每年年末等额提取学习生活费用,试问这个孩子每年可提取多少现金?

解:现金流量图如图 3-19 所示。

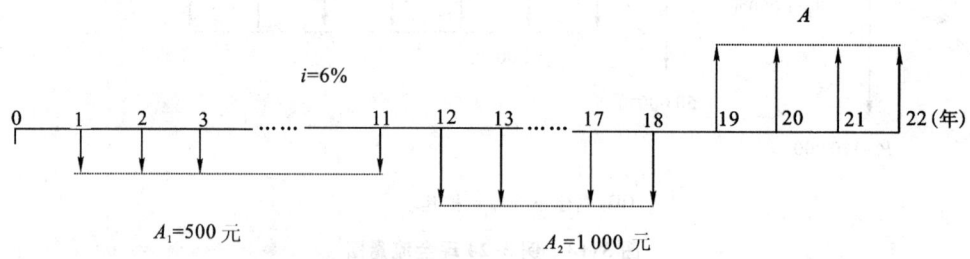

图 3-19 例 3-25 现金流量图

先求 11 年末的资金价值:
$$F_{11} = 500 \times (F/A,6\%,11)$$
$$= 500 \times 14.971\,6$$
$$= 7\,485.8(元)$$

再求 18 年末的存储资金价值:
$$F_{18} = 7\,485.8 \times (F/P,6\%,7) + 1\,000 \times (F/A,6\%,7)$$
$$= 7\,485.8 \times 1.503\,6 + 1\,000 \times 8.393\,8$$
$$= 19\,649.45(元)$$

大学四年中每年等额提取现金为:
$$A = 19\,649.45 \times (A/P,6\%,4)$$
$$= 19\,649.45 \times 0.288\,6$$
$$= 5\,670.83(元)$$

即按上述存储后,孩子上大学每年可以花费 5 670.83 元钱。

思 考 题

1. 某农业银行为鼓励农民兴修水利,用单利方式向农民贷款 80 万元,年利率为 5%,还款期为 3 年。问:
(1) 3 年后银行可获得多少利息?
(2) 3 年后银行的本利和是多少?

2. 某人以单利方式在银行存款 50 元,年利率为 8%,请问多少年后他可以从银行取得现款 90 元?

3. 100 元借出 5 年,计算按 5% 的单利和复利计息所得的利息差额。

4. 名义利率和有效利率的本质区别是什么?银行的贷款年利率为 15%,若一年计息一次,其名义利率和有效利率各为多少?若一季计息一次,其名义利率和有效利率各为多少?若一年计息无数次,其名义利率和有效利率又各为多少?

5. 已知年利率为 12%,每季度计息一次,某企业每年末支付 5 000 元,连续支付 6 年,问该企业支付的现值是多少元?

6. 已知年利率为 15%,每半年计息一次,某人每月末存入银行 500 元,连续 2 年,问此人两年末可提取的将来值是多少元?

7. 已知年利率为 10%,每半年计息一次,某公司连续 11 年每年年末等额存款一次,11 年末共积累 40 000 元,问该公司每年末等额存款为多少元?

8. 某油田开发投资为 1 000 万元,每年年初投入资金比例如下表所示:

方 案	第一年	第二年	第三年	第四年
方案 Ⅰ	10%	20%	30%	40%
方案 Ⅱ	25%	25%	25%	25%
方案 Ⅲ	40%	30%	20%	10%

若贷款利率为 10%,按复利计算三种投资方案 4 年末各欠银行多少钱?其结果说明什么?

9. 某炼厂投入新产品,第一年末从银行借款 8 万元,第二年末又借款 6 万元,第三年末用利润还款 4 万元,第四年末又还款 4 万元,若年利率为 10%,请问该厂第五年还要还银行多少钱?

10. 某企业 1988 年初借外资购进设备,按年利 10% 计息。外商提出两个还款方案:第一方案要求于 1991 年末一次偿还 650 万美元;第二方案为用产品补偿欠债,相当于 1989、1990、1991 年每年年末还债 200 万美元。试画出两方案的现金流量图,并计算哪一方案更经济?

11. 若一台彩色电视机售价 1 800 元，规定为分期付款，办法如下：一开始付 500 元，剩余款项在此后两年每月从工资中等额扣除，若利率为 6%，复利计算，一月一期，问每月应付多少元？

12. 假设某人用 1 000 元进行投资，时间为 10 年，年利率为 20%，按季计息，求 10 年后的将来值为多少？其有效利率是多少？

13. 某人以 8% 的单利存款 1 500 元，存期 3 年，然后以 7% 的复利把 3 年末的本利和再存，存期 10 年，问此人在 13 年年末可获得多少钱？

14. 现在投资 1 000 元，此后 6 年每年年末投资 500 元，并在第三年初和第五年初各追加投资 800 元，年利率为 10%，求 6 年末的总投资为多少？

15. 一连 10 年每年年末年金为 900 元，希望找到一个等值方案，该方案是三笔数额相等的款项。它分别发生在第 12、第 15 及第 20 年年末，设年利率为 10%，试求这三笔相等的款项是多少？

16. 某人借了 5 000 元钱，打算在 48 个月中以等额月末支付形式分期付款，在归还了 25 次以后，他想以一次支付形式（即第 26 个月）还余下的借款，年利率为 24%，每月计息一次，问此人第 26 次归还的总金额为多少？所有归还款项相当于一次支付现值为多少？

17. 某企业兴建一工业项目，第一年投资 1 000 万元，第二年投资 2 000 万元，第三年投资 1 500 万元，投资均在年初发生，其中第二年和第三年的投资由银行贷款，年利率为 12%。该项目从第三年开始获利并偿还贷款，10 年内每年年末获净收益 1 000 万元，银行贷款分 8 年偿还，问每年应偿还银行多少万元？画出企业的现金流量图。

18. 某一机器购入后第 5、第 10 及第 15 年年末均需大修理一次，大修理费依次为 3 000、4 000 及 5 000 元，设备使用寿命为 20 年，若大修费贷款利率为 15% 的情况下，请回答：

(1) 每年年末分摊大修理费用为多少？

(2) 画出现金流量图。

19. 某工程项目，第一年投资 1 000 万元，第二年投资 15 000 万元，第三年又投入 2 000 万元，投资均在年初发生，若全部投资均由银行贷款，年利率为 8%，并从第三年末开始偿还贷款，分 10 年等额偿还。问每年应偿还银行多少万元？

20. 与下列梯度系列等值的年末等额支付为多少？

(1) 第一年末存款 1 000 元，以后 3 年每年递增存款 100 元，年利率为 5%。

(2) 第一年末存款 5 000 元，以后 9 年每年递减存款 500 元，年利率为 10%。

21. 预计今年生产中所用的材料价格将稳定在 10 万元的水平上。若以后材料价格以固定比率 g 变化，利率为 8%，求 5 年供应量的现值。

(1) $g=-5\%$；(2) $g=0\%$；(3) $g=5\%$；(4) $g=8\%$；(5) $g=15\%$。

第四章 技术经济评价方法

第一节 技术经济评价的基本原则

一、经济效益原则

在社会主义市场经济体制下,每一个企业都应以经济效益为中心,把经济效益作为衡量一切经济活动的核心原则。

1. 经济效益的概念

所谓经济效益是指在合理利用资源、保护环境与生态的前提下,人们为实现某一技术方案或进行某项生产活动或建设某一工程项目所取得的成果与消耗的劳动之间的比较。简言之,经济效益就是所得与所费之比较、投入与产出之比较、收入与支出之比较、使用价值与劳动消耗之比较。用公式可表示为:

$$E = V - C \tag{4-1}$$

或

$$E' = \frac{V}{C} \tag{4-2}$$

式中　E——技术方案的绝对经济效益;
　　　E'——技术方案的相对经济效益;
　　　V——技术方案的使用价值(或所得、产出、收入);
　　　C——技术方案的劳动消耗(或所费、投入、支出),通常包括活劳动消耗和物化劳动消耗。

式(4-1)是绝对经济效益的表达式,反映的是投入的劳动消耗所能得到的纯收益。因此,衡量经济效益的起码要求为:$E = V - C > 0$。

式(4-2)是相对经济效益的表达式,反映的是单位劳动消耗所能得到的劳动成果。因此,衡量经济效益的起码要求为:$E' > 1$。

以上两式都可以用来表达经济效益。用式(4-1)时，V 与 C 的单位必须相同，一般用价值指标表示才有经济意义，如当 V 与 C 单位均为"万元"时，E 表示每投入 1 万元能产出多少万元的经济效益。而用式(4-2)时，V 与 C 单位可以相同，亦可以不同，均有实际意义。例如：对油田企业来说，当 V 表示采油量(吨)，C 表示活劳动消耗(人·年)时，则 E' 表示每人每年平均采油量(吨/人·年)；当 V 表示地质储量(万吨)，C 表示活劳动消耗(人·年)时，则 E' 表示每人每年平均探明储量(万吨/人·年)，等等。此处，经济效益的大小正反映了企业劳动生产率的高低。

2. 经济效益的计算分析

从经济效益表达式可以看出，一项技术方案的经济效益可能出现以下三种情况：

(1) 绝对经济效益 $E=0$ 或相对经济效益 $E'=1$，这说明技术方案的投入等于产出，处于盈亏平衡状态，企业的经济活动只能维持在原有水平上，无法进行扩大再生产。

(2) 绝对经济效益 $E>0$ 或相对经济效益 $E'>1$，这说明技术方案的产出大于投入，处于盈利状态，该技术方案的实施使企业的经济活动取得了良好的经济效益。

(3) 绝对经济效益 $E<0$ 或相对经济效益 $E'<1$，这说明技术方案的投入大于产出，处于亏损状态。从经济上看，该技术方案没能为企业经济活动带来良好的经济效益，企业必须对该方案进行改造或采用新方案，以提高企业经济效益。

通过对以上三种情况的分析可以看出：只有绝对经济效益 $E \geqslant 0$ 或相对经济效益 $E' \geqslant 1$ 时，技术方案才是可行的。如果有若干个可行方案可供选择时，则选择其中经济效益最大的方案，即经济效益评价的标准是：$E = V - C \rightarrow$ 最大 或 $E' = \dfrac{V}{C} \rightarrow$ 最大。

因此，经济效益原则就要求人们以尽可能少的劳动消耗取得尽可能多的使用价值，这是技术经济评价的核心原则，是石油企业从事经济活动应当自觉遵循的基本原则。

3. 处理好各种效益关系

我们在评价某一技术方案或某一工程项目的经济效益时，必须正确处理以下几方面的关系：

(1) 正确处理经济效益与政治效益、技术效益的关系。

社会主义国家进行生产建设活动，除了经济上的目的外，往往还有政治目的和社会目的。因此，在评价某项技术方案或工业生产建设项目的经济效益时，不仅要考虑其技术上的先进性、适用性及经济上的合理性，而且要考虑其政策上的正确性。但这不是说只讲政治效益，而不顾经济效益。相反，即使单纯由于政治原因而进行的某些生产建设，也要考虑经济效益。因为实现同一政治目标或社会目标，也有不同的劳动消耗方案。其中消耗最低者即为最优方案。所以，在技术经济分析评价中，要正确处理经济效益与政治效益、技术效益的关系。

(2) 正确处理宏观经济效益与微观经济效益的关系。

宏观经济效益与微观经济效益相结合,就是指要正确处理整体利益与局部利益的关系。微观经济效益是宏观经济效益的基础,没有微观经济效益的提高,宏观经济效益的提高是难以实现的;而宏观经济效益能否提高,又是衡量微观经济效益的最终标准。因此,在对技术方案进行经济评价时,不能只考虑企业的局部利益,还要同时考虑国民经济的整体利益。一般情况下,二者是一致的,宏观经济效益好,微观经济效益也好,但有时二者会出现矛盾。由我国社会主义制度所决定,宏观经济效益是选择技术方案的最高标准,微观经济效益必须服从宏观经济利益。对微观经济效益好、宏观经济效益差的方案要坚决否定,或在可能时修正技术方案,使宏观经济效益有所提高。对微观经济效益差、宏观经济效益好的技术方案,可以采纳实施,但要进一步从政策上对微观经济活动给予必要的支持,确保微观经济效益有所提高。总之,既不能以损坏国民经济整体利益为代价来提高企业微观经济效益;也不能空谈宏观经济效益而忽视或不顾企业微观经济效益的提高。国家必须通过经济的、行政的、法律的等多种手段,促使企业自觉地把微观经济效益和国家宏观经济效益统一起来。

(3) 正确处理近期经济效益与远期经济效益的关系。

近期经济效益与远期经济效益相结合,就是指要正确处理当前利益与长远利益的关系。我国社会主义现代化建设是一项长期的任务,只有把当前利益与长远利益结合起来,才能保证社会主义经济稳定、持续、健康地发展。因此在技术经济评价中,既要看到每一技术方案的近期经济效益,又要考虑其远期经济效益。只顾眼前利益,不符合社会发展和人民的根本利益;只讲长远利益,人们得不到应有的近期利益,将会损害人们的积极性。这两种做法都是片面的,是不可取的。近期经济效益是远期经济效益的有机组成部分,只有不断地提高近期效益,才能保证获得长远的效益。我们应该以提高长远经济效益为目标,从提高近期经济效益着手,以逐渐达到提高全过程的长远经济效益的目的。

(4) 正确处理直接经济效益与间接经济效益的关系。

国民经济是一个有机的统一整体。各部门、各企业间相互联系、相互制约。它们之间的投入与产出、效益与费用都存在着直接和间接的关系。有些部门、企业的产品或某些建设项目本身的直接经济效益可能并不很大,但它们却能为其他部门、企业的产品生产或其他建设项目的发展及其经济效益的提高创造有利条件。相反,有些部门、企业的产品或投资项目本身的直接经济效益可能较好,但它们却妨碍了其他部门、企业的产品生产或其他建设项目的发展及其经济效益的提高。因此,我们在评价某部门、某企业的产品生产或某建设项目的经济效益时,必须既要考察其直接经济效益,又要考察其间接经济效益,这样才能得出全面正确的结论。

二、可比性原则

为了实现某一经济目标,可以采用不同的技术方案。可比性原则就是研究如何使不同的技术方案能建立在同一基础上进行比较评价,从而保证技术经济评价结果可靠性的一条重要原则。它主要包括满足需要上可比、消耗费用上可比、价格上可比和时间上可比四个可比条件。

1. 满足需要上的可比性

任何技术方案最主要的目的都是满足一定的需要。例如,机床制造方案是为了满足机器加工的需要;油田开发方案是为了满足国家和人民生产和生活的需要,等等。没有一个技术方案不是以满足一定的客观需要为基础的。因此,某一方案若要和其他方案比较的话,二者必须满足相同的需要,否则,它们之间就不能互相代替,也就不能进行比选。例如,生产燃料油的炼厂方案只能与生产燃料油的另一炼厂方案相比,而不能与生产食用油的方案相比。它们是满足不同的需要,彼此不能相互代替。所以,满足需要上的可比性,是一个最重要的可比条件。

各方案满足相同需要的含义是指方案在品种、质量、产量上相同。若品种、质量、产量不同,则不能直接比较各方案的投资、成本等指标,而必须先进行相应的校正,使各方案具有相同的使用价值。譬如,两个仅是品种不同的技术方案,一个是单品种方案,另一个是多品种方案,二者比较时必须要把多品种方案分解成多个单品种方案,并根据实际情况把多品种方案的费用分摊到各个单品种方案上去,然后用分解的单品种方案与独立的单品种方案进行比较,这样才有可比性。对于油田企业,因产品单一,主要是原油,只要各方案所提供的总采油量大致相同就可相比。但对于石油化工企业,由于产品品种多达几百种,若要求各方案产品品种、产量完全相同是不可能的。在比较时,只要它们年处理量相近、加工方向一致、主要产品的品种和数量一致,就可以比较。

又如,相比较的方案在品种、质量方面相同,仅产量不同,此时就必须先进行修正,然后再比较。若相比较的方案其产量指标相差很大,可设想重复建设方案以满足产量的可比性。若相比较的方案其产量差别不大,一般用单位产品消耗指标进行比较,即不比较其总费用而比较其单位产品的费用,如只对比各方案单位产品投资额或单位产品经营费用等。

同理,不同的技术方案由于其技术特性不同仅导致产品质量不同时,为满足质量可比条件,一般把质量问题转化为数量问题进行比较。其公式为:

$$Q' = \frac{\theta_2}{\theta_1} \times Q_2 \tag{4-3}$$

式中 Q'——消除质量差别后的产量;
θ_1、θ_2——分别为方案Ⅰ、Ⅱ的质量参数,且$\theta_2 > \theta_1$;
Q_2——方案Ⅱ的产量。

2. 消耗费用上的可比性

任何技术方案的实现都必须花费一定的劳动,即消耗一定的费用。所谓消耗费用上可比,就是要求在计算各个方案的消耗费用时应采取统一的原则和方法。即各方案的费用计算范围和费用结构应当一致,各种费用的计算方法也应当一致。例如,对两个新建的石油化工企业投资费用的估算,方案甲只计算生产部分的投资费用,而方案乙除计算生产投资费用外,还计算由项目建设而引起的生活区、铁路、学校等非生产性建设投资。这显然是不可比的,必须采取统一的费用计算范围和结构才能进行比较。

消耗费用上的可比性,还要求我们在经济评价中,不仅要考虑技术方案本身的各种消耗费用,而且应该从整个国民经济出发,考虑一切与之密切相关的相邻部门增加或减少的各种消耗费用。例如火电站(燃煤电站)和水电站两个建设方案相比较,两者都能满足生产和生活的需要,可是,没有煤炭,火电站就不能生产电能。所以火电站生产建设方案的实施和煤炭开采及运输的生产建设密切相关。当我们计算火电站投资费用时,不仅要计算火电站本身的投资,而且必须考虑因供应火电站用煤而需要增加的煤矿和煤炭运输工程的投资。这样才能够使水电站和火电站两方案在消耗费用的计算上具有可比性。

3. 价格上的可比性

对多种技术方案进行比较评价,不论是投入的费用,还是产出的收益,一般都要借助价格来计算。如果价格运用不当,不具备可比性,那么据之计算出来的各方案经济效益,也就缺少可比性。所谓价格上可比,就是在计算各技术方案经济效益时,必须采用合理一致的价格。合理的价格是指价格能够真实地反映产品的价值,各种产品之间的比价合理。一致的价格是指价格种类的一致。目前价格种类很多,如国家制定的现行价格、市场价格、国内价格、国际价格、预测价格、不变价格等。用于比较的各方案或者都使用现行价格,或者都使用预测价格,或者使用不变价格。不能一个方案使用现行价格,另一个方案使用市场价格或预测价格。此外,价格上可比,还要求各方案均使用本地区的相应时期的价格,例如对未来时期的各方案进行比较时,应采用该地区远景的预测价格;而对近期的各方案比较时,应采用该地区近期的价格。

价格是一个十分灵敏、复杂的问题,影响价格的因素很多,而且往往难以控制。因而价格反映价值只能是相对的,对不合理的价格必须予以修正。在社会主义市场经济中,我们要遵循价值规律,不能人为地确定产品价格,而应使价格尽可能地反映其价值。

4. 时间上的可比性

各种技术方案不仅消耗的资源不同,而且建设、投产和服务的时间也不尽相同。有的方案建设期长,有的短;有的方案投产早,有的迟;有的方案服务年限长,有的短;有的方案到一定时期可以扩建,有的则不能扩建,等等。所有这些,都直接影响各方案的经济效益。因此,在进行方案比较时必须考虑时间上的可比性。时间上的可比主要包括两个方面的含义:一是具有统一的计算期;二是把各项投入与产出按资金时间价值换算到同一时点进行比较。

统一的计算期是不同方案比较的必要条件。如果各方案寿命期不等,则要将其调整到统一的基础上加以比较。调整的方法一般有以下几种:

(1) 最小公倍数法。对不同寿命期的方案以其寿命期的最小公倍数作为统一的计算期。例如,甲方案的寿命期为 5 年,乙方案的寿命期为 10 年,二者不能直接进行比较。此时应以 10 年为相同的计算期,假设甲方案在第 5 年末重复投资一次,以其 10 年的收益与费用同乙方案相比较,从而满足时间上可比的条件。

(2) 研究期法。当方案较多时,由于各个方案的寿命期不等,计算出的最小公倍数可能很大,如油田开发方案寿命期往往较长,假设有四个方案相比较,其寿命期分别为 15 年、20 年、25 年、30 年,其寿命期的最小公倍数为 300 年。计算 300 年内各开发方案的效益和费用既麻烦又无现实意义。此时采用的较简便方法是选择一个共同的时期如 10 年作为比较的基础,分析研究各个方案开发 10 年的效益和费用,这就是研究期法。若选择的研究期为各个方案中寿命期最大者,又叫最大寿命期法;选择的研究期为其中寿命期最小者,又叫最小寿命期法。例如选择 30 年或者 15 年为共同的研究期,计算比较各方案 30 年或 15 年内的效益和费用,就是最大寿命期法或最小寿命期法。在研究期内,能够重复投资的则重复投资一次或多次,不能重复投资的,则按一定方法折算。

(3) 年等值法。当多个寿命期不等的方案比较时,还有一个更简便的方法,即不比较各方案整个寿命期或研究期内的效益和费用,而仅比较各方案每年度的效益和费用,即比较年等值,根据各方案年等值的大小确定方案的优劣。

上述三种方法可以使寿命期不同的方案在统一的计算期内对比分析,然而各方案具体的建设年限有长有短,投产时间有早有晚,产生效益的时间也不尽相同,如此等等。所以,比较不同方案时,不仅要看它们各自占用和消耗的人力、物力、财力以及所生产的产品(产值)的大小,还要考虑到这些投入与产出的时间是否相同。显然,晚投入、早产出比早投入、迟产出的经济效益要好得多;产出的时间越早,持续时间越长,为社会创造的财富就越多;投入的时间越晚,建设年限越短,则经济效益越好。这是因为资金具有时间价值,各技术方案在不同时间发生的效益和费用不能直接进行运算,必须按复利计算其同一时点的价值。

三、综合评价原则

经济效益原则和可比性原则是评价技术方案优劣的两条重要原则。我们说经济效益原则是技术经济评价的核心原则,可比性原则是各技术方案进行比较的基础和条件。此外,我们还应遵循综合评价的原则,即任何技术方案的采纳与实施,除了技术、经济效益外,还应考虑其他方面的效益,如国家安全、国防建设、生态环境、交通运输、公共设施、劳动就业、人体健康、安全生产等等。而这些常常是无法计量和统计的,是不能用货币表示的无形的经济效益。因此,在技术经济评价中必须对各个方面、各种因素进行综合评价,对那些难以量化的无形效益目前多采用定性分析的方法加以研究。

第二节 静态评价方法

对技术方案经济效益分析评价的方法很多,概括起来,可分为两大类,即按是否考虑资金的时间价值,可分为静态评价方法和动态评价方法。

静态评价方法是指在不考虑资金时间价值的情况下,对技术方案在经济寿命期内的收支情况进行分析、计算和评价的方法。

静态评价方法主要有投资回收期法、投资效果系数法、追加投资回收期法、追加投资效果系数法、年折算费用法等。

一、静态投资回收期(P_t)法

静态投资回收期法是以投资回收期(P_t)作为经济评价指标来评价选择投资方案的一种方法。

(一)静态投资回收期的定义、计算与判别标准

1. 定义

投资回收期是指投资项目投产后以每年所获得的净收益回收(抵偿)全部投资所需的时间,一般以"年"为单位。投资回收期可以从项目建设开始年算起,也可以从项目投产年开始算起。我国有关部门规定投资回收期从项目建设开始年算起。若从投产年算起,应予以注明。

2. 计算公式

静态投资回收期的定义式为:

$$\sum_{t=0}^{P_t}(CI-CO)_t = 0 \tag{4-4}$$

式中 CI——现金流入;
CO——现金流出;
$(CI-CO)_t$——第 t 年的净现金流量;
P_t——静态投资回收期。

该公式表示某工程项目从投资开始至 P_t 年所有的收益正好抵补支出,此时的 P_t 即为投资回收期。

在实际工作中,P_t 通常可用财务现金流量表中累计净现金流量求出。其具体数值可

由下式求出：

$$P_t = \frac{累计净现金流量开始}{出现正值的年份数} - 1 + \frac{上年累计净现金流量的绝对值}{当年净现金流量} \tag{4-5}$$

如果工程项目投资是在期初一次投入，当年获益且各年净收益均相同或基本相同，则：

$$P_t = \frac{I}{M} \tag{4-6}$$

式中　I——项目在期初的一次性投资额；

M——项目寿命期内各年相同的净收益。

[例 4-1]　某项目的现金流量如表 4-1 所示，试求其投资回收期。

表 4-1　某项目现金流量表　　　　　　　　　　单位：万元

序号	年份 项目	建设期		生产经营期							
		1	2	3	4	5	6	7	8	9	10
1	现金流入	0	0	2 560	3 200	3 200	3 200	3 200	3 200	3 200	4 574
1.1	产品销售收入		2 560	3 200	3 200	3 200	3 200	3 200	3 200	3 200	3 200
1.2	回收固定资产残值										802
1.3	回收流动资金										572
2	现金流出	1 400	390	2 401	2 680	2 546	2 559	2 559	2 564	2 564	2 564
2.1	固定资产投资	1 400	390								
2.2	流动资金			420	152						
2.3	经营成本			1 643	2 106	2 106	2 106	2 106	2 106	2 106	2 106
2.4	主营业务税金及附加			195	227	227	227	227	227	227	227
2.5	所得税			143	195	213	226	226	231	231	231
3	净现金流量	-1 400	-390	159	520	654	641	641	636	636	2 010
4	累计净现金流量	-1 400	-1 790	-1 631	-1 111	-457	184	825	1 461	2 097	4 107

由表中累计净现金流量可以看出第 5 年为 -457 万元，而第 6 年为 184 万元，根据式 (4-5) 可得：

$$P_t = 6 - 1 + 457/641 = 5.7 (年)$$

即该项目的投资回收期为 5.7 年。

3. 判别标准

求出的投资回收期 P_t 必须与国家规定的基准投资回收期 P_c 进行比较，以判断该项目的可行性。若 $P_t \leqslant P_c$，可以考虑接受该项目；若 $P_t > P_c$，可以舍弃该项目。

目前，我国尚未制定出部门或行业统一的基准投资回收期。然而，P_c 的合理与否直接关系到对工程项目的正确评价。因此，各部门、各行业应根据自身的具体情况制定出合适的 P_c 值。石油开采暂定基准投资回收期为 8~10 年，石油加工为 10 年，均作为评价时参考的标准。中国石油天然气股份有限公司在 2001 年颁布的《评价方法与参数》中规定:整装油田勘探开发项目的基准投资回收期(税后)为 6 年,特殊油田(稠油、复杂小断块)为 8 年。

(二) 对 P_t 指标的评价

1. P_t 指标的优点

P_t 指标的最大优点是经济意义明确、直观,计算简便,便于投资者衡量项目承担风险的能力,同时在一定程度上反映了投资效果的优劣。因此,P_t 指标在实际工作中得到了广泛的应用。

2. P_t 指标的缺点及局限性

(1) P_t 只考虑投资回收之前的效果,不能反映投资回收之后的效益大小。例如,有三个工程项目可供选择,总投资均为 2 000 万元,投产后每年净收益如表 4-2 所示。

表 4-2 年净收益表　　　　　　　　　　　　单位:万元

年份	项目 A	项目 B	项目 C
1	1 000	1 000	1 000
2	1 000	1 000	1 000
3	—	1 000	1 000
4	—	—	1 000

从投资回收期指标看,三个项目均为 2 年。但项目 B、C 在回收投资以后还有收益,其经济效益明显比项目 A 好,可是从 P_t 指标看是反映不出它们之间的差别的。

(2) P_t 指标由于没考虑资金时间价值,无法正确地判别项目的优劣,可能导致错误的选择。例如,某项目需要 5 年建成,每年末需投资 10 亿元,全部投资均为贷款,年利率为 10%。项目投产后每年回收净现金 5 亿元,项目生产期为 20 年。若不考虑资金时间价值,则投资回收期为 10 年(10×5÷5),也就是说,只用 10 年就可回收全部投资,以后的 10 年回收的现金都是净赚的钱,共计 50 亿元,不能不说是一个相当不错的投资项目。其实不然,如果考虑贷款利息因素,情况将大为不同:

$$投产时欠款 = 10 \times \frac{(1+10\%)^5 - 1}{10\%} = 61.051(亿元)$$

$$投产后每年利息支出 = 61.051 \times 10\% = 6.105\ 1(亿元)$$

可见每年回收的现金还不够偿还利息,因此,这是一个极不可取的项目。

(3) P_t 指标没有考虑项目的寿命期及寿命期末残值的回收。

总之,静态投资回收期不考虑资金时间价值,不考虑投资项目全过程收益情况,加之基准投资回收期难以准确制定,这些都可能导致评价、判断的失误。因此,P_t 指标不是全面衡量投资项目的理想指标,只能用于粗略评价或者作为辅助指标,应和其他指标结合起来使用。

二、投资效果系数(E)法

投资效果系数法又叫简单投资收益率法,它是以投资效果系数(E)作为经济评价指标来评选投资方案的一种方法。

(一)投资效果系数的定义、计算与判别标准

1. 定义

投资效果系数是指工程项目投产后,其每年所得的净收益与投资之比。此时的净收益可以是达产年份的净收益,亦可以是经济寿命期内的年平均净收益,但二者计算结果不同。为简便起见,常常假设:第一,工程项目投产后,能连续发生效益,且各年净收益基本相同;第二,多方案比较时,认为各方案经济寿命期大致相同。

2. 计算公式

投资效果系数的计算公式为:

$$E = \frac{M}{I} \qquad (4\text{-}7)$$

式中 E——投资效果系数(或简单投资收益率)。

3. 判别标准

求出的投资效果系数 E 必须与国家规定的基准投资效果系数 E_c 进行比较,以判别该投资项目的可行性。

若 $E \geq E_c$,可以考虑接受该项目;若 $E < E_c$,可以舍弃该项目。

基准投资效果系数(E_c)与基准投资回收期 P_c 之间关系密切,一般可以认为二者互为倒数,即:$E_c = 1/P_c$。

(二)对 E 指标的评价

投资效果系数指标有着与静态投资回收期指标相类似的优缺点,即计算简便,意义明确,但没有考虑资金时间价值,其评价结论依赖于基准投资效果系数的正确性,因而在实际工作中投资效果系数指标仅作为一种辅助指标。

三、追加投资回收期(ΔP_t)法

追加投资回收期法又叫差额投资回收期法或增额投资回收期法,是评价互斥方案的常用方法之一。

比较两个互斥方案时,可能出现两种情况。

第一种情况是:方案Ⅰ的投资 I_1 比方案Ⅱ的投资 I_2 小,而方案Ⅰ的年净收益 M_1 却比方案Ⅱ的年净收益 M_2 大,即 $I_1 < I_2$,而 $M_1 > M_2$。显然方案Ⅰ优于方案Ⅱ。

第二种情况是:方案Ⅰ的投资和年净收益均大于方案Ⅱ的投资和年净收益,即 $I_1 > I_2$,且 $M_1 > M_2$。对这种情况就无法立即判断出哪个方案更经济。而现实生活中这种情

况更为普遍,例如,采用自动化程度高的设备,技术上先进,其投资额比采用一般机械化设备要高;但自动化设备通常又比机械化设备生产效率高、质量好、废品率低、操作工人少,故其年净收益比一般机械化设备要高。那么投资大的方案比投资小的方案所多支出的投资额能否带来更多的年净收益(或年经营成本更小)?此时可以采用追加投资回收期法予以分析、评选。

(一)追加投资回收期的定义、计算与判别标准

1. 定义

通常投资大的方案比投资小的方案经营成本低或净收益大。我们把投资大的方案比投资小的方案所多支出的那部分投资额叫做追加投资或差额投资或增量投资。追加投资回收期是指投资大的方案用其每年所多得的净收益或节约的经营成本来回收或抵偿追加投资所需的时间,一般以"年"为单位。

2. 计算公式

为简便起见,假设相互比较的互斥方案寿命期相同,且各方案寿命期内各年净收益或经营成本基本相同,那么每两个互斥方案的各年净收益之差额或经营成本之差额也基本相同,则追加投资回收期的计算公式有两个:

$$\Delta P_{t\,2-1} = \frac{\Delta I}{\Delta M} = \frac{I_2 - I_1}{M_2 - M_1} \qquad (4\text{-}8)$$

或

$$\Delta P_{t\,2-1} = \frac{\Delta I}{\Delta C} = \frac{I_2 - I_1}{C_1 - C_2} \qquad (4\text{-}9)$$

式中 I_1、I_2——分别为方案Ⅰ与方案Ⅱ的投资额,且 $I_2 > I_1$;

M_1、M_2——分别为方案Ⅰ与方案Ⅱ的年净收益,且 $M_2 > M_1$;

C_1、C_2——分别为方案Ⅰ与方案Ⅱ的年经营成本,且 $C_1 > C_2$;

ΔI——方案Ⅱ比方案Ⅰ多支出的投资,即追加投资;

ΔM——方案Ⅱ比方案Ⅰ每年多获得的净收益;

ΔC——方案Ⅱ比方案Ⅰ每年所节约的经营成本。

如果两个方案各年的净收益之差额或经营成本之差额不等,则追加投资回收期的计算公式为:

$$\sum_{t=1}^{\Delta P_t} \Delta M_t = \Delta I \qquad (4\text{-}10)$$

或

$$\sum_{t=1}^{\Delta P_t} \Delta C_t = \Delta I \qquad (4\text{-}11)$$

式中 ΔM_t——第 t 年两方案的净收益之差额,可理解为第 t 年投资大的方案比投资小

的方案多获得的净收益；

ΔC_t——第 t 年投资大的方案比投资小的方案所节约的经营成本。

3. 判别标准

计算出追加投资回收期 ΔP_{t2-1} 后，应与基准投资回收期 P_c 相比较。当 $\Delta P_{t2-1} \leqslant P_c$ 时，说明投资大的方案Ⅱ优于投资小的方案Ⅰ；当 $\Delta P_{t2-1} > P_c$ 时，说明投资小的方案Ⅰ优于投资大的方案Ⅱ。

如果多个方案相比较，可以用追加投资回收期法进行环比。方法是按照上面的计算公式两个两个方案相比，每比较一次，用判别标准选择一次，淘汰一个方案。将保留下来的较优方案与下一个方案相比较，再淘汰一个。依次比较选择，直到选出最优方案。

（二）对 ΔP_t 指标的评价

追加投资回收期指标在两个方案比较中具有直观、简便的优点，但它仅仅反映方案的相对经济性，并不说明方案本身的经济效果。

[例 4-2] 设有三个互斥方案，其投资与年净收益如表 4-3 所示。若基准投资回收期为 3 年，试比较选优。（假设三个方案其他条件相同）

表 4-3 基础数据表　　　　　　　　　　　　　　　　　单位：万元

项　目	投　资	年净收益
方案Ⅰ	20	8
方案Ⅱ	24	12
方案Ⅲ	36	18

解：根据式(4-8)，先比较方案Ⅰ与Ⅱ：

$$\Delta P_{t2-1} = \frac{24-20}{12-8} = 1 (年)$$

由于 $\Delta P_{t2-1} < P_c$，故方案Ⅱ优于方案Ⅰ。

再比较方案Ⅱ与Ⅲ：

$$\Delta P_{t3-2} = \frac{36-24}{18-12} = 2 (年)$$

由于 $\Delta P_{t3-2} < P_c$，故方案Ⅲ优于方案Ⅱ。即方案Ⅲ为最优方案，方案Ⅱ为次优方案，方案Ⅰ最差。

[例 4-3] 若上例中的方案Ⅲ年净收益改为 15 万元，其他条件均不变，则三个方案的优劣次序又如何？

解：根据式(4-8)，先比较方案Ⅰ与Ⅱ：

$$\Delta P_{t2-1} = \frac{24-20}{12-8} = 1 (年)$$

由于 $\Delta P_{t2-1} < P_c$,故方案Ⅱ优于方案Ⅰ。

再比较方案Ⅱ与Ⅲ：

$$\Delta P_{t3-2} = \frac{36-24}{15-12} = 4(年)$$

由于 $\Delta P_{t3-2} > P_c$,故方案Ⅱ优于方案Ⅲ,即方案Ⅱ为最优方案。

现比较方案Ⅲ与方案Ⅰ：

$$\Delta P_{t3-1} = \frac{36-20}{15-8} = 2.3(年)$$

由于 $\Delta P_{t3-1} < P_c$,故方案Ⅲ优于方案Ⅰ。

因此,三个方案的优劣次序是方案Ⅱ为最优方案,方案Ⅲ为次优方案,方案Ⅰ最差。

四、年折算费用(Z)法

有些互斥方案寿命期相同,提供的服务或产出也相同,如水力发电和火力发电,铁路运输与公路运输等等。有些互斥方案的净收益无法计量,如环境保护、社会公用设施方面的工程。对于这种类型的互斥方案的评价,不需要进行全面比较,可以只计算比较其不同的部分,即分析计算各方案的费用,选择费用最小的方案为最优方案。而方案的费用主要指投资和各年经营费用。由于投资常常是一次性的,且在项目建设初期支出,而经营费用是项目投产后发生的,二者不能简单相加,必须通过一定方法将初始投资分摊到各年(常用基准投资效果系数进行换算),然后再与各年经营费用相加,所得的结果即为方案的年折算费用。根据各方案年折算费用的大小进行选择,以年折算费用最小的方案为最优方案。其计算公式为：

$$Z = C + E_c \cdot I \tag{4-12}$$

式中　Z——年折算费用；

　　　I——总投资；

　　　C——年经营费用；

　　　E_c——折算系数,一般用基准投资效果系数进行计算。

[例 4-4]　设有三个互斥方案,均能满足相同需要,且寿命期相同。若基准投资效果系数为 0.2,试比较选优。

表 4-4　基础数据表　　　　　　　　　　　　　　单位:万元

项　目	方案Ⅰ	方案Ⅱ	方案Ⅲ
投　资	1 000	1 100	1 300
年经营费用	120	115	95

解：由式(4-12)得：

$$Z_I = 120 + 0.2 \times 1\,000 = 320(万元)$$
$$Z_{II} = 115 + 0.2 \times 1\,100 = 335(万元)$$
$$Z_{III} = 95 + 0.2 \times 1\,300 = 355(万元)$$

由于 $Z_I < Z_{II} < Z_{III}$，故方案 I 优于方案 II 且优于方案 III。

对年折算费用指标的评价：该指标计算非常简便，易于快速得出各方案的优劣次序。但必须有 E_c 的具体数值，且 E_c 值的大小直接影响到方案的取舍。因此，运用该指标正确选择方案的首要条件是 E_c 值的合理性。

第三节　动态评价方法

动态评价方法是在考虑资金时间价值的基础上，根据技术方案经济寿命期内各年现金流量对其经济效益进行分析、计算、评价的一种方法。

动态评价方法主要包括净现值法、净现值比率法、净年值法、净终值法、内部收益率法、外部收益率法、动态投资回收期法等。

一、净现值（NPV）法

净现值法是动态评价的最重要的方法之一。根据各投资方案净现值的大小，可决定方案的取舍。

（一）净现值的定义、计算与判别标准

1. 定义及计算

净现值（Net Present Value，记为 NPV）是指在基准收益率 i_c 或给定折现率下，投资方案在寿命期内各年净现金流量之现值的代数和。其计算公式为：

$$NPV = \sum_{t=0}^{n}(CI - CO)_t(1 + i_c)^{-t} \tag{4-13}$$

式中　i_c——基准收益率；

　　　$(1+i_c)^{-t}$——第 t 年的贴现系数（或折现系数）；

　　　n——投资方案的寿命期（年）；

　　　$(CI-CO)_t$——第 t 年的净现金流量。

若工程项目只有初始投资 I，以后各年末均获相等的净收益 A，寿命期末残值为 S，则

$$NPV = -I + A(P/A, i_c, n) + S(P/F, i_c, n) \tag{4-14}$$

2. 判别标准

根据净现值的定义,可知:$NPV>0$,表示投资项目除保证达到规定的收益率标准外,尚可获得额外的收益;$NPV=0$,表示项目正好达到所规定的收益率标准;$NPV<0$,表示项目未能达到所规定的收益率水平。

因此,净现值法的判别标准是:若$NPV \geq 0$,可以考虑接受该投资项目;若$NPV<0$,则要舍弃该项目。

单纯用净现值指标对多方案进行选优时,应选择净现值最大的方案。

3. 计算净现值的具体步骤

(1) 列表或作图表明投资方案在寿命期内各年的净现金流量;

(2) 列出各年的贴现系数,并与对应年份的净现金流量相乘得出各年净现金流量之现值;

(3) 求出各年现值之代数和,即为投资方案的净现值NPV。

[例 4-5] 某工程项目初始投资 1 000 万元,以后连续五年有相同的净收益 350 万元,试求基准收益率分别为 15%、25%时项目的净现值。

解:项目的现金流量如图 4-1 所示:

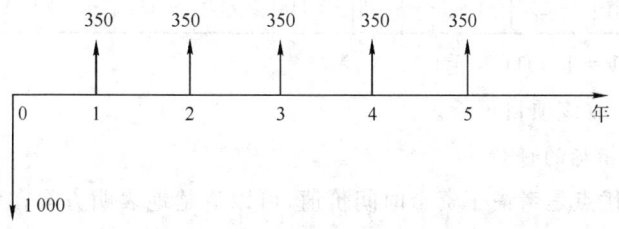

图 4-1 项目现金流量图

根据式 (4-14) 得:

$i_c=15\%$ 时,

$$NPV = -I + A(P/A, i_c, n)$$
$$= -1\,000 + 350(P/A, 15\%, 5)$$
$$= -1\,000 + 350 \times 3.352\,2 = 173.27(万元) > 0$$

$i_c=25\%$ 时,

$$NPV = -1\,000 + 350(P/A, 25\%, 5)$$
$$= -1\,000 + 350 \times 2.689\,3 = -58.745(万元) < 0$$

可见,当$i_c=15\%$时,$NPV>0$,项目可行;而当$i_c=25\%$时,$NPV<0$,项目不可行。

[例 4-6] 某工程项目现金流量如表 4-5 所示,试计算折现率为 12%时的净现值。

表 4-5 某项目现金流量表   单位:万元

序号	年份 项目	建设期		生产经营期							
		1	2	3	4	5	6	7	8	9	10
1	现金流入	0	0	2 560	3 200	3 200	3 200	3 200	3 200	3 200	4 574
1.1	产品销售收入			2 560	3 200	3 200	3 200	3 200	3 200	3 200	3 200
1.2	回收固定资产残值										802
1.3	回收流动资金										572
2	现金流出	1 400	390	2 401	2 680	2 546	2 559	2 559	2 564	2 564	2 564
2.1	固定资产投资	1 400	390								
2.2	流动资金			420	152						
2.3	经营成本			1 643	2 106	2 106	2 106	2 106	2 106	2 106	2 106
2.4	主营业务税金及附加			195	227	227	227	227	227	227	227
2.5	所得税			143	195	213	226	226	231	231	231
3	净现金流量	−1 400	−390	159	520	654	641	641	636	636	2 010
4	折现系数(12%)	0.892 9	0.797 2	0.711 8	0.635 5	0.567 4	0.506 6	0.452 3	0.403 9	0.360 6	0.322 0
5	贴现值	−1 250	−311	113	330	371	325	290	257	229	647
6	累计净现金流量现值	−1 250	−1 561	−1 448	−1 118	−747	−422	−132	125	354	1 001

经计算得:$NPV=1\ 001$(万元)

由于 $NPV>0$,故该项目可行。

(二) 对 NPV 指标的评价

净现值指标的优点是考虑了资金时间价值,可以清楚地表明方案在整个寿命期内的绝对收益,简单、直观。其缺点是折现率 i 或基准收益率 $MARR$(或 i_c)的确定比较困难,而折现率或基准收益率的大小又直接影响方案的经济性。若折现率或基准收益率 $MARR$(或 i_c)选得过高,则会使经济效益较好的方案变为不可行;选得太低,又会使经济效益不好的方案变为可行。此外,净现值所反映的是方案绝对经济效益,不能说明资金的利用效果大小。当各方案投资不同时,易选择投资大、盈利也大的方案,而忽视投资较少、盈利较多的方案。特别是当各方案投资额相差很大时,仅根据净现值的大小选取方案可能会导致错误的选择。为了解决这一问题,常需要借助于净现值比率这一指标。

二、净现值比率(NPVR)法

净现值比率法是在净现值法的基础上发展起来的,可以作为净现值法的一种补充。

(一) 净现值比率的定义、计算与判别标准

1. 定义及计算

净现值比率(Net Present Value Rate,记为 NPVR)是方案的净现值与投资现值之

比,它反映了单位投资现值所获得的净现值。其计算公式为:

$$NPVR = \frac{NPV}{I_p} \quad (4-15)$$

式中 I_p——投资现值,即如果工程项目的投资是分次投入,则应将各次投资均换算为现值后相加。

如例 4-6,$NPV=1\,001$ 万元,$I_p=1\,250+311=1\,561$ 万元,则

$$NPVR = \frac{1\,001}{1\,561} = 0.64$$

2. 判别标准

净现值比率反映了方案的相对经济效益,净现值比率越大,说明投资方案的经济效益越好。因此,其判别标准是:

若 $NPVR \geqslant 0$,可以考虑接受该项目;若 $NPVR < 0$,可以舍弃该项目。

单纯用净现值比率指标来选优时,应选择净现值比率最高的方案。

净现值指标与净现值比率指标,二者关系密切。一般情况下,净现值大的方案,其净现值比率也大,但有时净现值最大的方案,其净现值比率并不最大。当用净现值与净现值比率两个指标在选择方案发生矛盾时,应区别不同情况,做出恰当的选择。

在资金供应充足即无资金限额时,我们可以追求最大收益,而不太注重资金的利用效果是否最大。此时应以净现值为评价标准,选择净现值最大的方案为最优方案。

在资金供应紧张或各方案投资额相差很大时,我们强调资金的利用效果,即单位投资应获得较高的收益。此时应以净现值比率为评价标准,选择净现值比率最大的方案为最优方案。

[例 4-7] 某投资项目的初始投资为 1 500 万元,以后连续 10 年每年有净收益 350 万元,试计算基准收益率为 15%时的净现值比率。

解:由式(4-14)得:

$$NPV = -1\,500 + 350(P/A, 15\%, 10) = 256.58(万元)$$
$$I_p = 1\,500(万元)$$

因此,由式(4-15)得:

$$NPVR = \frac{NPV}{I_p} = \frac{256.58}{1\,500} = 0.171\,1$$

净现值比率为 0.171 1,其经济意义是该项目除确保基准收益率 15%外,单位投资尚可获得 0.171 1 的额外收益。可见,该项目有一定的经济效益,是可行的。

[例 4-8] 某企业资金供应较充足,为适应生产发展的需要,设计了两个寿命期均为 5 年的互斥方案,其现金流量(单位:万元)如图 4-2、图 4-3 所示。若折现率为 10%,试比较选优。

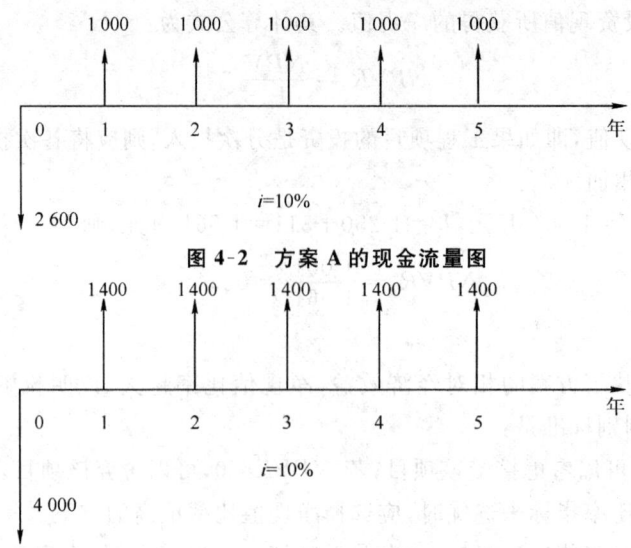

图 4-2　方案 A 的现金流量图

图 4-3　方案 B 的现金流量图

解：根据式(4-14)、式(4-15)得：

方案 A：　　$NPV_A = -2\,600 + 1\,000(P/A, 10\%, 5) = 1\,190.8$（万元）

$$NPVR_A = \frac{1\,190.8}{2\,600} = 0.458\,0$$

方案 B：　　$NPV_B = -4\,000 + 1\,400(P/A, 10\%, 5) = 1\,307.12$（万元）

$$NPVR_B = \frac{1\,307.12}{4\,000} = 0.326\,8$$

从净现值指标看，$NPV_B > NPV_A$，方案 B 优于方案 A；而从净现值比率指标看，$NPVR_A > NPVR_B$，方案 A 优于方案 B。

当用净现值指标与净现值比率指标选择方案发生矛盾时，应视具体情况做出选择。现已知该企业资金供应较充足，可以追求最大收益，故应选择方案 B。

(二) 对 NPVR 指标的评价

NPVR 指标能明确反映单位投资可获得的净现值。这对于提高资金利用效果，加强资金运用的管理工作有着重大意义。该指标与净现值指标紧密结合，既考虑了投资方案的绝对收益，也考虑了其相对经济效益。NPVR 指标的弱点是在多方案选择时，易选择投资较少、收益较大的方案，而放弃投资大、收益也大的方案。

三、内部收益率(IRR)法

内部收益率法和净现值法一样，也是动态评价的一种重要的方法。为了更好地了解内部收益率的含义，我们先考察净现值与折现率的关系。

(一) 净现值函数

从净现值计算公式(4-13)可以看出，若不改变净现金流量而变动折现率 i，则 NPV

将随 i 的增大而减小。当 i 连续变化时,可以得到 NPV 随 i 变化的函数,即净现值函数。现举例分析。

[**例 4-9**] 某工程项目初始投资 500 万元,寿命期为 10 年。在 10 年内每年净收益均为 140 万元,试画出净现值函数曲线。

解:NPV 随折现率 i 变化的数值如表 4-6 所示。

表 4-6 不同的 i 值所对应的 NPV 值

i/%	0	5	10	15	20	25	30	35	40	45
NPV/万元	900	581	360	203	87	0	-67	-120	-162	-196

由上表数据,可以画出净现值函数曲线图,如图 4-4。

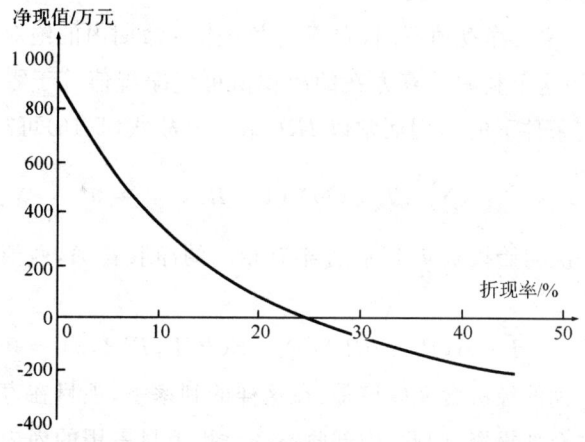

图 4-4 净现值函数曲线图

从本例现金流量可知,该项目为一常规投资项目。所谓常规投资项目是指期初有投入,以后各年连续有较好净收益的项目。本例零年有一次投资 500 万元,以后连续 10 年每年有较高的净收益 140 万元。

根据表 4-6 或图 4-4,对常规投资项目可以得出如下三点结论:

(1) 同一现金流量,其净现值随折现率 i 的增大而逐渐减小。

(2) 净现值函数曲线与横轴只有一个交点,此交点处,方案的净现值为零。在这一点以前任何一个 i 都使 NPV 为正,在此后任何一个 i 都使 NPV 为负。本例中,$i=25\%$时,$NPV=0$;$i<25\%$时,$NPV>0$;$i>25\%$时,$NPV<0$。

(3) 由本例可见,在方案比较中,由于选择的折现率(或基准收益率)大小不同,所选中的方案可能不同。选择的折现率(或基准收益率)越高,则可选的方案越少;反之,选择的折现率(或基准收益率)越低,则可选的方案越多。

以上三点结论,均适合于常规投资项目。

(二) 内部收益率的定义、计算方法与判别标准

1. 定义及计算

能够使投资项目的净现值等于零的折现率就是该项目的内部收益率(Internal Rate of Return,记为 IRR)。

在例 4-7 中,净现值函数曲线与横轴的交点处,即 $i=25\%$,项目的净现值为零,故折现率 $i=25\%$ 就是该项目的内部收益率。

内部收益率的定义式为:

$$\sum_{t=0}^{n}(CI-CO)_t(1+i)^{-t} = 0 \qquad (4-16)$$

由上式求得的 i 即为内部收益率。

可见,内部收益率与净现值不同,它不代表方案寿命期内的绝对收益,而是一个用百分数表示的利率,用这个利率计算方案的净现值可使净现值等于零。所以,它不是一个任意的 i,而是特定条件下的 i,因而常以 IRR 表示。故式(4-16)可写为:

$$\sum_{t=0}^{n}(CI-CO)_t(1+IRR)^{-t} = 0 \qquad (4-17)$$

若方案只有一次初始投资 I,以后各年有相同的净收益 A,残值为 S,则内部收益率的计算公式为:

$$-I + A(P/A, IRR, n) + S(P/F, IRR, n) = 0 \qquad (4-18)$$

内部收益率正确的经济含义应该是:在这样的利率下,项目在寿命期终了时,恰好以每年的净收益回收全部投资,因此,内部收益率是指项目占用的尚未回收资金的收益率,而并非是初始投资的收益率。内部收益率越高,资金的回收能力越大,相同投入回收的资金就越多;反之,资金的回收能力越小,相同投入回收的资金就越少。这种回收能力完全取决于项目"内部",内部收益率因此而得名。

2. IRR 的求解法

由式(4-17)知,当 $t=0,1,2,\cdots,n$ 时,式(4-17)是一个高次方程,不能采用一般的代数方法求解。目前计算 IRR 的方法是试算法,即先任取一个折现率 i 计算净现值,如果净现值为正,则增大折现率 i;如果净现值为负,则减小 i 的值,直到净现值等于零或接近于零为止。此时的折现率 i 即为所求的内部收益率 IRR。

求解 IRR 的一种手工算法是公式试算法。通常当试算的 i 使得净现值在零值左右摆动(前后两个净现值反号),且前后两次计算的 i 值之差足够小(一般不超过 $1\%\sim2\%$,最大不得超过 5%)时,可用内插法近似求出内部收益率 IRR。内插公式为:

$$IRR = i_1 + \frac{NPV_1}{NPV_1 + |NPV_2|}(i_2 - i_1) \qquad (4-19)$$

式中 i_1、i_2——分别为使净现值由正转为负的两个相近的折现率,且 $i_2 > i_1$;

NPV_1、NPV_2——分别为 i_1、i_2 时的净现值,且 $NPV_1 > 0, NPV_2 < 0$。

求解 IRR 的另一种手工算法是图解法。即先分别算出几个有代表性的折现率 i 所对应的净现值,然后画出净现值函数曲线,该曲线与折现率坐标的交点即为所求的内部收益率 IRR。

用手工试算 IRR 比较费时,但若采用电子计算机来计算 IRR 则并不困难,而且迅速、准确。

3. 判别标准

计算出内部收益率 IRR 后,应与基准收益率 i_c(或 MARR)相比较,以判断其经济可行性。

对单方案来说,内部收益率越高,经济效益越好。若 $IRR \geq i_c$,则认为方案在经济上是可取的;若 $IRR < i_c$,则认为方案在经济上是不可取的。

在多方案的比选中,若各方案的内部收益率分别为 $IRR_1, IRR_2, \cdots, IRR_n$,均大于基准收益率 i_c,则均可取,但此时应该与净现值指标结合起来考虑。一般是选择 IRR 较大且 NPV 最大的方案,而非 IRR 越大的方案越好。

[例 4-10] 某工程项目现金流量如表 4-7 所示。试计算其内部收益率。

表 4-7 项目的现金流量表

年 末	0	1	2	3	4	5	6
净现金流量/万元	−130	35	35	35	35	35	35

解:由式(4-18)得:

$$-130 + 35(P/A, IRR, 6) = 0$$

则

$$(P/A, IRR, 6) = 3.7143$$

查附录可知,IRR 介于 15% 与 20% 之间。

令 $i_1 = 15\%$,则

$$NPV_1 = -130 + 35(P/A, 15\%, 6) = 2.4575(万元) > 0$$

令 $i_2 = 20\%$,则

$$NPV_2 = -130 + 35(P/A, 20\%, 6) = -13.6075(万元) < 0$$

由式(4-19)得:

$$IRR = 15\% + \frac{2.4575}{2.4575 + 13.6075}(20\% - 15\%) = 15.76\%$$

或者,令 $i_1 = 15\%$,则

$$NPV_1 = -130 + 35(P/A, 15\%, 6) = 2.4575(万元) > 0$$

令 $i_2=16\%$,则
$$NPV_2 = -130 + 35(P/A,16\%,6) = -1.0355(万元) < 0$$

故
$$IRR = 15\% + \frac{2.4575}{2.4575+1.0355} \times 1\% = 15.70\%$$

显然,i_1 与 i_2 相差越小,计算所得的内部收益率越准确。

[例 4-11] 某企业计划引进一条生产线,投资为 100 万元,预计使用寿命为 10 年,每年可得净收益 20 万元,第 10 年末的残值为 15 万元。问该引进项目的内部收益率为多少? 若 $MARR=12\%$,问该项目是否可行?

解:由式(4-18)得:
$$-100 + 20(P/A,IRR,10) + 15(1+IRR)^{-10} = 0$$

用试算法求得:

$i_1=16\%$ 时,
$$NPV_1 = 0.0645(万元) > 0$$

$i_2=17\%$ 时,
$$NPV_2 = -3.708(万元) < 0$$

则
$$IRR = 16\% + \frac{0.0645}{0.0645+3.708} \times 1\% = 16.0171\%$$

由于 $IRR=16.0171\% > MARR$,故该项目可行。

(三) 对 IRR 指标的评价

内部收益率指标的显著优点是该指标考虑了资金时间价值及方案在整个寿命期内的经营情况。此外,还有一个独特优点是不需要事先设定折现率而可以直接求出。该指标以百分数表示,与传统的利率形式一致,比净现值更能反映方案的相对经济效益,且内部收益率与基准收益率之差额可以表示方案的额外收益率大小。其不足之处是,对于非常规投资项目内部收益率可能多解或无解,在这种情况下内部收益率难以确定。

(四) 应用内部收益率应注意的问题

常规投资项目的内部收益率一般只有一个实根,而非常规投资项目可能不存在或者具有多个内部收益率。分别讨论如下:

1. 内部收益率不存在

如表 4-8 所示,方案 A 净现金流量的特点是各年净现金流量全为正;方案 B 全为负,这种情况下不存在内部收益率。方案 A 及方案 B 的净现值函数曲线如图 4-5 及图 4-6 所示。

表 4-8　各方案现金流量表　　　　　　　　　　　单位:万元

年　份	1	2	3	4	5
方案 A	800	500	300	200	
方案 B	−800	−600	−100	−300	
方案 C	−1000	−800	500	600	400
方案 D	1 200	1 000	−500	−600	−700

表 4-8 中方案 C 的净现金流量的特点是前几项为负值,后几项全是正值,看起来是常规投资项目,但是 $\sum_{t=0}^{n}(CI-CO)_t < 0$。其净现值函数曲线如图 4-7 所示。

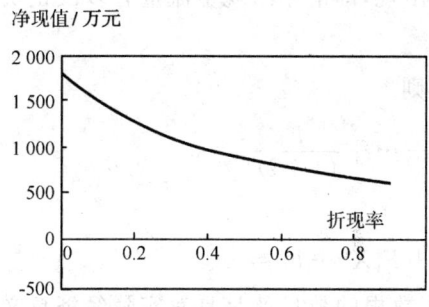

图 4-5　方案 A 净现值函数曲线图

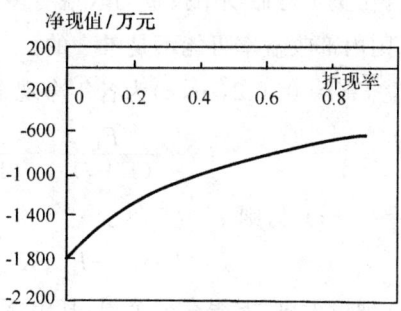

图 4-6　方案 B 净现值函数曲线图

表 4-8 中方案 D 的净现金流量的特点是前几项为正值,后几项全是负值,但是 $\sum_{t=0}^{n}(CI-CO)_t > 0$。其净现值函数曲线如图 4-8 所示。

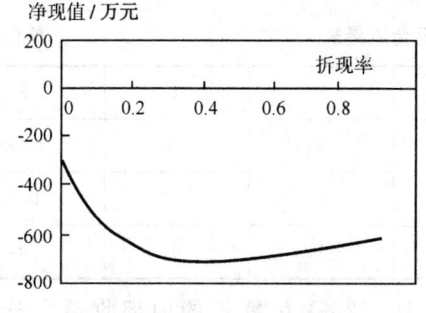

图 4-7　方案 C 净现值函数曲线图

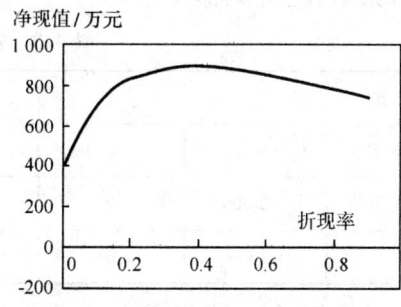

图 4-8　方案 D 净现值函数曲线图

2. 非常规投资情况

非常规投资情况即先从项目中取得资金,然后偿还项目的有关费用,但现金流量的代数和必须是负值,如某项目寿命期5年中各年末的现金流量分别为1 000、800、-800、-800、-800万元。累计净现金流量为-600万元,求得内部收益率为12.03%,其净现值函数曲线如图4-9所示。这是一种非常规投资情况,投资者先从方案中获取资金,然后再向方案投资。在这种情况下,只有当内部收益率IRR大于基准收益率时方案才可取。

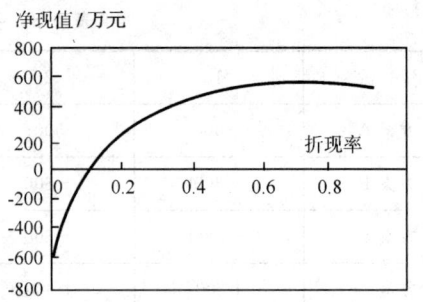

图4-9 非常规投资的方案净现值函数曲线图

3. 具有多个内部收益率

若在整个寿命期中投资与收益有多次交替出现,即诸年净现金流量有多次正负交替出现,则内部收益率可能不是唯一的。

设$F_t(t=0,1,2,\cdots,n)$为各年净现金流量,则

$$F_0 + \frac{F_1}{(1+i)^1} + \frac{F_2}{(1+i)^2} + \cdots + \frac{F_n}{(1+i)^n} = 0$$

令$X=(1+i)^{-1}$,则

$$F_n X^n + F_{n-1} X^{n-1} + \cdots + F_1 X^1 + F_0 = 0$$

从理论上讲,方程有n个根,其中X的正实数根的数目就是具有实际经济意义的内部收益率的个数。

根据n次多项式的狄斯卡尔符号规则可知:n次方程正实数根的数目一定不超过其系数序列的正负号变更的次数(0无符号)。

例如表4-9所示,方案E最多只有一个内部收益率;方案F最多有两个内部收益率;方案G最多有三个内部收益率。

表4-9 各方案现金流量表 单位:万元

年 份	0	1	2	3	4	5
方案E	-1 000	-500	-500	-500	1 500	2 000
方案F	-2 000	0	10 000	0	0	-10 000
方案G	-1 000	4 700	-7 200	3 600	0	0

通过计算可知:方案E的内部收益率为10.32%;方案F的内部收益率分别为9.59%、111.45%;方案G的内部收益率分别为20%、50%、100%。方案E、F、G的净现值函数曲线分别如图4-10、4-11、4-12所示。

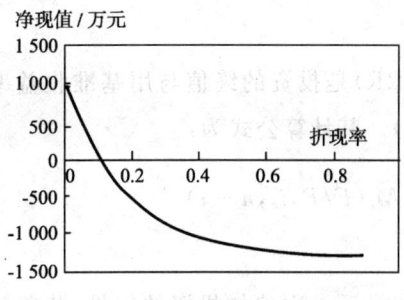

图 4-10　方案 E 净现值函数曲线图

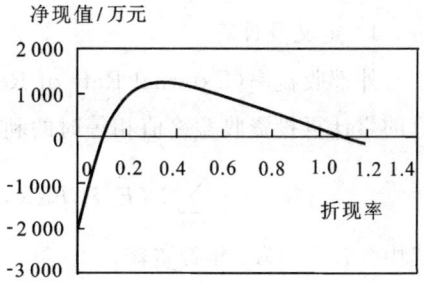

图 4-11　方案 F 净现值函数曲线图

事实上，绝大多数的投资方案的净现金流量的符号从负到正变化只有一次，所以一般不会出现上述多个内部收益率。但是特殊情况下也可能出现多个内部收益率，我们需借助于外部收益率来对方案的可行性做出正确判断。

（五）净现值与内部收益率的区别

净现值与内部收益率这两个评价指标都考虑了资金时间价值，克服了静态评价方法的缺点。二

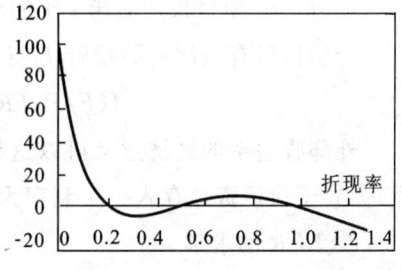

图 4-12　方案 G 净现值函数曲线图

者的主要区别在于：① 净现值指标以绝对值表示，即直接以现金来表示工程项目在经济上的盈利能力；而内部收益率不直接用现金表示，是以相对值来表示项目的盈利情况，更易被理解。② 各个工程项目在同一基准收益率下计算的净现值具有可加性；而各个工程项目的内部收益率不能相加。③ 计算净现值时，必须用已知的基准收益率或给定的折现率进行计算才能求得；而计算内部收益率时，不需已知基准收益率，只是在求得内部收益率后将其与基准收益率进行比较以决定取舍。④ 净现值指标可用于对多个互斥型方案进行比较选优；而内部收益率对多个互斥型方案进行比较有时会与净现值指标发生矛盾，得出不正确的结论。

四、外部收益率（ERR）法

我们知道，在计算内部收益率时，实际上隐含着这样一个假设：项目逐年的净收益均按计算所得的收益率即内部收益率再投资于项目内部。但是，一个项目逐年所得的净收益往往不一定能以与其投资相同的收益率再投资于项目本身。如果逐年所得净收益以基准收益率（MARR 或 i_c）再投资，这就意味着项目的部分收益不是再投资于项目内部，而是投资于项目的外部，这种情况往往更为现实，这时我们就要用外部收益率法进行分析评价。

(一) 外部收益率的定义、计算与判别标准

1. 定义及计算

外部收益率(External Rate of Return,记为 ERR)是投资的终值与用基准收益率计算的累计再投资收益终值相等时的利率(或收益率)。其计算公式为:

$$\sum_{t=0}^{k} I_t(F/P, ERR, n-t) = \sum_{t=1}^{n} M_t(F/P, i_c, n-t) \tag{4-20}$$

式中 I_t——第 t 年投资额;

k——项目寿命期中历次投资的最后年份,即最后一次追加投资的年份,若项目建设没有追加投资,则指项目在建设期初只有一次投资;

M_t——项目投产后第 t 年的净收益。

若项目仅有一次初始投资 I,寿命期中每年末有相同净收益 A,且残值为 S,则有:

$$I(F/P, ERR, n) = A(F/A, i_c, n) + S \tag{4-21}$$

外部收益率的经济意义可以这样理解:把一笔资金投资于外部收益率为 ERR 的项目,无异于将该资金存入一个利率为 ERR,且以复利计息的银行中所获得的价值。

2. ERR 的求解

ERR 求解可用类似 IRR 解法,即用插值法求其近似解。但往往也可以直接求解,比求解 IRR 更容易。

3. 判别标准

从外部收益率的经济含义可看出,外部收益率越高越好。因此,若 $ERR \geqslant i_c$,项目可行;若 $ERR < i_c$,项目不可行。

[例 4-12] 某工程项目初始投资为 300 万元,当年投产并获利。寿命期为 5 年,5 年内每年净收益为 100 万元。设基准收益率为 10%,试求该项目的外部收益率。

解:由式(4-21)得:

$$300(F/P, ERR, 5) = 100(F/A, 10\%, 5)$$

则

$$(F/P, ERR, 5) = 2.035\ 03$$

求解 ERR 一般有两种方法,一是查表,二是直接计算。

(1) 查表求解 ERR。由 $(F/P, ERR, 5) = 2.035\ 03$ 查附录表可知:ERR 介于 15%~20% 之间。

当 $i = 15\%$ 时,

$$(F/P, 15\%, 5) = 2.011\ 36$$

当 $i = 16\%$ 时,

$$(F/P, 16\%, 5) = 2.100\ 34$$

则
$$ERR = 15\% + \frac{2.011\,36 - 2.035\,03}{2.011\,36 - 2.100\,34} \times 1\% = 15.27\%$$

(2) 直接计算 ERR。由 $(F/P, ERR, 5) = 2.035\,03$ 得：
$$(1+ERR)^5 = 2.035\,03$$
解得：
$$ERR = 15.27\%$$
故该项目的外部收益率为 15.27%。

[**例 4-13**] 某工程初始投资 100 万元，第 5 年末又追加投资 20 万元。工程寿命期为 10 年，10 年内每年收入 35 万元，支出 15 万元。若基准收益率为 10%，求外部收益率。

解：由式(4-21)得：
$$100(F/P, ERR, 10) + 20(F/P, ERR, 5) = (35-15)(F/A, 10\%, 10)$$
化简：
$$5(1+ERR)^{10} + (1+ERR)^5 = 15.937\,4$$

此题可直接计算求解 ERR。

令 $(1+ERR)^5 = X$，则上述方程可变为：
$$5X^2 + X = 15.937\,4$$
解为： $X_1 = 1.688\,15$ $X_2 = -1.888\,15$（舍去负根）
则由 $(1+ERR)^5 = 1.688\,15$ 得：
$$ERR = 11.04\%$$
故该项工程外部收益率为 11.04%。

(二) 对 ERR 指标的评价

目前，外部收益率应用较少，但它有一定优点：就经济意义来说，它比 IRR 更合理，因为 ERR 关于再投资的假设比较符合实际，而 IRR 的假设前提往往难与实际相符；一般来说，ERR 可避免多解，即只有唯一正实数解，而且常常能直接求出精确解。其不足之处是：内部收益率与基准收益率之差可以表示为项目的额外收益率，而外部收益率却不能反映这种额外收益率。

五、动态回收期(P_t')法

投资回收期是分析工程项目投资回收快慢的一种重要方法。作为投资者，非常关心投资回收期。通常，投资回收期越短投资风险就越小。投资回收快，收回投资后还可以进行新的投资。因此，投资回收期是投资决策的重要依据之一。为了弥补静态投资回收期没有考虑资金时间价值的缺陷，现引入动态投资回收期的概念。

(一) 动态投资回收期的定义、计算与判别标准

1. 定义及计算

动态投资回收期就是在基准收益率或给定折现率下，投资项目用其投产后的净收益现值回收全部投资现值所需的时间，一般以"年"为单位。

动态投资回收期一般从投资开始年算起，其定义式为：

$$\sum_{t=0}^{P_t'}(CI-CO)_t(1+i)^{-t}=0 \qquad (4-22)$$

式中 P_t' ——动态投资回收期。

实际计算时一般采用逐年净现金流量现值的累计值并结合以下插值公式求解 P_t'。

$$P_t'=\dfrac{\text{净现金流量累计现值}}{\text{开始出现正值的年份数}}-1+\dfrac{\text{上年净现金流量累计现值的绝对值}}{\text{当年净现金流量之现值}} \qquad (4-23)$$

例如表 4-5 中，逐年净现金流量现值的累计值在第 7 年为 -132 万元，在第 8 年为 125 万元，第 8 年当年的折现值为 257 万元。根据式(4-23)可得：

$$P_t'=8-1+132/257=7.51(\text{年})$$

即其动态投资回收期为 7.51 年。

2. 判别标准

采用动态投资回收期法进行方案评价时，应将计算所得的动态投资回收期 P_t' 与国家有关部门规定的基准投资回收期 P_c 相比较，以确定方案的取舍。故其判别标准为：若 $P_t' \leqslant P_c$，项目可行；若 $P_t' > P_c$，项目不可行。

(二) 对 P_t' 指标的评价

动态投资回收期指标的优点是概念明确，计算简单，突出了资金回收速度。需要注意的是，动态投资回收期与静态投资回收期相比，尽管考虑了资金时间价值，但仍未考虑投资回收以后的现金流量，没有考虑投资项目的使用年限及项目的期末残值。此外，人们对投资与净收益的理解不同往往会影响该指标的可比性。因此，它常常被广泛地用作辅助指标。只有在资金特别紧缺，投资风险很大的情况下，才把动态投资回收期作为评价方案最主要的依据之一。

[例 4-14] 某项目各年净现金流量如表 4-10 所示。设基准收益率为 12%，求该项目的动态投资回收期。若基准投资回收期 $P_c=8$ 年，试判断该项目的可行性。若 $P_c=7$ 年，结果又如何？

表 4-10 基础数据表 单位：万元

年 份	0	1	2	3	4	5	6~14	15	16
净现金流量	-500	-700	-300	200	400	600	600	600	300

解：(1) 求投资现值：
$$I_p = 500 + 700(1+12\%)^{-1} + 300(1+12\%)^{-2} = 1364.19(万元)$$

(2) 求前 7 年净收益现值：

$$\sum_{t=3}^{7}(CI-CO)_t(1+i)^{-t} = 200(1+12\%)^{-3} + 400(1+12\%)^{-4} + 600(1+12\%)^{-5} +$$
$$600(1+12\%)^{-6} + 600(1+12\%)^{-7}$$
$$= 1312.34(万元) < I_p$$

(3) 求前 8 年净收益现值：

$$\sum_{t=3}^{8}(CI-CO)_t(1+i)^{-t} = 200(1+12\%)^{-3} + 400(1+12\%)^{-4} + 600(1+12\%)^{-5} +$$
$$600(1+12\%)^{-6} + 600(1+12\%)^{-7} + 600(1+12\%)^{-8}$$
$$= 1554.68(万元) > I_p$$

显然，该投资项目在第 7 年与第 8 年之间的某一时刻净收益现值与投资现值相等。该时刻可用插值法求得，故动态投资回收期为：

$$P_t' = 7 + \frac{1312.34 - 1364.19}{1312.34 - 1554.68} \times 1 \approx 7.214(年)$$

或者根据式(4-22)求解投资回收期：

前 7 年净现金流量累计现值 $NPV_7 = -1364.19 + 1312.34 = -51.85(万元) < 0$
前 8 年净现金流量累计现值 $NPV_8 = -1364.19 + 1554.68 = 190.49(万元) > 0$
第 8 年净现金流量现值 $= 600(1+12\%)^{-8} = 242.34(万元)$

$$P_t' = 8 - 1 + \frac{51.85}{242.34} \approx 7.214(年)$$

若基准投资回收期 $P_c = 8$ 年，则 $P_t' < P_c$，该项目可行。若基准投资回收期 $P_c = 7$ 年，则 $P_t' > P_c$，该项目不可行。但此时，该项目的净现值 $NPV > 0$，若用净现值法评价该项目又是可行的。可见，利用动态投资回收期法与用其他经济评价方法（如净现值法、净年值法、内部收益率法等）得出的结论有可能是互相矛盾的。这时一般可以净现值法的结论为依据，其他指标作为辅助指标。

思 考 题

1. 某油田总投资为 40 亿元，自投产后每年产原油 400 万吨，年经营费用 2.6 亿元，每年上缴的税金为 3.5 亿元。假定原油价格为 520 元/吨，不考虑时间因素，求该油田的投资回收期。

2. 有两个投资方案，甲方案投资为 8 万元，年运营费用为 3 万元；乙方案投资为 12

万元,年运营费用为1.5万元。若基准投资回收期为4年,试用追加投资回收期法及年折算费用法选优。

3. 试以追加投资回收期法对表4-11各方案按优劣次序排列。(设基准投资效果系数为0.2,不考虑时间因素)

表4-11 各方案基础数据表　　　　　　　　　　　　单位:万元

方　案	1	2	3	4
总投资	5 000	5 500	6 800	8 000
年经营费用	800	720	500	400

4. 某企业初期投资5 000万元,第一年末又投资2 000万元,第二年末得净收益2 000万元,此后连续5年每年年末得净收益2 500万元,年利率为12%,试画出现金流量图,并计算净现值及净现值比率。

5. 某项目在寿命期内的现金流量如表4-12所示,设年利率为15%。试求静态投资回收期与动态投资回收期。

表4-12 基础数据表　　　　　　　　　　　　　　　单位:万元

年　末	0	1	2	3	4	5	6	7	8
净现金流量	−50	−40	15	20	30	30	30	30	45

6. 某项目初始投资为1 000万元,在此后10年中每年支出200万元,收入410万元,期末残值回收60万元。求该项目的内部收益率。

7. 某工程项目各年净现金流量如表4-13所示,若基准收益率为10%,试计算内部收益率和外部收益率。

表4-13 净现金流量表

时间/年	0	1	2	3~11
年净现金流量/万元	−2 000	−3 000	−1 000	1 500

8. 某投资方案,初始投资3 900元,寿命期为4年。第一年现金收入1 000元,第二年收入1 200元,第三年收入1 400元,第四年收入1 600元,试计算内部收益率。若MARR=10%,问该方案是否可行?

第五章 投资方案的比选

技术经济分析中见得较多的是多方案的比较和选择。不同的投资方案,投资、费用、收益及方案的寿命期都不尽相同,使得我们在上一章中对单方案分析所得出的一些结论,如方案的 NPV 越大越好、IRR 越高越好、投资回收期越短越好等,不能直接用于多方案的比较和选择。在多方案的选择中,我们不仅要考虑单方案的经济可行性,而且要考虑项目群或组合方案的整体最优。

第一节 投资方案的分类及其决策特点

任何一个企业或部门总有能力同时在若干个项目上平行地投资,但可供选择的投资机会往往多于公司的资金预算所允许的投资能力。或者,为达到某一经济目标,有众多的投资方案可供选择。在这种情况下,我们常常根据方案的性质及其相互间的关系,选用不同的评价方法。从方案之间的相互关系来说,可分为四种类型,即互斥型方案、独立型方案、从属型方案和混合型方案。

一、互斥型方案及其决策的特点

为了解决某一问题,有多个方案可供选择,但各方案之间是相互排斥的,当接受其中一个方案时就会排除其他方案的采纳,这类方案就叫做互斥型方案。由此可见,互斥型方案之间的效果不具有可加性。互斥型方案又叫做排他型方案或替代型方案或对立型方案。例如某企业欲购置一台换热器,有多个厂商可以提供货源,究竟应选择哪一家?又如,对某一已探明储量的油气田进行开发,有多个可行的开发方案,究竟采取哪一种方案?等等,这些都属于互斥型方案的选择问题。

互斥型方案决策的特点是:

(1)互斥型方案一般在满足需要上是相同的,可以互相替代。各方案比较时应有相同的经济寿命期,若不相等,应按一定方法进行调整后再比较。

(2) 应有一个企业能接受的基准收益率($MARR$ 或 i_c)作为方案取舍的标准。

(3) 为选出最优方案,各方案除与零方案进行比较外,还应进行横向两两比较以决定方案的取舍。

二、独立型方案及其决策的特点

在一系列方案中,各方案相互独立存在,互不排斥,当接受其中某一方案时,并不影响其他方案的接受,这种方案叫做独立型方案。由此可见,独立型方案之间的效果具有可加性。例如某企业因生产发展所需,欲购置磨床、采购运输车辆、做广告宣传、建立安全系统等,这些方案具有不同的作用,其间不存在替代关系,可以看做是独立型方案。

独立型方案决策的特点是:

(1) 独立型方案只需与零方案进行比较即可决定方案的取舍,各方案之间不需要进行横向比较。

(2) 在一组独立型方案中,各方案的寿命期可以相同,也可以不同,并不影响决策的结果。

(3) 多个独立型方案可供选择时,可以接受其中一个或几个方案,也可以一个也不接受,这取决于与零方案比较的结果。

三、从属型方案及其决策的特点

在众多方案中,某一方案的采纳是以另一方案的采纳为前提的,此时作为前提的那个方案称为前提方案,而需要有前提方案的方案称为从属方案或辅助方案。例如采购计算机磁带传动装置的方案是从属于采购计算机中央处理装置的方案;局部方案是从属于全局方案,等等,这种从属的关系是单向的。

从属型方案决策的特点是:

对于从属方案,必须以接受前提方案为条件,如果前提方案被否决,则从属方案也就不能考虑采纳了。

四、混合型方案及其决策的特点

所谓混合型方案,就是有几个相互独立的项目,而各个项目又有若干个互斥方案的方案。例如某企业下属三个工厂,每个厂推出两个独立项目,而每个项目又有两个甚至多个互斥方案可供选择。这是实际工作中经常遇到的问题。

混合型方案决策的特点是:

(1) 按照投资方案内部收益率或其他评价指标淘汰不合格方案;

(2) 计算各方案的差额投资内部收益率,根据其大小作出混合方案的选择图;

(3) 根据选择图及资金限额选择最佳方案组合。

下面对互斥型方案、独立型方案的比选进行讨论。

第二节 互斥型方案的比选

一、寿命期相同的方案比选

对于寿命期相同的互斥型方案,一般采用净现值法、差额投资净现值法、差额投资内部收益率法等选择最佳方案。下面通过实例来介绍上述方法。

[例 5-1] 有三个相互排斥的投资方案,寿命期均为 10 年,各方案的初始投资和年净收益如表 5-1 所示。试在基准收益率 $i_c=12\%$ 的条件下选择最佳方案。

表 5-1 基础数据表

方　案	初始投资/万元	年净收益/万元
A	450	100
B	550	140
C	700	170

根据此例题,介绍以下几种多方案比较方法:

(一) 净现值法

由净现值计算公式得:

$$NPV_A = -450 + 100(P/A, 12\%, 10) = 115.02(万元)$$

$$NPV_B = -550 + 140(P/A, 12\%, 10) = 241.03(万元)$$

$$NPV_C = -700 + 170(P/A, 12\%, 10) = 260.53(万元)$$

由于 NPV_C 最大,故应选方案 C。

现在用内部收益率法来选择方案,是否能得出相同的结论?

对于方案 A: $\qquad -450 + 100(P/A, IRR_A, 10) = 0$

解得: $\qquad IRR_A = 18.02\%$

对于方案 B: $\qquad -550 + 140(P/A, IRR_B, 10) = 0$

解得: $\qquad IRR_B = 22.12\%$

对于方案 C: $\qquad -700 + 170(P/A, IRR_C, 10) = 0$

解得: $\qquad IRR_C = 20.60\%$

由于 IRR_B 最大,故应选方案 B。

为什么 NPV 法与 IRR 法得出的结论不一致?这是因为净现值是绝对量经济指标,内部收益率是相对量经济指标,故二者在选择方案时有时一致,有时不一致。所以,在使用这两种指标评价互斥型方案时,应注意在什么情况下,二者评价的结论是一致的,在什么情况下,二者评价的结论是矛盾的。

设有两个互斥型方案Ⅰ与Ⅱ,其投资和净收益不同,两方案的净现值曲线(设单调递减)可能存在如图 5-1 所示的三种情况。

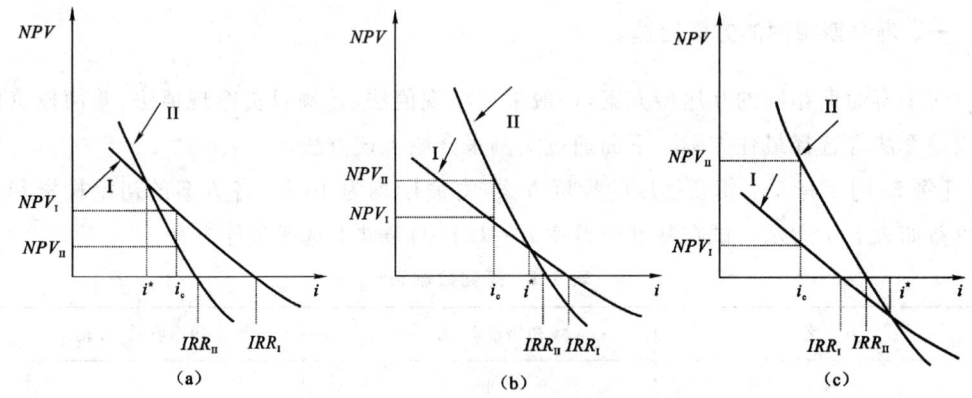

图 5-1　互斥方案净现值曲线

从图 5-1(a)可以看出,曲线Ⅰ、Ⅱ的交点在基准收益率的左侧,而方案Ⅰ、Ⅱ本身的内部收益率分别为 $IRR_Ⅰ$ 和 $IRR_Ⅱ$,且 $IRR_Ⅰ>IRR_Ⅱ$。基准收益率 i_c 所对应的两方案的净现值分别为 $NPV_Ⅰ$ 和 $NPV_Ⅱ$,且 $NPV_Ⅰ>NPV_Ⅱ$。可见,在基准收益率为 i_c 的条件下,用 NPV 法和 IRR 法选择方案的结论是一致的,即方案Ⅰ优于方案Ⅱ。

同样,从图 5-1(c)可以看出,曲线Ⅰ、Ⅱ的交点在横坐标之下,且有 $IRR_Ⅰ<IRR_Ⅱ$,$NPV_Ⅰ<NPV_Ⅱ$。显然,用 NPV 法和 IRR 法选择方案的结论也是一致的,即方案Ⅱ优于方案Ⅰ。因此,在图 5-1(a)、(c)两种情况下,以净现值最大和以内部收益率最大为判别标准所得出的结论是一致的。

但是图 5-1(b)的情况就不同了。曲线Ⅰ、Ⅱ的交点在 i_c 的右侧,又在横坐标上方,且 $IRR_Ⅰ>IRR_Ⅱ$,但 $NPV_Ⅰ<NPV_Ⅱ$,这就使得用 NPV 法与用 IRR 法选择方案得出完全相反的结论。此时,可以借助于其他评价方法如差额投资净现值法、差额投资内部收益率法等进行选择。不过在实际工作中,我们常常认为企业以获得最大利润为主要目标,所以应选择 NPV 最大的方案为最优方案。

例 5-1 三个方案的净现值与折现率的关系如表 5-2 及图 5-2 所示。

表 5-2 例 5-1 中各方案净现值与折现率的关系

方案 \ 折现率 净现值/万元	0	0.05	0.10	0.15	0.20	0.25	0.30
A	550.00	322.17	164.46	51.88	−30.75	−92.95	−140.85
B	850.00	531.04	310.24	152.63	36.95	−50.13	−117.18
C	1 000.00	612.69	344.58	153.19	12.72	−93.01	−174.44

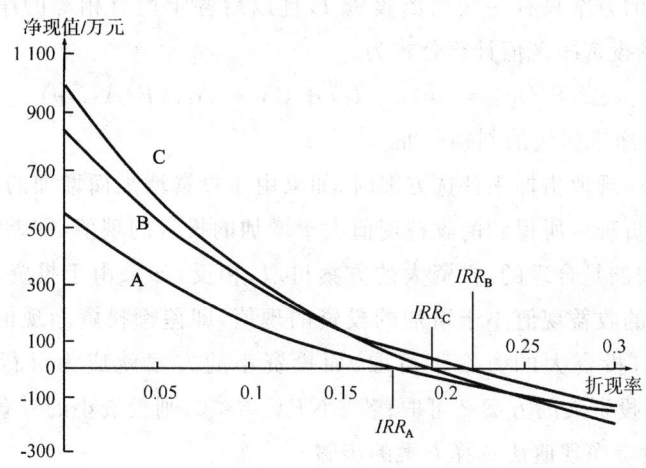

图 5-2 例 5-1 中三方案的净现值函数曲线图

在图 5-2 中可以看出，在折现率为 0.12 时，A 方案与 B、C 两个方案比较，其内部收益率和净现值均小于 B、C 两方案的内部收益率和净现值，所以应淘汰方案 A。而 B、C 两个方案比较，从净现值指标来看，方案 C 大于方案 B；而从内部收益率指标来看，方案 B 大于方案 C，二者发生矛盾。此时，应以净现值最大为选择标准或计算两方案的差额投资净现值和差额投资内部收益率等指标对方案进行选择。本例应选方案 C。

（二）差额投资净现值（ΔNPV）法

差额投资净现值法是评价互斥型方案的常用方法之一。通常投资大的方案比投资小的方案净收益大或经营成本低。但投资大的方案比投资小的方案所增加的那部分投资即差额投资（或追加投资、增量投资）是否合理？如果由于投资增大所得到的收益现值更大，就认为投资的增加是合理的，投资大的方案可取；反之，则投资的增加就是不合理的，投资大的方案不可取。

1. 差额投资净现值的定义及计算

差额投资净现值就是指两个方案的各年净现金流量之差额的净现值。或者理解为两个方案的净现值之差额。其计算公式为：

$$\Delta NPV_{2-1} = \sum_{t=0}^{n} [(CI-CO)_2 - (CI-CO)_1]_t (1+i)^{-t} \tag{5-1}$$

或

$$\Delta NPV_{2-1} = NPV_2 - NPV_1 \quad (5-2)$$

式中 ΔNPV_{2-1}——方案 2 与方案 1 的差额投资净现值；

$(CI-CO)_1$、$(CI-CO)_2$——分别为投资小的方案 1 与投资大的方案 2 的净现金流量，且 $(CI-CO)_2 > (CI-CO)_1$；

$[(CI-CO)_2 - (CI-CO)_1]_t$——第 t 年方案 2 与方案 1 的净现金流量之差。

若相互比较的方案只有一次初始投资 I，且以后各年均有相等的净收益 A，均无残值，则两方案差额投资净现值计算公式为：

$$\Delta NPV_{2-1} = -(I_2 - I_1) + (A_2 - A_1)(P/A, i, n) \quad (5-3)$$

2. 差额投资净现值法的判别标准

用差额投资净现值指标来评选方案时，如果由于投资增加而增加的收益以基准收益率或给定折现率折现后所得到的收益现值大于增加的投资的现值，即差额投资净现值大于零，则投资的增加是合理的，投资大的方案可取；相反，如果由于投资增加而增加的收益折现后所得到的收益现值小于增加的投资的现值，即差额投资净现值为负，则投资的增加是不合理的，投资大的方案不可取，而投资小的方案就成为可行的了。因此，若 $\Delta NPV_{2-1} \geqslant 0$，则投资大的方案 2 可取；若 $\Delta NPV_{2-1} < 0$，则投资小的方案 1 可取。

3. 用差额投资净现值法选择方案的步骤

(1) 把各方案按初始投资递增的次序排列。既可以增加零方案，也可以不增加零方案。若不增加零方案，则需首先证明初始投资最小的临时最优方案本身是合理的。

(2) 选初始投资最小的方案作为临时最优方案，投资较高的方案作为竞赛方案。由于基准收益率是资金的机会成本，即这笔资金不投入到此项目中，其最低的收益率应是基准收益率，所以一般选零方案（即不投资方案）为临时最优方案。这样做的目的是起到一个"把关"的作用，即保证不可行的方案被淘汰，而选择的方案肯定是可行的方案。

(3) 计算两个方案的差额投资净现值，并进行判断：若 $\Delta NPV_{2-1} \geqslant 0$，选投资大的方案 2，淘汰投资小的方案 1；若 $\Delta NPV_{2-1} < 0$，则选投资小的方案 1，淘汰投资大的方案 2。

(4) 用选出来的较优方案与下一方案比较。比较一次，淘汰一个，依次比较、选优，直至选出最优方案。

根据上述步骤，我们用差额投资净现值法分析例 5-1，数据调整如表 5-3 所示。

表 5-3 基础数据表

方案	初始投资/万元	年净收益/万元
不投资方案	0	0
A	450	100
B	550	140
C	700	170

首先,以方案 A 为竞赛方案,与不投资方案比较。
$$NPV_{A-0} = -450 + 100(P/A, 12\%, 10) = 115.02(万元)$$
因 $NPV_{A-0} > 0$,故方案 A 是可行的,可以作为临时最优方案。

其次,计算方案 B 与方案 A 的差额投资净现值:
$$\Delta NPV_{B-A} = -(550-450) + (140-100)(P/A, 12\%, 10) = 126.01(万元)$$
因 $\Delta NPV_{B-A} > 0$,故投资大的方案 B 优,淘汰方案 A。

再次,以方案 B 为临时最优方案,计算方案 C 与方案 B 的差额投资净现值:
$$\Delta NPV_{C-B} = -(700-550) + (170-140)(P/A, 12\%, 10) = 19.51(万元)$$
因 $\Delta NPV_{C-B} > 0$,故投资大的方案 C 优,淘汰方案 B。

结论是方案 C 最优,与净现值法结论一致。

对例 5-1 也可以直接根据两方案净现值之差来判断优劣:
$$NPV_{A-0} = 115.02 \text{ 万元} > 0$$
故方案 A 是可行的,可以作为临时最优方案。
$$\Delta NPV_{B-A} = NPV_B - NPV_A = 241.03 - 115.02 = 126.01(万元) > 0$$
故投资大的方案 B 为优。
$$\Delta NPV_{C-B} = NPV_C - NPV_B = 260.53 - 241.03 = 19.50(万元) > 0$$
故投资大的方案 C 优,即方案 C 为最优方案。

读者可以证明,用差额投资净年值(ΔNAV)法、差额投资净终值(ΔNFV)法所得出的结论与差额投资净现值(ΔNPV)法相同。

(三)差额投资内部收益率(ΔIRR)法

如前所述,用净现值指标和内部收益率指标进行方案选择时,在多数情况下,二者的结论是一致的,即净现值大的方案,内部收益率也较高。但是,二者并不总是一致的,有时也会出现矛盾的情况,即净现值大的方案内部收益率反而低,而净现值较小的方案内部收益率却较高。为解决这一矛盾,我们除了用差额投资净现值法外,还常常使用差额投资内部收益率法。

1. 差额投资内部收益率的定义及计算

差额投资内部收益率就是指使两个方案的差额投资净现值等于零时的折现率。也可理解为使两个方案的净现值相等时的折现率(即两条净现值函数曲线的交点所对应的折现率)。其计算公式为:

$$\sum_{t=0}^{n} [(CI-CO)_2 - (CI-CO)_1]_t (1 + \Delta IRR_{2-1})^{-t} = 0 \qquad (5-4)$$

式中 ΔIRR_{2-1}——投资大的方案 2 与投资小的方案 1 的差额投资内部收益率。

若相互比较的方案只有一次初始投资 I,且以后各年均有相同的净收益 A,均无残值,则两方案的差额投资内部收益率的计算公式为:

$$-(I_2-I_1)+(A_2-A_1)(P/A,\Delta IRR_{2-1},n)=0 \qquad (5\text{-}5)$$

计算两方案的差额投资内部收益率和计算单方案的内部收益率方法相同,用试算法(参见内部收益率的求法)。由于所求得的折现率具有特殊意义,故记为 ΔIRR。

2. 差额投资内部收益率法的判别标准

用差额投资内部收益率法进行互斥方案选择时,应将计算所得的 ΔIRR 与基准收益率 i_c 比较,其判别标准是:若 $\Delta IRR_{2-1}\geqslant i_c$,则投资大的方案 2 优于投资小的方案 1;若 $\Delta IRR_{2-1}<i_c$,则投资小的方案 1 优于投资大的方案 2。

3. 用差额投资内部收益率法选择方案的步骤

(1) 增加不投资方案(即零方案),把各方案按初始投资递增的次序排列。也可以不增加零方案,但需首先证明初始投资最小的临时最优方案本身是合理的。

(2) 选初始投资最小的方案作为临时最优方案,投资较高的方案作为竞赛方案。

(3) 计算并比较两个方案的差额投资内部收益率 ΔIRR_{2-1},并进行判断选择。

(4) 用选出来的较优方案与下一方案比较。比较一次,淘汰一个,依次比较、选优,直至选出最优方案。

根据上述步骤,我们用差额投资内部收益率法分析例 5-1。数据如表 5-3 所示。

先计算方案 A 与不投资方案的差额投资内部收益率:
$$-450+100(P/A,\Delta IRR_{A-0},10)=0$$

解得:$\Delta IRR_{A-0}=18.02\%$,选择方案 A。

再计算方案 B 与方案 A 的差额投资内部收益率:
$$-(550-450)+(140-100)(P/A,\Delta IRR_{B-A},10)=0$$

解得:$\Delta IRR_{B-A}=38.57\%>i_c$,说明投资大的方案 B 优于投资小的方案 A。

再计算方案 C 与方案 B 的差额投资内部收益率:
$$-(700-550)+(170-140)(P/A,\Delta IRR_{C-B},10)=0$$

解得:$\Delta IRR_{C-B}=15.11\%>i_c$,说明投资大的方案 C 优于投资小的方案 B。

结论是方案 C 最优。

可见,差额投资内部收益率法与净现值法及差额投资净现值法结论相同。对于互斥型方案的评价,可选择这三种方法中的任何一种。当然,还有其他的多方案比较方法,同样能得出相同的结论。

二、寿命期不相等的方案比选

多数情况下,相互比较的投资方案的寿命期是不同的。这时要评价方案,首先必须满足时间上可比的要求。为此,可取各方案经济寿命期的最小公倍数。人们常假设在方案寿命期的最小公倍数时间内,各方案在原来的水平上进行若干次重复。即各方案的现金流量在最小公倍数的时间内,以其经济寿命期为周期而重复出现。对经济寿命期不等的互斥型方案经过这样调整后,就变成经济寿命期相等的方案了,完全可以按前面介绍的方法加以比选,还可以采用更简便的方法即年等值法进行方案比选。

[例 5-2] 设有两个互斥型方案,如表 5-4 所示。若基准收益率为 15%,试选择较优方案。

表 5-4 基础数据表

方案	初始投资/万元	年净收益/万元	寿命期/年
A	850	600	3
B	1 000	680	4

由于两个方案寿命期不同,不满足时间上可比的要求,故取其寿命期的最小公倍数 12 年作为统一的计算期。即方案 A 在 12 年内需重复投资 3 次,方案 B 需重复投资 2 次。经过这样的处理后,两方案具有了可比性,可以用净现值法或差额投资净现值法或差额投资内部收益率法等方法进行比较。现以净现值法为例,介绍寿命期不等的互斥型方案的比较方法。

(一)净现值法

方案 A、B 在 12 年内的现金流量如图 5-3 所示:

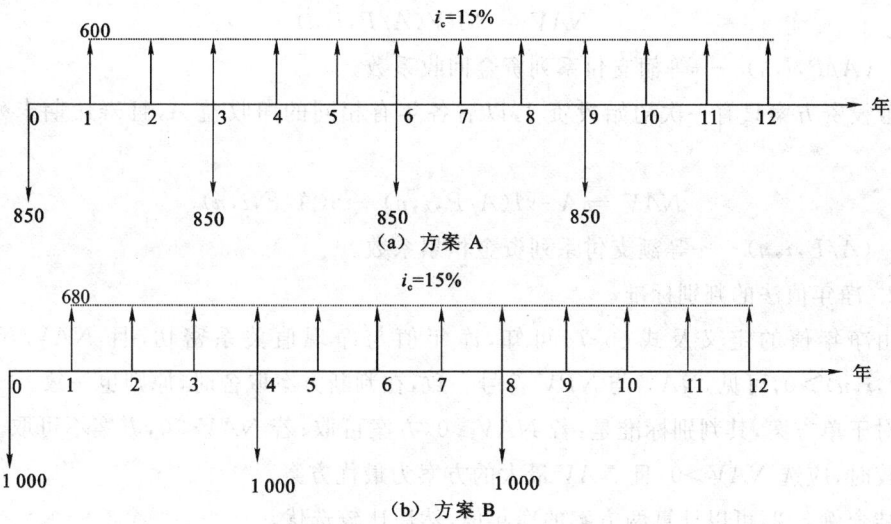

图 5-3 例 5-2 现金流量图

两方案净现值计算如下:

$$NPV_A = -850[1+(1+15\%)^{-3}+(1+15\%)^{-6}+(1+15\%)^{-9}]+ \\ 600(P/A,15\%,12)$$

$$= 1\,234.375(万元)$$

$$NPV_B = -1\,000[1+(1+15\%)^{-4}+(1+15\%)^{-8}]+680(P/A,15\%,12)$$

$$= 1\,787.308(万元)$$

由于 $NPV_B > NPV_A$，因此，方案 B 优于方案 A。

从上面的计算可以看出，若多个寿命期不同的互斥型方案相互比较，其最小公倍数可能很大，有时甚至达几十年、几百年。因此，当各方案寿命期最小公倍数过大时，最简便有效的解决方法是净年值法。

（二）净年值（NAV）法

净年值法是年等值法的一种。其基本思想是：不论方案在寿命期最小公倍数的时间内重复多少次，其年值是相等的。所以，只要计算各方案在各自寿命期内的净年值就可以进行方案的比选。

1. 净年值的定义及计算

所谓净年值（Net Annual Value，记为 NAV）就是以基准收益率或给定的折现率将投资方案寿命期内的各年净现金流量均换算为等额年值。其计算公式为：

$$NAV = \sum_{t=0}^{n}(CI-CO)_t(1+i)^{-t}(A/P,i,n) \tag{5-6}$$

或

$$NAV = NPV(A/P,i,n) \tag{5-7}$$

式中 $(A/P,i,n)$——等额支付系列资金回收系数。

若投资方案只有一次初始投资 I，以后各年有相同的净收益 A，且寿命期末残值为 S，则

$$NAV = A - I(A/P,i,n) + S(A/F,i,n) \tag{5-8}$$

式中 $(A/F,i,n)$——等额支付系列资金积累系数。

2. 净年值法的判别标准

由净年值的定义及式（5-7）可知，净年值与净现值关系密切，且 $NAV/NPV = (A/P,i,n) > 0$，可见，NAV 与 NPV 符号一致，在判断方案取舍时，原则也一致。

对于单方案，其判别标准是：若 $NAV \geqslant 0$，方案可取；若 $NAV < 0$，方案不可取。多方案比较时，应选 $NAV > 0$，且 NAV 最大的方案为最优方案。

结合例 5-2，可以计算两方案的净年值，然后比较选优。

由式（5-7）得：

$$NAV_A = NPV_A(A/P,15\%,12) = 1\,234.375 \times 0.184\,5 = 227.74(万元)$$

$$NAV_B = NPV_B(A/P,15\%,12) = 1\,787.308 \times 0.184\,5 = 329.76(万元)$$

或者，由式（5-8）得：

$$NAV_A = 600 - 850(A/P, 15\%, 3) = 227.7(万元)$$
$$NAV_B = 680 - 1\,000(A/P, 15\%, 4) = 329.7(万元)$$

因为 $NAV_B > NAV_A$,故方案 B 优于方案 A。

由例 5-2 可见,计算两方案 12 年内的净年值与计算一个寿命周期内的净年值结论是相同的。此结论成立的先决条件是各方案必须满足重复投资的假设。在此条件下,用净年值法比用净现值法或其他方法要简单得多。

三、具有相同(或未知)收益的方案比选

在实际生活中,常会遇到下面问题,例如:在水力发电和火力发电之间、在铁路运输和公路运输之间、在水泥结构的桥梁和金属结构的桥梁之间进行的选择。这类问题的特点是,无论选择哪一种方案,其产出相同或提供相同服务,或者根本无法用货币来衡量。这时只要考虑各方案的费用大小就可以了,而费用最小的方案就是最好的方案。具体评价方法有费用现值法、费用年值法、差额投资内部收益率法等。

(一)费用现值(PC)法

费用现值法是一种动态评价方法,可看作是净现值法的一种变换。费用现值法不考虑投资方案的收益,只考虑其投资、经营成本或残值的现值。当各方案产出相同或其产出不易计量时,它可用来比较各方案的费用之现值。

1. 费用现值的定义及计算

费用现值就是将工程项目服务年限内的年经营成本以基准收益率或给定的折现率折现为现值与项目的投资现值相加(若有残值,应扣除残值的现值),以求得工程项目总费用现值。其计算公式为:

$$PC = \sum_{t=0}^{n} CO_t(1+i)^{-t} - S(1+i)^{-n} \tag{5-9}$$

或

$$PC = \sum_{t=0}^{n} CO'_t(1+i)^{-t} + I_p - S(1+i)^{-n} \tag{5-10}$$

式中　PC——费用现值;

　　　CO'_t——第 t 年的经营成本、主营业务税金及附加等;

　　　I_p——投资现值;

　　　S——项目寿命期末残值(含回收流动资金)。

若工程项目服务年限内各年有相同的经营成本 A,则

$$PC = A(P/A, i, n) + I_p - S(1+i)^{-n} \tag{5-11}$$

式中　$(P/A, i, n)$——年金现值系数。

2. 费用现值法的判别标准

费用现值法适合于多方案比较，以费用现值最小的方案为最优方案。

3. 注意事项

运用费用现值法选择方案，其前提是各方案产出相同或提供相同服务，计算和比较的是总费用。这时应注意相互比较的各方案的寿命期是否相同，若不相同，则应用最小公倍数法或研究期法将其寿命期调整到一致的基础上方可比较。

[例 5-3] 设甲、乙两方案各年现金流量如表 5-5 所示，若 $i=10\%$，试选优。

表 5-5 基础数据表

方案	总投资/万元	年经营成本/万元	残值/万元	寿命期/年
甲	1 000	600	100	5
乙	800	700	0	5

解：由式(5-11)得：

$$PC_甲 = 600(P/A,10\%,5) + 1\ 000 - 100(1+10\%)^{-5} = 3\ 212.39(万元)$$

$$PC_乙 = 700(P/A,10\%,5) + 800 = 3\ 453.56(万元)$$

因为 $PC_甲 < PC_乙$，故甲方案优于乙方案。

[例 5-4] 有两台功能相同的设备，所不同部分如表 5-6 所示。试在折现率 $i=15\%$ 的条件下进行选择。

表 5-6 基础数据表

设备	初始投资/元	年操作费用/元	残值/元	预期寿命/年
A	2 300	500	0	3
B	3 200	250	400	4

解：A、B 两设备寿命期不同，应以其最小公倍数 12 年为共同的计算期，求出 12 年的总费用现值。

A、B 两方案 12 年内的现金流量如图 5-4 所示。

由式(5-11)得：

$$PC_A = 500(P/A,15\%,12) + 2\ 300[1+(1+15\%)^{-3}+(1+15\%)^{-6}+(1+15\%)^{-9}]$$
$$= 8\ 170.73(元)$$

$$PC_B = 250(P/A,15\%,12) + 3\ 200[1+(1+15\%)^{-4}+(1+15\%)^{-8}] - 400[(1+15\%)^{-4}+(1+15\%)^{-8}+(1+15\%)^{-12}]$$
$$= 6\ 996.75(元)$$

因为 $PC_B < PC_A$，故方案 B 优于方案 A。

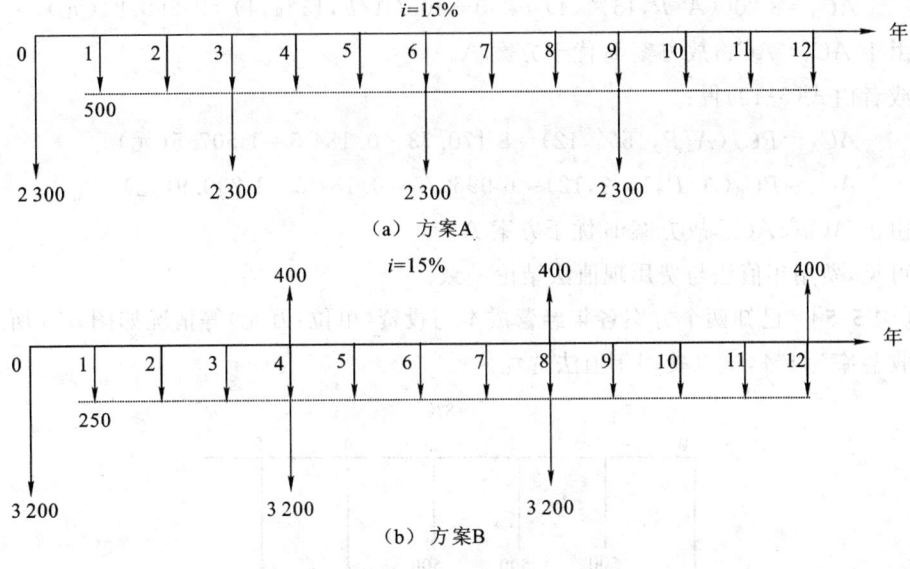

图 5-4 现金流量图

(二) 费用年值(AC)法

运用费用现值法进行方案比较时,若各方案寿命期相同,则较方便,可直接计算比较。但若寿命期不相同,则很麻烦。此时若比较各方案的每个年度的平均费用则很方便。费用年值法即可以用来解决这一问题,无论各方案寿命期有何差异,均可用此法使其具有可比性。费用年值法也是年等值法的一种。

1. 费用年值的定义及计算

费用年值是指以基准收益率或给定的折现率,把各个方案的费用转化为经济寿命期内的等额年值。或者直接将费用现值换算为等额年值。其计算公式为:

$$AC = \sum_{t=0}^{n}(CO-S)_t(1+i)^{-t}(A/P,i,n) \tag{5-12}$$

或

$$AC = PC(A/P,i,n) \tag{5-13}$$

式中 AC——费用年值。

若投资方案服务年限内各年有相同的经营成本 A,则

$$AC = I(A/P,i,n) + A - S(A/F,i,n) \tag{5-14}$$

2. 费用年值法的判别标准

费用年值法适合于多方案比较,以费用年值最小的方案为最优方案。

现在用费用年值法来分析例 5-4。

由式(5-14)得:

$$AC_A = 2\,300(A/P,15\%,3) + 500 = 1\,507.4(元)$$

$AC_B = 3\,200(A/P,15\%,4) + 250 - 400(A/F,15\%,4) = 1\,290.84(元)$

由于 $AC_B < AC_A$，故方案 B 优于方案 A。

或者由式(5-13)得：

$AC_A = PC_A(A/P,15\%,12) = 8\,170.73 \times 0.184\,5 = 1\,507.5(元)$

$AC_B = PC_B(A/P,15\%,12) = 6\,996.75 \times 0.184\,5 = 1\,290.9(元)$

由于 $AC_B < AC_A$，故方案 B 优于方案 A。

可见，费用年值法与费用现值法结论一致。

[例 5-5] 已知两个方案各年经营成本与投资(单位：万元)等情况如图 5-5 所示，若基准收益率为 8%，试以费用年值法选优。

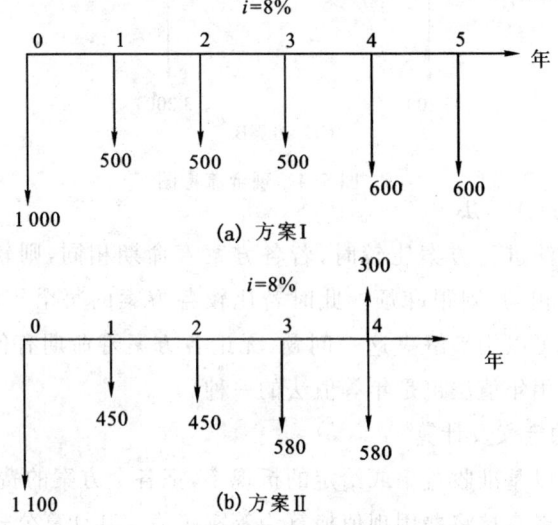

图 5-5 例 5-5 现金流量图

解：两方案寿命期不同，且各年经营成本也不同。根据式(5-12)得：

$AC_I = [1\,000 + 500(P/A,8\%,3) + 600(P/A,8\%,2)(P/F,8\%,3)] \times$
$\quad (A/P,8\%,5)$
$\quad = 786.04(万元)$

$AC_{II} = [1\,100 + 450(P/A,8\%,2) + 580(P/A,8\%,2)(P/F,8\%,2) -$
$\quad 300(P/F,8\%,4)] \times (A/P,8\%,4)$
$\quad = 775.49(万元)$

由于 $AC_{II} < AC_I$，故方案 II 优于方案 I。

本题解法很多，请读者一试，并找出你认为最简单、最有效的方法。

(三) 差额投资内部收益率法

对于未知收益的多个方案比选，同样可以采用差额投资内部收益率法。计算方法同上所述。

对于例5-5,因为两方案的寿命期不同,所以应根据费用年值法来求差额投资内部收益率。即:

$[1\ 000+500(P/A,\Delta IRR_{II-I},3)+600(P/A,\Delta IRR_{II-I},2)(P/F,\Delta IRR_{II-I},3)]\times$
$(A/P,\Delta IRR_{II-I},5)$
$=[1\ 100+450(P/A,\Delta IRR_{II-I},2)+580(P/A,\Delta IRR_{II-I},2)(P/F,\Delta IRR_{II-I},2)-$
$300(P/F,\Delta IRR_{II-I},4)]\times(A/P,\Delta IRR_{II-I},4)$

解得:
$$\Delta IRR_{II-I}=14.35\%$$

由于 $\Delta IRR_{II-I}>i_c$,故投资大的方案Ⅱ优于投资小的方案Ⅰ。与费用年值法所得结论一致。

对于本例,同样有多种解法,读者不妨一试。

四、寿命期"无限长"的互斥型方案的比选

寿命期"无限长"的互斥型方案主要指各方案的服务年限很长的方案,但不是数学意义上的无限长,例如水电站工程就可在相当长的时期内正常运转。

对寿命期"无限长"的方案进行评价时,可选用净现值指标,记为 NPV_∞,其计算公式推导如下:

由式(5-7)得:
$$NPV=NAV\frac{(1+i)^n-1}{i(1+i)^n}$$

由于寿命期为"无限长",即计息次数 $n\to\infty$,对上式取极限:
$$NPV_\infty=\lim_{n\to\infty}NAV\frac{(1+i)^n-1}{i(1+i)^n}$$
$$=NAV\lim_{n\to\infty}\left[\frac{(1+i)^n}{i(1+i)^n}-\frac{1}{i(1+i)^n}\right]$$
$$=NAV\lim_{n\to\infty}\left[\frac{1}{i}-\frac{1}{i(1+i)^n}\right]$$

式中:
$$\lim_{n\to\infty}\frac{1}{i(1+i)^n}=0$$

故
$$NPV_\infty=\frac{NAV}{i} \qquad (5-15)$$

若只考虑项目的费用支出,则用费用现值表示,即:
$$PC_\infty=\frac{AC}{i} \qquad (5-16)$$

所以，对于寿命期"无限长"的互斥型方案，只要知道其净年值或费用年值和基准收益率 i_c 或给定的折现率 i，即可求得方案的净现值或费用现值。然后，根据净现值或费用现值的大小决定方案的取舍。

[例 5-6] 某地区为解决水源问题，有两个方案可供选择。方案 Ⅰ 是在临近河流建一永久性水坝，其投资为 600 万元，年维持费用为 2.5 万元；方案 Ⅱ 是钻 20 眼井，每眼井初始投资为 8 万元，寿命为 4 年，年维持费用为 8 000 元。若基准收益率为 10%，问应选择哪个方案？

解：若建水坝，则

$$PC_{\infty 坝} = 600 + \frac{2.5}{10\%} = 625（万元）$$

若钻 20 眼井，则

$$PC_{\infty 井} = 20 \times [8 \times (A/P, 10\%, 4) + 0.8]/10\% = 664.8（万元）$$

可见，$PC_{\infty 坝} < PC_{\infty 井}$，即建水坝方案成本低于钻井方案成本，故建水坝方案优。

第三节 独立型方案的比选

我们知道，独立型方案之间的效果具有可加性，因此，其选择可能会出现两种情况：

一种是企业可利用的资金足够多，这时方案的选择和第四章介绍的单方案选择方法相同，即 $NPV \geqslant 0$，或 $IRR \geqslant i_c$，或 $ERR \geqslant i_c$，则方案可行；否则，方案不可行。

另一种是企业可利用的资金是有限制的，在不超出资金限额的条件下，按照有限的资源得到最佳利用的原则，进行方案组合，保证所选的组合方案产出最大。这类问题的解决方法是构造互斥型组合方案，把不超过资金限额的所有可行的组合方案排列出来，使得各组合方案之间是互斥的，这样就可以按照互斥型方案的比选方法来选择最佳组合方案。

一、整体净现值($\sum NPV$)法

在资金有限情况下，对于寿命期相同的多个独立方案进行选择时，常常采用整体净现值($\sum NPV$)法。这种方法是先计算各方案的内部收益率或净现值比率，并按其大小排序。然后测算在资金限额内各种可能的组合方案的整体净现值，其中整体净现值最大的组合方案为最优方案。下面通过举例来说明该法的应用。

[例 5-7] 某企业有 A、B、C 三个独立的投资方案，寿命期均为三年，其初始投资及各年净收益如表 5-7 所示。若给定折现率为 8%，问该企业在 4 500 万元的资金限额内

应如何选择？

表 5-7 三个独立方案的基础数据表

方案	初始投资/万元	年净收益/万元	净现值/万元	净现值比率
A	1 000	600	546.26	0.546 3
B	3 000	1 500	865.65	0.288 6
C	4 000	2 050	1 283.06	0.320 8

经计算，上述三个方案的净现值和净现值比率均大于零（见表 5-7 中数据）。如果资金没有限额，则三个方案从经济上考虑均属可行。但现在企业资金只有 4 500 万元，这时就不能简单地按前面介绍的方法选择方案，而必须在投资限额以内进行方案选择。

对于这类问题，通常解决的办法是建立互斥方案组合，然后进行比较。其步骤如下：

第一步，对于互相独立的 n 个方案，列出全部互斥的方案组合，共 2^n 个（包括不采纳任何的方案）。对于本题，可建立的互斥方案组合共有 $2^3 = 8$ 个，这八个方案组合的构成与经济指标列于表 5-8 中。

表 5-8 三个独立方案构成的互斥方案的组合表

方案组合	构成情况			初始投资/万元	年净收益/万元	净现值/万元
	A	B	C			
1	0	0	0	0	0	0
2	1	0	0	1 000	600	546.26
3	0	1	0	3 000	1 500	865.65
4	0	0	1	4 000	2 050	1 283.06
5	1	1	0	4 000	2 100	1 411.91
6	1	0	1	5 000	2 650	1 829.32
7	0	1	1	7 000	3 550	2 148.71
8	1	1	1	8 000	4 150	2 694.97

注："1"表示方案入选；"0"表示方案不入选。

第二步，按资金限额把凡是投资额不超过限额的方案组合取出，从中找出净现值最大的组合方案，即为最优组合方案。在本例中，由于资金限额是 4 500 万元，因此组合方案 6、7、8 均不予考虑，而以第 5 组合方案为最优组合方案。

[例 5-8] 某企业可利用的资金为 600 万元，共有 8 个独立型方案可供选择，其资料见表 5-9。设各方案寿命期均为 10 年，基准收益率为 12%，试确定最优组合方案。

表 5-9　各方案的投资、收益表

方　案	投资额/万元	年净收益/万元	NPV/万元	NPVR	名　次
A	200	56	116.4	0.582 0	1
B	120	30	49.5	0.412 5	2
C	40	8	5.2	0.130 0	8
D	90	20	23.0	0.255 6	5
E	130	29	33.9	0.260 8	4
F	360	75	63.8	0.177 2	6
G	30	6	3.9	0.130 0	7
H	150	37	59.1	0.394 0	3

首先，计算各方案的净现值及净现值比率，如表 5-9 所示。

由于各方案净现值及净现值比率均大于零，故各方案本身在经济上是可行的。现按各方案净现值比率由大到小排序：A、B、H、E、D、F、G、C。

其次，在 600 万元资金的限额内进行各种可能的方案组合：

组合方案 1 是由 A、B、H、D、C 五个方案组成。其基本原则是按各方案的净现值比率由大到小进行选择，直到达到或接近资金限额为止。其整体净现值为：

$$\sum NPV_1 = NPV_A + NPV_B + NPV_H + NPV_D + NPV_C = 253.2（万元）$$

组合方案 2 是由 A、B、H、E 四个方案组成。其基本原则是在按各方案的净现值比率由大到小进行选择的基础上，考虑其中某一方案或某些方案是否有更好的替代方案？现在用方案 E 取代方案 D 和 C。其整体净现值为：

$$\sum NPV_2 = NPV_A + NPV_B + NPV_H + NPV_E = 258.9（万元）$$

显然，组合方案 2 优于组合方案 1。读者可以证明，其他各种组合方案的整体净现值均小于组合方案 2。因此，组合方案 2 最优。

通过本例求解过程可知，整体净现值法计算简便、方法简单。但是由于投资项目的不可分性，单纯按各方案的净现值比率大小来组合方案，使得该法在许多情况下不能保证现有资金的充分利用，不能达到整体净现值最大的目标。因此，我们必须在按各方案的净现值比率由大到小进行选择的基础上，考虑各种可能的相互排斥的组合方案，才能保证获得最大的整体净现值。

二、整体收益率（IRR_t）法

在资金有限的情况下，对于寿命期不同的独立型方案进行选择时，常常采用整体收益率法。这种方法就是对各独立型方案,在资金限额内选择整体收益率最大的组合方案。所谓整体收益率是指各组合方案内各投资方案的内部收益率(或外部收益率)的加权平均值,对于未使用的剩余资金按基准收益率计算。为区别内部收益率 IRR 及差额投资内部收益率 ΔIRR,整体收益率用 IRR_t 表示。

用整体收益率法选择最优组合方案的步骤:
(1) 计算各投资方案的内部收益率 IRR,并淘汰掉小于基准收益率的方案;
(2) 将各方案按其内部收益率由大到小进行排列;
(3) 在资金限额内,按照要求对排列好的方案进行组合,使之尽量符合资金的限额;
(4) 计算各组合方案的整体收益率,选择其中整体收益率最高的组合方案为最优方案。

[例 5-9] 某企业投资限额为 350 万元,可备选的独立型方案有 6 个,如表 5-10 所示。若基准收益率为 15%,试选择最优组合方案。

表 5-10 各备选的独立型方案数据表

方 案	投资额/万元	寿命期/年	年净现金流量/万元	内部收益率/%	名 次
A	100	6	28.7	18	3
B	150	9	29.3	13	否
C	80	5	26.8	20	2
D	210	3	95.0	17	4
E	130	10	26.0	15	5
F	60	4	25.4	25	1

解:根据上述步骤:
(1) 求出各投资方案的内部收益率,见表 5-10。
(2) 淘汰掉低于基准收益率的方案 B,剩余的方案按内部收益率由大到小排列,并依次计算累计投资额,如表 5-11。

表 5-11 各独立型方案的经济指标表

方 案	内部收益率/%	投资额/万元	累计投资额/万元
F	25	60	60
C	20	80	140
A	18	100	240
D	17	210	450
E	15	130	580

(3) 从表 5-11 中可知,在投资限额 350 万元的条件下,F、C、A、D、E 五个方案不可能被全部采纳。但也不能简单地舍弃累计投资额超出限额的 D 和 E 方案。而是必须对五

个方案按给定标准进行组合。对于本例，由于符合投资限额要求的组合方案较多，在此仅以三个方案组合为例，列举其中五个效益较好的组合方案，见表 5-12。

(4) 计算各组合方案的整体收益率，并比较选优，见表 5-12。

表 5-12 各组合方案的整体收益率表

组合方案	总投资额/万元	整体收益率/%	名 次
C、D、F	350	19.06	1
A、C、F	240	18.71	2
C、E、F	270	17.86	3
A、E、F	290	17.57	4
A、C、E	310	17.00	5

表中各组合方案的整体收益率计算如下：

① C、D、F 组合方案的整体收益率：

$$IRR_{CDF} = \frac{1}{350}(80 \times 20\% + 210 \times 17\% + 60 \times 25\%) = 19.06\%$$

② A、C、F 组合方案的整体收益率：

$$IRR_{ACF} = \frac{1}{350}(100 \times 18\% + 80 \times 20\% + 60 \times 25\% + 110 \times 15\%) = 18.71\%$$

式中，110 万元是 A、C、F 三个方案的累计投资额与资金限额之差，是剩余资金，按基准收益率 15% 计算。

③ C、E、F 组合方案的整体收益率：

$$IRR_{CEF} = \frac{1}{350}(80 \times 20\% + 130 \times 15\% + 60 \times 25\% + 80 \times 15\%) = 17.86\%$$

④ A、E、F 组合方案的整体收益率：

$$IRR_{AEF} = \frac{1}{350}(100 \times 18\% + 130 \times 15\% + 60 \times 25\% + 60 \times 15\%) = 17.57\%$$

⑤ A、C、E 组合方案的整体收益率：

$$IRR_{ACF} = \frac{1}{350}(100 \times 18\% + 80 \times 20\% + 130 \times 15\% + 40 \times 15\%) = 17.00\%$$

计算结果表明，C、D、F 组合方案的整体收益率最高，为最优组合方案。

思 考 题

1. 三个修建太阳能灶的投资方案 A、B、C，现在一次投资分别为 2 万元、4 万元和 10 万元，三个方案的太阳能灶的使用寿命均为 20 年。未安装太阳能灶之前，企业每年交电费 1 万元。A 方案每年能节省电费 30%；B 方案每年能节省电费 50%；C 方案每年能节省电费 90%。A、B 方案在第 10 年、第 16 年均需花维修费 1 000 元，C 方案在第 12 年需花维修费 1 500 元。20 年末只有 C 方案有残值 1 万元。若基准收益率为 10%，试选优。

2. 设 A、B 为两个互斥方案，其净现金流量如表 5-13 所示。若基准收益率为 10%，试用两种方法选优。

表 5-13　基础数据表

方案	初始投资/万元	年净收益(1~10 年)/万元
A	1 000	220
B	600	150

3. 某产品生产方案有甲、乙两个，其费用如表 5-14 所示。若 $i=10\%$，试用费用现值法及费用年值法选优。

表 5-14　基础数据表

方案	投资/万元	年经营费用/万元	残值/万元	寿命期/年
甲	10 000	850	300	8
乙	15 000	800	400	5

4. 假定某产品加工工艺方案有三个，寿命期均为 10 年，残值为零，其费用如表 5-15 所示。

表 5-15　基础数据表

方案	1	2	3
投资/万元	140	120	115
年经营费用/万元	80	90	100

① 若该部门规定的基准投资回收期为 5 年(或基准投资效果系数为 0.2)，试计算选优。

② 若折现率为 20%，试计算选优。

5. 某公司考虑下列三个可行而相互排斥的投资方案，其寿命期均为 5 年，基准收益率为 7%。见表 5-16。

表 5-16　基础数据表

方案	1	2	3
初始投资/万元	5 000	7 000	8 500
年净收益/万元	1 319	1 942	2 300

试用下列方法选择最优方案：

① 差额投资净现值法。

② 差额投资内部收益率法。

6. 某小电厂每年的热损失费为 5 200 元，现制定两个减少热损失的方案，方案 A 可以减少 60% 的热损失，其投资为 3 000 元；方案 B 可以减少 55% 的热损失，投资为 2 500

元。假如基准收益率为 8%,热损失的减少为工厂的收益,两方案寿命均为 10 年。试用下列方法比较选优:

① 净现值法。

② 差额投资净现值法。

③ 差额投资内部收益率法。

7. 某炼厂要安装一条输油管线,现有两个可供选择的方案,方案 A 可以用 10 万元安装起来,包括输送费用及维修费用在内的年运行费用为 2 万元。方案 B 可以用 7 万元安装起来,但年运行费用为 3 万元。管线预期服务年限为 20 年,残值为原值的 10%。若公司的最低收益率为 20%,试选择较优方案。

8. 已知两个互斥方案 A、B,见表 5-17,试用差额投资内部收益率法进行决策。(设 $MARR = 8\%$)

表 5-17 基础数据表

方案	初始投资/万元	年净收益/万元	残值/万元	寿命期/年
A	2 000	300	200	10
B	3 500	350	350	20

9. 有两个互斥方案 A、B,其净现金流量如表 5-18 所示。如果已知 $\Delta IRR_{A-B} = 19\%$,问基准收益率在什么范围内应挑选方案 A?在什么范围内应挑选方案 B?在什么范围内方案 A 和 B 都可行?在什么范围内方案 A 和 B 都不可行?

表 5-18 基础数据表

方案 \ 年份 净现金流量/万元	0	1	2	3	4	IRR
A	−1 000	100	350	600	850	23.4%
B	−340	100	200	200	200	34.5%

第六章 不确定性分析

第一节 不确定性分析的必要性

一、不确定性分析的概念

我们对工程项目进行经济评价，就是要对拟建项目在未来某一时间建设及生产所发生的经济效益状况进行预测分析与全面评价，即所研究的是"未来的"问题。研究中所使用的各种主要数据如投资、建设工期、产品产量、原材料价格、生产成本、销售收入等，都是根据经济评价人员的预测和估算得来的，这些数据基本上都不是确定性数据。如果将这些数据同未来的实际情况相比，很可能有相当大的出入。那么用这些数据分析计算出来的经济效果指标如投资回收期、净现值、内部收益率、净年值等也必将与实际经济效果有相当大的差别，就是说经济效果指标也存在着不确定性。我们进行经济评价的目的是为拟议的工程项目提供决策依据，经济效果指标的不确定性将使决策很容易产生失误，给工程项目投资带来很大的风险。因此我们必须在经济评价中进行不确定性分析，研究不确定性因素产生的原因，分析不确定性因素的变化对工程项目经济效果的影响。

不确定性分析就是指对工程项目中的一些不确定性因素发生变化所引起的各种经济效果指标的变化情况或变化趋势所进行的分析和研究工作。

二、不确定性产生的原因

1. 预测和估算的误差

对建设项目进行经济评价所涉及的主要数据，一般是经济评价人员参考类似项目的有关数据而进行预测和估算的。有的参考数据本身就存在着误差，但因新开发项目确实缺少可参考的数据；或者经济评价人员对未来情况的预测和估计不够准确，也不可能事先考虑到将来所有可能发生的情况,特别是在缺乏足够资料的情况下,预测结果和实际情况往往存在一定的差异,这种差异有可能会导致项目决策的失误。此外,经济评价人员在进行预测和估算时,不管使用何种统计或预测方法,都必然要涉及种种假设,一些不现实或不正确的假设必然使预测和估计发生误差。所有这些都会使经济评价中的各种参数和数据产生不确定性。

2. 通货膨胀的影响

通货膨胀是市场经济的普遍现象,也是产生不确定性的主要原因。通货膨胀同时影响着工程项目的投入与产出两大方面,价格的变化必然会引起经济评价中的投资、经营成本和销售收入等的变化。因此通货膨胀是造成不确定性的主要原因。

3. 生产能力的变化

在项目经济评价中一般按项目设计生产能力进行经济评价。但由于受原材料供应、公共基础设施的保证程度、项目营运后的管理水平及设计能力的合理性等因素的影响,项目的实际生产能力有可能达不到原来的设计生产能力。因此生产能力的变化也会造成经济评价的偏差。

4. 技术进步的影响

由于现代科学技术飞速发展,技术变革周期越来越短,新的工艺不断出现,会使原来评价的各种估计和数据发生变化,导致产品成本水平的变动和竞争能力的变化,从而影响项目的经济效益和市场竞争力。

5. 建设进度和达产期的变化

建设项目在建设过程中,由于受基地条件、建筑材料供应、施工生产组织等因素的影响,往往因进度不能按原计划进行,而推迟投产时间。而工程项目建成后,由于受原材料、能源、交通或配套设施等因素的影响,也可能不能按时投产,或投产后达不到设计生产能力。所有这些都将影响项目的经济效益。

6. 经济评价参数的变化

经济评价参数是国家或部门根据经济发展的状况在不同时期颁布的关于建设项目进行经济评价的参数。它的变化直接影响到经济评价指标的计算与取舍,如基准收益率、贷款利率、外汇汇率的变化,对项目是否可行都有着决定性影响。

7. 政府政策和规定的变化

政府政策和规定的变化,对任何国家几乎都是不可避免的,也是从事经济评价人员无法预测和不能控制的。这些政治因素的变化,不仅是不确定性产生的源泉,而且还可能给工程项目带来很大的风险。

综上所述,影响项目经济效益的因素很多,各种因素所产生的影响也不尽相同。因此,在对具体项目进行不确定性分析时,应视项目有所选择,有所侧重,以提高项目决策的科学性、可靠性和合理性。

不确定性分析的方法有许多,主要有盈亏平衡分析、敏感性分析及概率分析三种。

第二节　盈亏平衡分析

一、盈亏平衡分析的概念

盈亏平衡分析又叫量本利分析、损益平衡分析,是指在一定的市场、生产能力的条件下,研究拟建项目成本费用与收益之间平衡关系的一种分析方法,或者可理解为根据拟建项目产量、成本、利润之间的关系,研究产量、成本等因素的变化对项目盈亏的影响。

项目盈利与亏损之间有个转折点,称为盈亏平衡点,用 BEP(Break-even point)表示。在这一点上,销售收入等于总成本费用,项目刚好不亏也不盈。盈亏平衡分析就是要找出盈亏平衡点,通常根据项目正常生产年份的产品产销量、固定成本、可变成本、产品销售价格及销售税金等数据进行计算。盈亏平衡点越低,项目盈利的可能性就越大,造成亏损的可能性就越小。盈亏平衡分析广泛应用于预测成本、收入、利润;编制利润计划;估计售价、销量、成本水平变动对利润的影响,为各种经营决策提供必要的信息;还可用于投资项目的不确定性分析。

盈亏平衡点的表达形式有多种。它可以用实物产量、单位产品售价、单位产品的可变成本以及年总固定成本费用的绝对量表示,也可以用某些相对值表示,如生产能力利用率等。其中以产量和生产能力利用率表示的盈亏平衡点应用最为广泛。

根据总成本费用、销售收入与产量(销售量)之间是否呈线性关系,盈亏平衡分析可分为线性盈亏平衡分析和非线性盈亏平衡分析。

二、线性盈亏平衡分析的前提条件

线性盈亏平衡分析要满足以下四个假定条件:
(1) 产量等于销售量;
(2) 产量变化,单位产品可变成本不变,从而总的可变成本费用是产量的线性函数;
(3) 产量变化,单位产品销售价格不变,从而销售收入是销售量的线性函数;
(4) 只生产单一产品,或生产多种产品,但可以换算为单一产品计算。
只有满足上述四个前提条件,才可以进行线性盈亏平衡分析。

三、线性盈亏平衡点的求法

线性盈亏平衡点的求法有数学分析法和作图法。

1. 数学分析法

为了进行盈亏平衡分析，必须将总成本费用分为固定成本和可变成本，这是线性盈亏平衡分析的关键。在满足上述四个假定条件下，企业的产品成本和销售收入是产量的线性函数。用 C_T 表示年总成本费用，C_F 表示年总固定成本，C_V 表示年总可变成本，C_v 表示单位产品的可变成本，Q 表示年总产量，则总成本费用方程式可表示为：

$$C_T = C_F + C_V = C_F + C_v Q \tag{6-1}$$

用 S 表示年销售收入，P 表示单位产品的销售价格，t 表示单位产品销售税金，则销售收入方程式可表示为：

$$S = PQ \tag{6-2}$$

用 T 表示年销售税金，其方程式可表示为：

$$T = tQ \tag{6-3}$$

用 R 表示利润总额，则有：

$$R = S - C_T - T = PQ - C_F - C_v Q - tQ \tag{6-4}$$

当盈亏平衡时，收入与支出应相等，利润总额应等于零（$R=0$），即：

$$C_F + C_v Q + tQ = PQ \tag{6-5}$$

根据式（6-5）可分别求出以产量（BEP_Q）、销售收入（BEP_S）、生产能力利用率（BEP_η）、单位产品售价（BEP_P）、单位产品可变成本（BEP_{C_v}）或总固定成本（BEP_{C_F}）表示的盈亏平衡点。

$$BEP_Q = \frac{C_F}{P - C_v - t} \tag{6-6}$$

$$BEP_S = BEP_Q \cdot P = \frac{PC_F}{P - C_v - t} \tag{6-7}$$

$$BEP_\eta = \frac{BEP_Q}{Q_0} \times 100\% = \frac{C_F}{Q_0(P - C_v - t)} \times 100\%$$

$$= \frac{C_F}{S - C_V - T} \times 100\% \tag{6-8}$$

式中　Q_0——设计生产能力。

$$BEP_P = \frac{C_F}{Q_0} + C_v + t \tag{6-9}$$

$$BEP_{C_v} = P - \frac{C_F}{Q_0} - t \tag{6-10}$$

$$BEP_{C_F} = Q_0(P - C_v - t) \tag{6-11}$$

当盈亏平衡点用相对值表示时，有：

$$\frac{BEP_Q}{Q_0} = \frac{C_F}{S - C_V - T}$$

$$\frac{BEP_P}{P} = \frac{1}{P}\left(\frac{C_F}{Q_0} + C_v + t\right) \qquad (6\text{-}12)$$

$$\frac{BEP_{C_v}}{C_V} = \frac{1}{C_V}\left(P - \frac{C_F}{Q_0} - t\right) \qquad (6\text{-}13)$$

$$\frac{BEP_{C_F}}{C_F} = \frac{Q_0}{C_F}(P - C_v - t) \qquad (6\text{-}14)$$

如果分别以 1 减去各盈亏平衡点相对值,便可得预测值的允许降低(升高)率。

盈亏平衡点越低,表明项目适应市场变化的能力越大,抗风险能力越强;反之,抗风险能力越差。方案比较时,应选择盈亏平衡点低的方案。

盈亏平衡时的生产能力利用率又称经营风险率,此值越高,风险越大;反之,风险越小。与经营风险率相对应的指标称做经营安全率。其计算公式为:

$$\text{经营安全率} = 1 - \frac{BEP_Q}{Q_0} \qquad (6\text{-}15)$$

经营安全率越大,表明企业生产经营状况越好,拟建项目越安全可靠。一般来说,经营安全率在 30% 以上,说明企业生产经营状况安全;在 25%~30% 之间,表明较为安全;在 15%~25% 之间,表明不太安全;在 10% 以下,表明很危险。

2. 图解法

盈亏平衡点可以通过作图求出。首先确定在某一产量(如设计产量)下生产产品总成本费用、固定成本、变动成本及销售收入;然后以横坐标表示产量,纵坐标表示收入及成本,以确定的数据作图。销售收入曲线与总成本费用曲线的交点,意味着销售收入等于总成本费用,交点所对应的产量即为盈亏平衡点,如图 6-1。当产量小于 Q^* 时,总成本大于销售收入,此时,企业处于亏损状态;当产量大于 Q^* 时,总成本小于销售收入,此时,企业盈利。

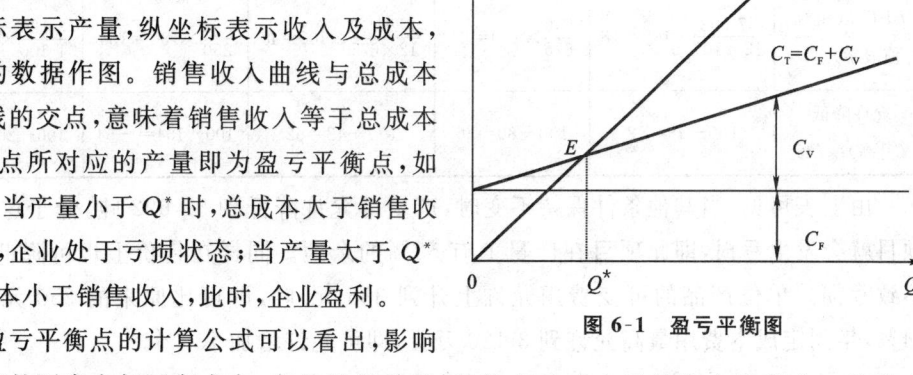

图 6-1 盈亏平衡图

从盈亏平衡点的计算公式可以看出,影响盈亏平衡的因素有年固定成本、产品销售单价、单位变动成本及单位产品税金。其影响情况如表 6-1 所示。

表 6-1 影响盈亏平衡点单因素分析表

年固定成本	BEP	销售单价	BEP	单位变动成本	BEP	单位销售税金	BEP
↓	↓	↓	↑	↓	↓	↓	↓
↑	↑	↑	↓	↑	↑	↑	↑

[例 6-1] 某设计方案年产量为 12 万吨,已知每吨产品的销售价格为 675 元,每吨产品缴付的税金为 165 元,单位变动成本是 250 元,年总固定成本是 1 500 万元,试求盈亏平衡点和允许降低(升高)率。

解: 根据题意:$Q_0=12\times10^4$ 吨, $P=675$ 元/吨, $t=165$ 元/吨,

$C_v=250$ 元/吨,$C_F=1\,500\times10^4$ 元

$$BEP_Q=\frac{1\,500\times10^4}{675-165-250}=57\,692（吨）$$

$$BEP_S=57\,692\times675=3\,894.21（万元）$$

$$BEP_\eta=\frac{57\,692}{12\times10^4}\times100\%=48\%$$

$$BEP_P=\frac{1\,500\times10^4}{12\times10^4}+250+165=540（元/吨）$$

$$BEP_{C_v}=675-\frac{1\,500\times10^4}{12\times10^4}-165=385（元/吨）$$

$$BEP_{C_F}=12\times10^4\times(675-165-250)=3\,120（万元）$$

将计算所得的各种方式的盈亏平衡点及允许降低(升高)率列于表 6-2 中。

表 6-2 计算结果表

项目	产量	售价	收入	单位可变费用	年固定成本
BEP(以绝对值表示)	57 692 吨	540 元/吨	3 894.21 万元	385 元/吨	3 120 万元
BEP(以相对值表示)/%	$\frac{57\,692}{12\times10^4}\times100=48$	$\frac{540}{675}\times100=80$	$\frac{3\,894.21}{12\times675}\times100=48$	$\frac{385}{250}\times100=154$	$\frac{3\,120}{1\,500}\times100=208$
允许降低(升高)率/%	$100-48=52$	$100-80=20$	$100-48=52$	$100-154=-54$	$100-208=-108$

由上表可见,当其他条件保持不变时,产量可允许降低到 57 692 吨,低于这个产量,项目就会发生亏损,即此项目在产量上有 52% 的余地。同样在售价上也可降低 20% 而不致亏损。单位产品的可变费用允许上升到 385 元/吨,即可比原来的 250 元/吨增加 54%,年固定成本费用最高允许到 3 120 万元,即可允许增加 108%。

四、多方案盈亏平衡分析

对于一个项目来说,可能有多种技术工艺方案可以实现其经营目标。在产品产量和质量一定的前提下,各种技术工艺方案的投资和经营总成本费用可能不相同。随着产量的增加,各种工艺的总成本费用变化率也不尽相同。利用盈亏平衡分析,我们可以在不同的产量下选择不同的技术工艺路线。

[例 6-2] 生产某种产品有三种工艺方案可以实现。方案1,年固定成本为300万元,单位产品变动成本为30元;方案2,年固定成本为500万元,单位产品变动成本为18元;方案3,年固定成本为750万元,单位产品变动成本为10元。试分析各种工艺方案适宜的生产规模。

解:各方案年总成本均可表示为产量 Q 的函数:

$$C_{T1} = C_{F1} + C_{v1}Q = 300 + 30Q$$
$$C_{T2} = C_{F2} + C_{v2}Q = 500 + 18Q$$
$$C_{T3} = C_{F3} + C_{v3}Q = 750 + 10Q$$

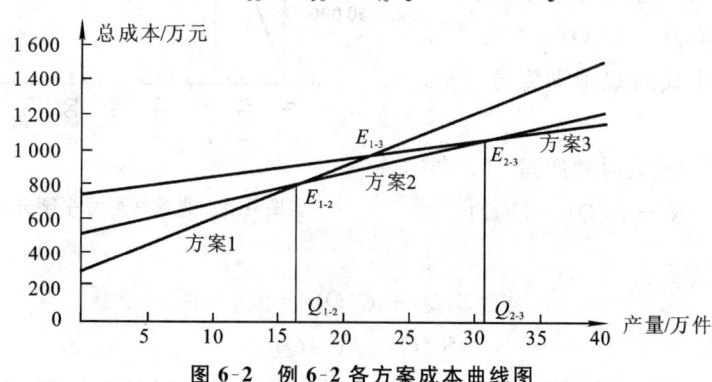

图 6-2 例 6-2 各方案成本曲线图

各方案的年总成本函数曲线如图6-2所示。

由图中可看出,三个方案的年总成本曲线分别两两相交于 E_{1-2}、E_{1-3}、E_{2-3} 三点,各个交点所对应的产量就是相应的两个方案的盈亏平衡时的产量。图中 E_{1-2} 是方案1与方案2的盈亏平衡点,E_{1-3} 是方案1与方案3的盈亏平衡点,E_{2-3} 是方案2与方案3的盈亏平衡点。很显然,当产量 $Q < Q_{1-2}$ 时,方案1的年总成本最低;当 $Q_{1-2} < Q < Q_{2-3}$ 时,方案2的年总成本费用最低;当 $Q > Q_{2-3}$ 时,方案3的年总成本最低。

在交点 E_{1-2} 处,$C_{T1} = C_{T2}$,即:

$$C_{F1} + C_{v1}Q_{1-2} = C_{F2} + C_{v2}Q_{1-2}$$

则

$$Q_{1-2} = \frac{C_{F2} - C_{F1}}{C_{v1} - C_{v2}} = \frac{500 - 300}{30 - 18} = 16.67(万件)$$

在交点 E_{2-3} 处,$C_{T2} = C_{T3}$,即:

$$C_{F2} + C_{v2}Q_{2-3} = C_{F3} + C_{v3}Q_{2-3}$$

则

$$Q_{2-3} = \frac{C_{F3} - C_{F2}}{C_{v2} - C_{v3}} = \frac{750 - 500}{18 - 10} = 31.25(万件)$$

由计算可知,当产量小于16.67万件时,应选方案1;当产量在16.67万件至31.25万件之间时,应选方案2;当产量大于31.25万件时,应选方案3。

五、非线性盈亏平衡分析

在实际生产中,销售收入、产品成本和产品产量之间并非都是线性相关,往往呈曲线变化关系。如图 6-3 所示,非线性盈亏平衡分析方法如下:

1. 先求出盈亏平衡点时的产量

在盈亏平衡时,不考虑税金,有:
$$S(Q) = C(Q)$$

求出满足上式的 Q 值即为盈亏平衡点的产量 Q^*。

2. 再求利润最大时的产量

因为: $R = S(Q) - C(Q)$

令 $R' = 0$,则

$$S(Q) - C(Q) = 0$$

即:
$$S'(Q) = C'(Q)$$

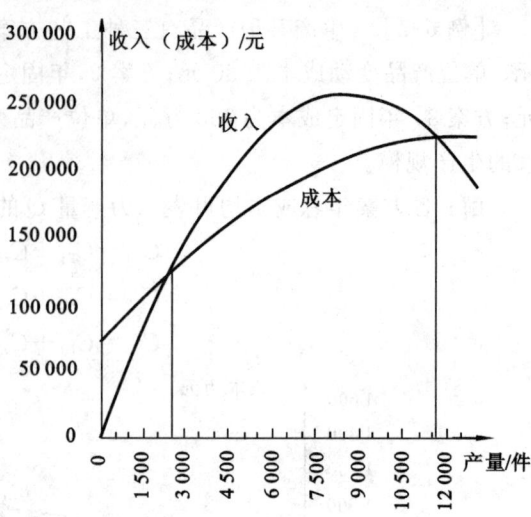

图 6-3 非线性盈亏平衡分析图

满足上式的产量可使利润获得极值,但此时产量是否使利润最大呢?还要求出二阶导数。如果 $R'' = S''(Q) - C''(Q) < 0$,则所求的产量就是利润最大时的产量。

[例 6-3] 某企业总成本费用函数为:$C(Q) = 70\,000 + 25Q - 0.001Q^2$;销售收入函数为:$S(Q) = 60Q - 0.003\,5Q^2$。求该企业盈亏平衡时的产量及利润最大时的产量。

解:当 $C(Q) = S(Q)$ 时,有:

$$0.002\,5Q^2 - 35Q + 70\,000 = 0$$

解得盈亏平衡点产量为:

$$Q_1 = 2\,417(件) \qquad Q_2 = 11\,583(件)$$

利润总额:
$$R = S(Q) - C(Q)$$
$$= 60Q - 0.003\,5Q^2 - 70\,000 - 25Q + 0.001Q^2$$
$$= -0.002\,5Q^2 + 35Q - 70\,000$$

令 $R' = 0$,即 $R' = -0.005Q + 35 = 0$,得:$Q = 7\,000$(件)

又因为: $R'' = (-0.005Q + 35)' = -0.005 < 0$

所以 $Q = 7\,000$ 件时,即为利润最大时的最佳经济规模。

在实际生产中,由于影响企业生产规模的因素很多,企业往往很难以利润最大的最佳经济规模运行,故一般选择最佳经济规模附近的利润较好的产量范围安排生产量。

六、盈亏平衡分析的优缺点及注意的问题

盈亏平衡分析具有以下优点：

(1) 分析简单明了。只要对项目的产量、售价、成本等因素进行分析，就可以了解项目产品对市场的适应程度及项目可能承担风险的程度。

(2) 盈亏平衡分析除了有助于确定项目的合理生产规模外，还可以帮助项目规划者对由于设备不同引起生产能力不同的方案，以及工艺流程不同的方案进行投资抉择。设备生产能力的变化，会引起成本的变化；同样，工艺流程的变化则会影响到单位产品的可变成本。通过计算方案的 BEP 值，可以为方案抉择提供有用的信息。

盈亏平衡分析的缺点是：线性盈亏平衡分析是建立在生产量等于销售量的基础上，即生产的产品全部销售无积压；此外分析所用的数据是某一正常年份的数据。所以线性盈亏平衡分析不能代表整个生产寿命期的经营过程，很难得到一个全面的结论。

尽管盈亏平衡分析有上述缺点，但由于它计算简单，可直接对项目的关键因素进行分析，因此仍然被视为项目不确定性分析的一种方法。

由于财务制度的改革，采用了新的总成本费用估算方法，使项目在达产后年份产量固定而总成本费用却不一定相同。这是因为：① 新的方法允许固定资产采用快速折旧法，无形资产和递延资产可能采用不同的年限摊销，导致各年的折旧费和摊销费数额不尽相同；② 生产期的借款利息计入当年总成本费用中的财务费用，而随着借款的偿还，利息逐年减少。这样，按不同年份的成本费用进行盈亏平衡分析就可能会出现不同的盈亏平衡点。为此，建议选取固定成本最高的年份来进行盈亏平衡分析，这样求出的盈亏平衡点是最高的。以此进行盈亏平衡分析对预测项目风险最具有意义。

第三节 敏感性分析

一、敏感性分析的概念

敏感性分析(Sensitivity Analysis)也称灵敏度分析，是经济决策中常用的一种不确定性分析方法。敏感性分析就是研究工程项目中的主要因素发生变化时对项目经济效果指标有何影响，影响程度如何，从中找出敏感因素，预测项目承担的风险，并制定相应对策加以防范。

任何一个不确定性因素的变化，都会使经济效果指标发生变动，只是影响程度大小不同。或者说，经济效果指标对各个不确定性因素变动的敏感程度是不同的。这就有敏

感性的强与弱之分,或大与小之分。

如果某一不确定性因素发生较小变化时,经济效果指标发生较大变化,则称经济效果指标对此因素敏感;反之,如果某一不确定性因素发生很大变化时,经济效果指标变化很小,则称经济效果指标对此因素不敏感。如果有几个方案相互比较,当不确定性因素发生同样变化时,经济效果指标变化大的方案称为敏感性强的方案,经济效果指标变化小的方案称为敏感性弱的方案。

一般地说,不确定性是风险产生的根源。敏感性强的因素给项目带来的风险比敏感性弱的因素要更大一些。因此,敏感性分析的核心问题是从许多不确定性因素中找出敏感因素,并提出相应的控制对策,以供决策者分析研究。

二、敏感性分析的目的

敏感性分析的主要目的有:

(1) 研究不确定因素的变化将引起经济效果指标变化的范围。

(2) 找出影响建设项目经济效果指标的最关键因素,即最敏感因素,并进一步分析这种因素产生不确定性的原因。

(3) 通过对多方案敏感性大小的比较,区别敏感性强和敏感性弱的方案,选出敏感性小的方案为项目规划方案。

(4) 通过可能出现的最有利与最不利的经济效果范围分析,寻找替代方案或对原方案采取某些控制措施,实现方案最佳控制。

根据敏感性分析中每次变动不确定性因素数目的多少(如一次只变动一个因素或同时变动两个因素等),可将敏感性分析分为单因素敏感性分析和多因素敏感性分析。

三、单因素敏感性分析

在敏感性分析中,每次只变动一个不确定性因素,而其他诸因素均保持不变时所进行的敏感性分析,叫做单因素敏感性分析。不确定性因素的变化可以用相对值或绝对值来表示。相对值是使每个因素都从其原始取值变动一个幅度,例如±10%,±20%,…,或±5%,±10%,±15%,…,计算每次变动对经济指标的影响,根据不同因素的相对变化对经济指标影响的大小,可以得到各因素的敏感性程度排序。用绝对值表示的因素变化可以得到同样的结果。

单因素敏感性分析的具体步骤为:

1. 确定敏感性分析指标

一般来讲,项目经济效果指标都可以作为敏感性分析指标,如净现值、内部收益率、净年值、投资回收期等。但是进行项目敏感性分析时,并非把所有经济效果指标都作为敏感性分析指标进行分析,因为对于同一个项目,某因素对某个指标的影响程度与对其他指标的影响程度基本上是一致的,即某因素对一个指标是敏感性因素,对其他指标往往也是敏感性因素,所以可围绕其中一个经济指标进行敏感性分析。当然,还应根据项目的重要程度及实际需要与要求选择几个经济指标进行敏感性分析。

2. 选定不确定性因素

影响建设项目经济效果指标的不确定性因素很多,我们没有必要也不大可能对所有的不确定性因素都逐个进行敏感性分析,而是依据项目的特点和实际情况选择几个在未来变化可能性较大,或对项目经济效果影响较大,或经济评价人员预测估算时把握不大的因素进行分析。

对于一般工业项目而言,通常从以下几个因素中选定分析用的不确定性因素:

(1) 项目总投资额,包括固定资产投资与流动资金投资。

(2) 项目建设工期、投产期限、投产期间所达到的生产能力、达到设计生产能力所需的时间及项目寿命期。

(3) 产品产量、销售量及销售价格。

(4) 经营成本,尤其是变动成本中的主要原材料与动力的价格变化情况。

(5) 折现率、外汇汇率。

3. 进行敏感性分析计算

根据选定的不确定性因素和分析的经济指标,计算各不确定性因素在可能的变动范围内(如±5%,±10%,±15%,±20%)发生不同变动所导致的方案经济效果指标的变动结果。各不确定性因素的变化可以用相对值或绝对值表示。计算每个因素每次变化对经济效果指标的影响,根据不同因素变化对经济评价指标影响的大小,可以得到各个因素的敏感性大小排序。

进行单因素敏感性分析计算时应注意两点:① 当计算分析其中某一个不确定性因素变化对经济效果指标影响时,认为其他因素都保持不变;② 当各个不确定性因素变化时,其增减变化百分比都应尽量保持相同的幅度,以利于下一步的汇总分析。

4. 汇总敏感性分析结果

敏感性分析结果可以用列表或绘图的方式来表示。列表法是把各因素变化及其相应的经济指标值的对应的关系一一列出,并计算各因素增减1%的变化率,然后按变化率大小排序,变化率最大者为最敏感因素,最小者为最不敏感因素。

敏感性分析图是一种直观表示不确定性因素变化对目标经济效果指标影响程度的分析图。通过绘制敏感性分析图可以直观地表示各种不确定性因素对项目经济效果指标的影响程度,找出其变化的临界点,即该不确定性因素允许变动的最大幅度,或称极限变化。不确定性因素的变化一旦超过了这个极限,项目便由可行变为不可行。将这个幅度与估计可能发生的变化幅度相比较,若前者大于后者,则表明项目经济效果指标对该因素不敏感,项目承担的风险不大。反之,则表明项目经济效果指标对该因素敏感。在敏感性分析图中,某种因素变化曲线斜率最大者为最敏感因素,最小者为最不敏感因素。

绘制敏感性分析图的具体作法是:将不确定性因素变化率作为横坐标,以某个经济效果指标如内部收益率作为纵坐标,把各种不确定性因素的变化及其引起的相应的经济效果指标如内部收益率变化的情况绘制成曲线图。根据各条曲线的斜率大小,即可判断其所代表的不确定性因素的敏感性大小。若将这条曲线延长与基准收益率线相交,则其交点就是各种不确定性因素变化的临界点。

[例 6-4] 某投资方案的初始投资为 1 000 万元,寿命期 10 年中每年的销售收入为 500 万元,年经营成本为 220 万元,固定资产残值率为 20%,基准收益率为 12%。试分析销售收入、经营成本及投资对内部收益率的敏感性。

解:根据题中所给条件计算出内部收益率:

$$NPV = -1\,000 + (500-220) \times (P/A, IRR, 10) + 1\,000 \times 20\% \times (P/F, IRR, 10) = 0$$

解得: $IRR = 25.2\%$

首先,对销售收入不确定性因素进行计算,在其他因素不变的情况下,销售收入降低 5%,即:

$$NPV = -1\,000 + [500 \times (1-5\%) - 220] \times (P/A, IRR, 10) + 1\,000 \times 20\% \times (P/F, IRR, 10) = 0$$

解得: $IRR = 22.3\%$

当销售收入降低 10%,15%,20% 时的内部收益率如表 6-3 所示。

同样,可计算销售收入增加 5%,10%,15%,20%时的内部收益率,如表 6-3 所示。

其次,在其他因素保持原始数据的条件下,分析投资变化对内部收益率的敏感性。

$$NPV = -1\,000 \times (1-5\%) + (500-220) \times (P/A, IRR, 10) + 1\,000(1-5\%) \times 20\% \times (P/F, IRR, 10) = 0$$

解得: $IRR = 26.9\%$

同样,可计算投资减少 10%,15%,20% 及增加 5%,10%,15%,20%时的内部收益率,如表 6-3 所示。

最后,在其他因素保持原始数据的条件下,分析经营成本变化对内部收益率的敏感性。

$$NPV = -1\,000 + [500 - 220(1-5\%)] \times (P/A, IRR, 10) + 1\,000 \times 20\% \times (P/F, IRR, 10) = 0$$

解得: $IRR = 26.5\%$

同样,可计算经营成本减少10%,15%,20%及增加5%,10%,15%,20%时的内部收益率,如表6-3所示。

表6-3 例6-4内部收益率敏感性分析表

指标变化率/% 变动率/%	−20	−15	−10	−5	0	+5	+10	+15	+20
销售收入	12.8	16.1	19.2	22.3	25.2	28.1	30.9	33.7	36.4
投资	33.2	30.9	28.8	26.9	25.2	23.6	22.2	20.9	19.6
经营成本	30.2	29.0	27.8	26.5	25.2	23.9	22.6	21.3	20.0

从表6-3中看出:该投资方案对销售收入变化最敏感,投资次之,经营成本最不敏感。

根据表6-3中的数据,以内部收益率为纵坐标,各因素变化率为横坐标,绘制敏感性分析图,如图6-4所示。

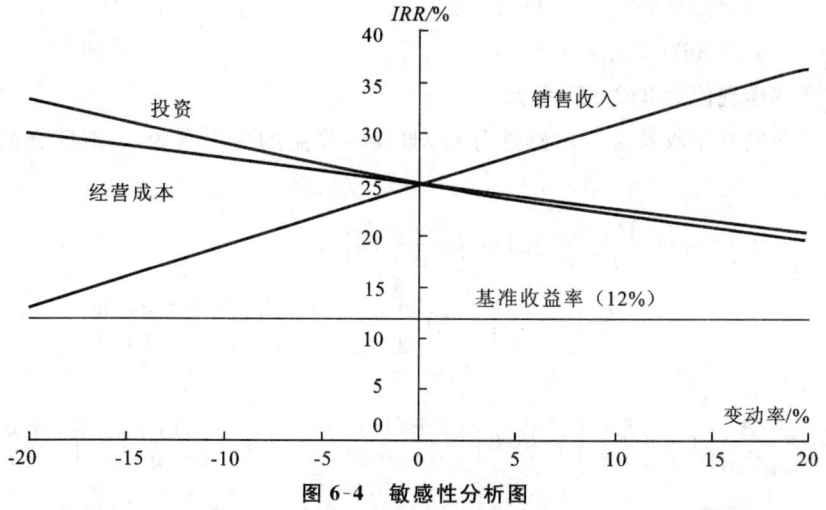

图6-4 敏感性分析图

从图中可看出,销售收入曲线变化率最大,是最敏感因素;投资曲线次之,经营成本曲线最平缓,是最不敏感因素,分析结果同表格法相同。通过分析可知,当销售收入降低到23%时,方案的内部收益率等于基准收益率,即销售收入的变化极限值是−23%;投资增加到69%时,方案的内部收益率才等于基准收益率,即投资变化的极限值为69%;而经营成本变化的极限值也要比销售收入的大得多。

[例6-5] 某油田开发初始投资为100万美元,第一年的年收益预期为50万美元,且以每年12%的速率递减,每年经营成本为8万美元,油田生产期至少为10年。如果年收益在±10%之间变动,经营成本在±25%之间变动,试对净现值指标进行敏感性分析。假定基准收益率为15%,年收益及年经营成本均发生在年末,固定资产残值为零。

解:$I=100$万美元,$A=50$万美元,$g=-12\%$,$C=8$万美元,$n=10$年,$i_c=15\%$。

此题每年的收入是等比递减的,经营成本是不变的。

首先求出现金流入现值PV_{CI}:

$$PV_{CI} = \frac{A}{i-g}\left[1-\left(\frac{1+g}{1+i}\right)^n\right]$$

再求出现金流出现值 PV_{∞} 为：

$$PV_{\infty} = C\left[\frac{(1+i)^n-1}{i(1+i)^n}\right]+I$$

净现值 NPV 为：

$$NPV = PV_{CI} - PV_{\infty}$$

$$= \frac{A}{i-g}\left[1-\left(\frac{1+g}{1+i}\right)^n\right] - C\frac{(1+i)^n-1}{i(1+i)^n} - I$$

则基本方案的净现值 NPV_{base} 为：

$$NPV_{base} = \frac{500\,000}{15\%+12\%}\left[1-\left(\frac{1-12\%}{1+15\%}\right)^{10}\right] - 80\,000\,\frac{(1+15\%)^{10}-1}{15\%(1+15\%)^{10}} - 1\,000\,000$$

$$= 322\,867(美元)$$

即基本方案的净现值为 322 867 美元。

现在让我们对年收益进行敏感性分析，假设年收益的变化率为 x，则现金流入 PV_{CI} 可以写成：

$$PV_{CI} = \frac{A(1+x)}{i-g}\left[1-\left(\frac{1+g}{1+i}\right)^n\right]$$

$$= \frac{A}{i-g}\left[1-\left(\frac{1+g}{1+i}\right)^n\right] + x\frac{A}{i-g}\left[1-\left(\frac{1+g}{1+i}\right)^n\right]$$

净现值为：

$$NPV = \frac{A}{i-g}\left[1-\left(\frac{1+g}{1+i}\right)^n\right] - C\frac{(1+i)^n-1}{i(1+i)^n} - I + x\frac{A}{i-g}\left[1-\left(\frac{1+g}{1+i}\right)^n\right]$$

$$= NPV_{base} + x\frac{A}{i-g}\left[1-\left(\frac{1+g}{1+i}\right)^n\right]$$

将数据代入上式，得：

$$NPV = 322\,867 + x\,\frac{500\,000}{15\%+12\%}\left[1-\left(\frac{1-12\%}{1+15\%}\right)^n\right]$$

化简后得：

$$NPV = 322\,867 + 1\,724\,368x$$

上式就是 NPV 与年收益变动的关系式，将 $x=0.1$ 及 $x=-0.1$ 分别代入上式，得：

$$NPV_{x=0.1} = 495\,304(美元)$$

$$NPV_{x=-0.1} = 150\,430(美元)$$

同理，我们假设年经营成本变化率为 y，推导出净现值为：

$$NPV = 322\,867 - 401\,501y$$

当 $y=0.25$ 和 $y=-0.25$ 时，净现值分别为：

$$NPV_{y=0.25}=222\ 492(美元)$$
$$NPV_{y=-0.25}=423\ 242(美元)$$

两因素的敏感性分析结果如表 6-4 及图 6-5 所示。

表 6-4　例 6-5 敏感性分析表

项目 \ 变动率 NPV/美元	−0.25	−0.1	0	0.1	0.25
年收益		150 430	322 867	495 304	
经营成本	423 242		322 867		222 492

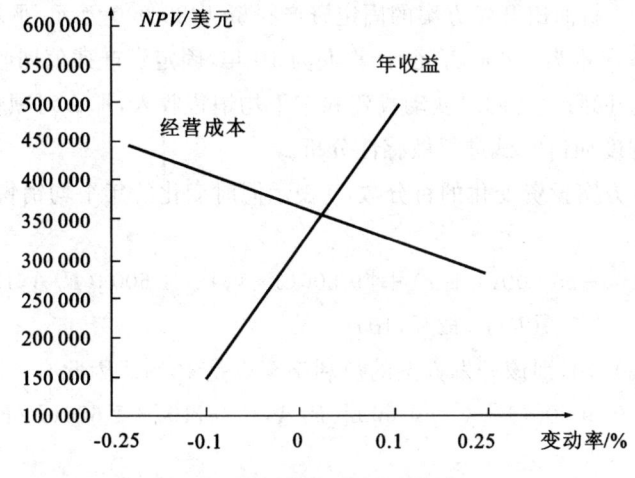

图 6-5　敏感性分析图

[例 6-6]　某工程项目有两个可供选择的方案(基础资料略),对其进行敏感性分析的结果如表 6-5 所示。

表 6-5　某项目两个方案的敏感性分析结果

各因素变化情况	方案Ⅰ		方案Ⅱ	
	IRR/%	ΔIRR/%	IRR/%	ΔIRR/%
基本情况	23.6		26.7	
总投资增加10%	21.6	−2.0	24.5	−2.2
固定成本增10%	22.1	−1.5	25.7	−1.0
可变成本增10%	11.4	−12.2	25.2	−1.5
原料费用增10%	12.4	−11.2	25.8	−0.9
销售价格降10%	6.4	−17.2	22.2	−4.5
生产能力降10%	19.8	−3.8	23.2	−3.4
投产拖后一年	16.2	−7.4	19.5	−7.2

从表 6-5 中可知,方案Ⅰ在可变成本、原料费用、销售价格三项因素发生不利变化时

最为敏感,必须采取措施努力缩小其不确定性。方案Ⅱ与方案Ⅰ比较,敏感性较弱,因此应选择方案Ⅱ。另外两方案对投产拖后一年都十分敏感,为此基本建设工期必须抓紧,按期竣工交付使用,否则对经济效益的影响很大。

四、多因素敏感性分析

多因素敏感性分析是针对两个以上的因素同时变动对项目经济评价指标的影响程度。进行多因素敏感性分析的假定条件是同时变动的因素相互独立。若两个因素同时变动,对经济指标的敏感性分析则是由一个敏感平面来表示的。

[例 6-7] 某一新油田开发方案的固定资产投资为 25 000 万元,平均年销售收入为 9 500 万元,年经营成本为 4 600 万元,计算期为 10 年,固定资产残值回收为 1 600 万元,财务基准收益率为 12%。若同时变动投资和年平均销售收入,那么对项目的经济指标财务净现值的影响程度如何?试进行敏感性分析。

解:设 x 表示方案投资变化的百分数,y 表示同时变化的年平均销售收入的百分数,则有:

$$NPV(12\%) = -25\ 000(1+x) + [9\ 500(1+y) - 4\ 600](P/A, 12\%, 10) + 1\ 600(P/F, 12\%, 10)$$

若 $NPV(12\%) \geq 0$,则该开发方案的盈利率至少是 12%。因此有:

$$-25\ 000(1+x) + [9\ 500(1+y) - 4\ 600](P/A, 12\%, 10) + 1\ 600(P/F, 12\%, 10) \geq 0$$

把上式化简后得:

$$-25\ 000(1+x) + [9\ 500(1+y) - 4\ 600] \times 5.650\ 2 + 1\ 600 \times 0.322\ 0 \geq 0$$

把上式整理得:

$$y \geq 0.465\ 7x - 0.059\ 6$$

根据上式计算的结果如表 6-6 所示。

表 6-6 双因素敏感性分析数据表

x	−0.5	−0.4	−0.3	−0.2	−0.1	0	0.1	0.2	0.3	0.4	0.5
y	−0.293	−0.246	−0.199	−0.153	−0.106	−0.060	−0.013	0.034	0.080	0.127	0.173

把不等式 $y \geq 0.465\ 7x - 0.059\ 6$ 绘制在以初始投资变化百分率 x 为横坐标和年销售收入变化百分率 y 为纵坐标的平面图上,如图 6-6 所示。由 $NPV(12\%)=0$ 的斜线将平面分割成两个区域,即 $NPV(12\%)>0$ 为斜线以上的区域,项目是可行的;$NPV(12\%)<0$ 为斜线以下的区域,项目是不可行的。若投资及其他因素都不变,只改变年销售收入,当年销售收入降低 6%(图中 A 点)以上时,项目也将由可行变为不可行;若年销售收入及其他因素不变,当投资额增长 12.8%(图中 B 点)以上时,项目也将由可行变为不可行;若年销售收入降低与投资增长两因素同时变化,则 $NPV(12\%) \geq 0$ 的区域(图中

阴影部分)内,项目仍是可行的。投资和销售收入同时减少(增加)时,方案 $NPV(12\%)$ $\geqslant 0$ 的区域显示了两因素允许同时变化的幅度。如投资增加 50% 时,年销售收入必须增加 17.3% 以上项目才可行。

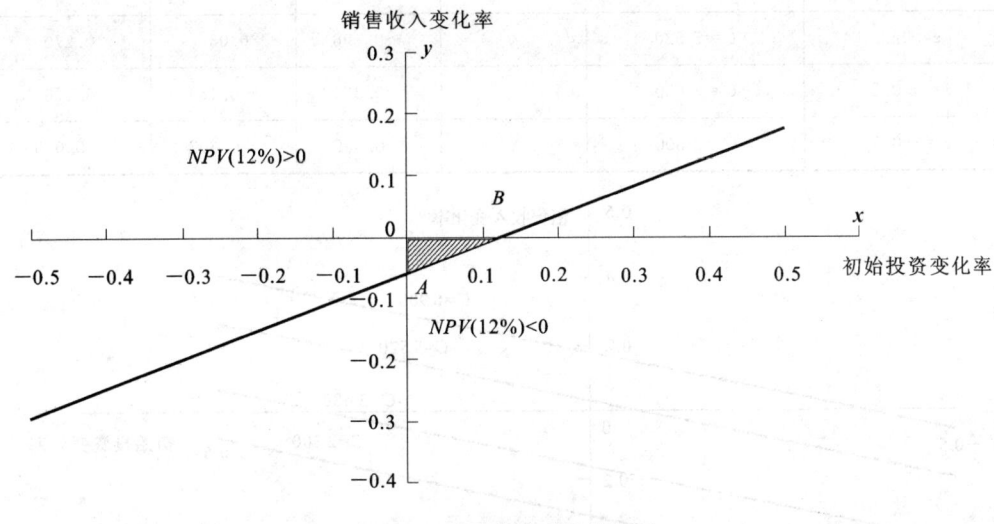

图 6-6 双因素敏感性分析图

若发生变化的因素扩大到三个,则需要列出三维的数字表达式,在图上说明时,需用降维的方法表示。

[例 6-8] 仍以例 6-7 中数字为基础,若经营成本的变动率为 z,则三因素同时变动后的净现值为:

$NPV(12\%) = -25\,000(1+x) + [9\,500(1+y) - 4\,600(1+z)] \times (P/A, 12\%, 10) +$
$\qquad 1\,600(P/F, 12\%, 10)$

$\qquad = -25\,000(1+x) + [9\,500(1+y) - 4\,600(1+z)] \times 5.650\,2 +$
$\qquad 1\,600 \times 0.322\,0$

$\qquad = -25\,000(1+x) + [9\,500(1+y) - 4\,600(1+z)] \times 5.650\,2 +$
$\qquad 1\,600 \times 0.322\,0$

整理后得: $3\,201.18 - 25\,000x + 53\,676.9y - 25\,990.92z \geqslant 0$

将该不等式进行处理,变为双因素分析,可得:

当 $z=0.5$,即年经营成本 $C=6\,900$ 万元时,$y \geqslant 0.465\,7x + 0.182\,5$;

当 $z=0.2$,即年经营成本 $C=5\,520$ 万元时,$y \geqslant 0.465\,7x + 0.037\,2$;

当 $z=-0.2$,即年经营成本 $C=3\,680$ 万元时,$y \geqslant 0.465\,7x - 0.156\,4$;

当 $z=-0.5$,即年经营成本 $C=2\,300$ 万元时,$y \geqslant 0.465\,7x - 0.301\,7$。

计算结果如表 6-7 所示,将其结果绘制成三因素敏感性分析图,如图 6-7 所示。

表 6-7　三因素敏感性分析数据表

经营成本变化率	经营成本变化额/万元	x	−0.5	0	0.5
$z=0.5$	$C=6\,900$	y	−0.050	0.183	0.415
$z=0.2$	$C=5\,520$	y	−0.196	0.037	0.270
$z=-0.2$	$C=3\,680$	y	−0.389	−0.156	0.076
$z=-0.5$	$C=2\,300$	y	−0.535	−0.302	−0.069

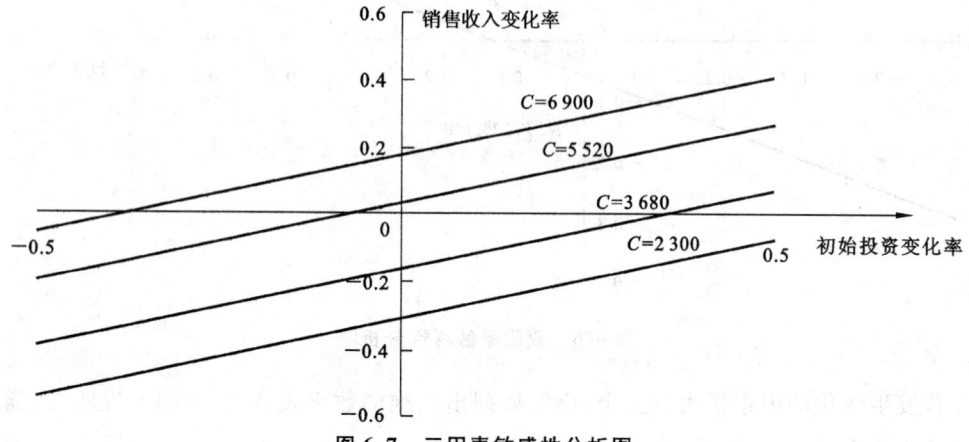

图 6-7　三因素敏感性分析图

综上所述，投资项目单因素敏感性分析，方法简单，容易掌握。但是，实际上无论哪种建设项目，一种因素发生变化，都可能引起另一种因素发生相应的变化。各个不确定性因素变化对项目经济效果的影响是交叉地综合地发生着，各个因素的变化幅度及其变化发生的概率是随机的。我们可以通过计算求出几个不确定性因素同时同幅度或不同幅度的变化对经济指标的影响程度，但是，要把所有的变化情况计算出来分析比较麻烦。因此还必须借助于其他方法进行不确定性分析。

第四节　概率分析

对投资项目进行盈亏平衡分析和敏感性分析，可使我们进一步了解各种不确定性因素的变化对项目经济效果的影响，为决策提供依据。但是，这些方法仍然存在一定的局限性，即我们是假设这些不确定性因素肯定发生。事实上，这些不确定性因素并不一定发生，只是有发生的可能性。在这种情况下，我们只能把计算所得的经济效果也视为不确定性因素，通过概率分析的方法加以研究。

所谓概率分析,是指使用概率来研究预测各种不确定性因素变化对项目经济效果影响的一种定量分析方法。通过概率分析,可以找出经济效果指标的概率分布情况,用以判断项目可能发生的得失或风险,因而又称之为风险分析。在油田勘探开发项目经济评价中广泛地应用概率分析的方法。

在进行概率分析时,我们把各种不确定性因素都看作是随机变量,而经济效果是这些不确定性因素——随机变量共同作用的结果,因而经济效果也是随机变量。概率分析的关键是确定这些不确定性因素——随机变量的取值范围以及取这些值的概率,即随机变量的分布函数,进而就可以用概率分析方法寻求经济效果随机变量的取值范围以及取这些值的概率,从而得到对项目经济效果的全面认识。

但在实际工作中,求经济效果随机变量的分布函数并不是一件容易的事,好在一般情况下也不需要全面考察经济效果随机变量的所有变化情况,因而并不需要求出它的分布函数,而只需知道经济效果随机变量的某些特征。这些特征就是随机变量的期望值和方差。这样,期望值和方差就是进行概率分析采用的最基本的指标,即进行概率分析,核心的问题是求出经济效果指标值的期望值和方差,并运用这两个指标进行各种风险分析,但其前提是确定概率。

一、确定概率的方法

确定概率有不同的方法,一般分为两大类:主观概率法和客观概率法。前者是以人为预测和估计为基础得到概率;后者是以客观统计数据为基础得到概率。具体方法有主观概率法、离散型概率分析法和连续型概率分析法。

1. 主观概率法

主观概率法主要应用于地质风险分析。地质风险是指一个构造的勘探有遇到失败的可能性,或者指石油勘探开发项目有找不到具有商业性价值的油气田的可能性。造成勘探风险的地质原因很多,从客观上来说,人们不可能直接掌握至少几千万年前地下所发生的油气生成、运移、聚集的过程,而以间接手段所能得到的规律性的认识总是有限的。但是在长期的勘探实践中人们毕竟掌握了许多油气聚集的重要规律,所以,当地质条件接近于人们认识中的油气聚集最佳条件时,勘探成功率就高,反之,勘探成功率就低。从主观上来说,人们对地质条件的掌握不可能做到全部准确。大量物探和地质资料都具有多解性,也会给地质条件的判断带来风险。总之,认识能力和客观规律之间的差距使得石油勘探的成败具有概率性。

在石油勘探中,由于不能对同一地区用反复试验的办法来确定概率,因此,一般都采用主观概率法。石油勘探的主观概率法是指在充分掌握现有资料的基础上,根据过去的经验或类似地区的资料运用判断力确定概率的方法。

例如,现在拟对某一盆地油气存在的概率进行估计。

首先,应选择多名地质专家,从理论上讲所请专家越多,最终汇总的结果越可靠。为简便起见,本例只请十名专家。

其次,应确定控制某一盆地油气存在的主要因素,这些因素都是随机变量,其概率都是需要主观估计的。经分析有三个因素是控制油气存在的关键因素,即构造因素、储集层因素和环境因素。

构造因素:构造条件或地层条件是否形成良好的圈闭。

储集层因素:有无良好的储集层。

环境因素:在地质史上是否有适合油气生成和聚集的环境等。

显然,该盆地油气存在的概率是这三个因素同时存在的结果,或者说是这三个事件同时发生的概率。因此,我们可以用主观概率法来估计确定每一个因素——随机变量可能出现的概率,再用概率乘法法则,求出该盆地油气存在的综合概率。

现在请十名地质专家对同一盆地资料进行分析和预测,然后按每个地质专家对三种因素估计的不同概率,计算出每个地质专家对该盆地油气存在所作出的概率,最后用统计方法求出该盆地油气存在的综合概率,据之可初步分析该探区勘探风险的大小。

表 6-8 为十名地质专家对某一探区油气存在的概率的估计情况。可以看出,油气存在的概率为 0.260,说明该探区勘探风险还是比较大的。

表 6-8 油气存在的概率估计表

地质专家	单因素概率估计			油气存在的概率
	构造因素	储集层因素	环境因素	
1	0.5	0.3	0.9	0.135
2	0.7	0.5	0.8	0.280
3	0.4	0.7	0.7	0.196
4	0.6	0.2	0.9	0.108
5	0.8	0.9	0.8	0.576
6	0.7	0.5	0.7	0.245
7	0.6	0.5	0.6	0.180
8	0.7	0.4	0.7	0.196
9	0.8	0.7	0.6	0.336
10	0.7	0.7	0.7	0.343
样本平均值	0.65	0.54	0.74	0.260

对表中数据分析可知,与构造、环境两因素相比,储集层因素的平均概率估计值最低

为0.54,而且其变化范围最大,从0.2到0.9不等,说明各位专家对盆地油气存在的三个关键因素中的储集层因素最无把握,需要在这方面进一步做工作。运用主观概率法确定盆地油气存在的概率时,最重要的是选择控制油气存在的关键因素,究竟选择哪些因素和多少因素合适,要注意以下几点:

(1) 所选的因素必须是有资料的。

(2) 对所选因素是能够做出估计的。

(3) 当资料很少时,要少选一些因素,否则只会使得问题复杂化。

(4) 从数学上讲也要限制所选因素的个数。因为油气存在的概率是所选各因素的概率按概率乘法法则连乘得到的,所以选择因素越多,综合的概率就越小。

对主观概率法的评价:主观概率法主要依靠人的综合分析和判断能力,因而不同的人使用同样的资料可以对同一因素作出不同的估计。由于每个人的判断能力受到个人的思想、经历等主观因素的影响,有时还受到分析者对后果的态度的影响,因此这都可能对概率的估计产生一定偏差。然而对于一些难以用数学函数关系表示的复杂问题常常采用这种分析方法,以得到定量的概率估计值。

2. 离散型概率分析法

离散型概率分析法又叫三级风险估计法,是指将各种不确定性因素(如地层厚度、采收率、钻井成本、投资额、原油价格等)包括各经济效果指标都看作是离散型随机变量,并且只取其最小值、最可能值和最大值三点值进行分析的一种概率估计方法。由于随机变量可以取三点值,就可能形成多种不同的组合运算,因此经济效果指标可以是许多个可能结果,从而可以供人们进行比较和选优。

下面举例说明该法的运用。

设利润(R)是三个随机变量 A、B、C 的函数,并且存在如下关系:

$$R = A \cdot B \cdot C$$

假定我们能事先确定每个随机变量所取的三点值(最小值、最可能值、最大值),如表6-9所示。

表6-9 随机变量 A、B、C 的取值范围

随机变量	最小值	最可能值	最大值
A	$A_1=2$	$A_2=5$	$A_3=10$
B	$B_1=6$	$B_2=7$	$B_3=8$
C	$C_1=2$	$C_2=8$	$C_3=20$

由于每个随机变量可以取三点值,故可以得到 $C_3^1 \times C_3^1 \times C_3^1 = 27$ 种组合,即:

$$R_1 = A_1 \cdot B_1 \cdot C_1 = 24$$
$$R_2 = A_1 \cdot B_1 \cdot C_2 = 96$$

$$R_3 = A_1 \cdot B_1 \cdot C_3 = 240$$
$$R_4 = A_1 \cdot B_2 \cdot C_1 = 28$$
$$\cdots\cdots$$
$$R_{27} = A_3 \cdot B_3 \cdot C_3 = 1\,600$$

将上述结果加以整理可得表 6-10,这就是通过离散型概率分析而得到的利润这一经济指标的取值范围以及取不同数值时对应的频率(概率)。

表 6-10 利润值的取值范围及频率

利润值的取值范围	利润值属于该范围的次数	频率(概率)
0～200	12	0.445
201～400	6	0.222
401～600	3	0.111
601～800	3	0.111
801～1 000	0	0
1 001～1 200	1	0.037
1 201～1 400	1	0.037
1 401～1 600	1	0.037
总 计	27	1.000

从表中数据可分析,在利润值的各种取值范围中,利润值属于 0～200 这一范围的概率最大,为 0.445;属于 801～1 000 范围的概率为零。若想进一步分析每种利润出现的概率,就必须先用主观概率法确定各个随机变量的每一种取值的概率,见表 6-11。

表 6-11 随机变量 A、B、C 的取值范围及概率

随机变量	最 小 值		最 可 能 值		最 大 值	
	数 值	概 率	数 值	概 率	数 值	概 率
A	$A_1=2$	0.2	$A_2=5$	0.5	$A_3=10$	0.3
B	$B_1=6$	0.1	$B_2=7$	0.8	$B_3=8$	0.1
C	$C_1=2$	0.3	$C_2=8$	0.6	$C_3=20$	0.1

根据表 6-11 数据可计算如下:

$R_1 = A_1 \cdot B_1 \cdot C_1 = 24$,则利润值为 24 的概率为:
$$P(R_1) = P(A_1) \cdot P(B_1) \cdot P(C_1) = 0.2 \times 0.1 \times 0.3 = 0.006$$

$R_2 = A_1 \cdot B_1 \cdot C_2 = 96$,则利润值为 96 的概率为:
$$P(R_2) = P(A_1) \cdot P(B_1) \cdot P(C_2) = 0.2 \times 0.1 \times 0.6 = 0.012$$

$R_3 = A_1 \cdot B_1 \cdot C_3 = 240$,则利润值为 240 的概率为：
$$P(R_3) = P(A_1) \cdot P(B_1) \cdot P(C_3) = 0.2 \times 0.1 \times 0.1 = 0.002$$
……

$R_{27} = A_3 \cdot B_3 \cdot C_3 = 1\,600$,则利润值为 1 600 的概率为：
$$P(R_{27}) = P(A_3) \cdot P(B_3) \cdot P(C_3) = 0.3 \times 0.1 \times 0.1 = 0.003$$

经计算可知：利润 $R = A_2 \cdot B_2 \cdot C_2 = 280$ 的概率最大,为 0.240；而利润 $R = A_1 \cdot B_1 \cdot C_3 = 240$ 与 $R = A_1 \cdot B_3 \cdot C_3 = 320$ 的概率最小,均为 0.002。

对离散型概率分析法的评价：离散型概率分析法较主观概率法进了一步,既考虑了随机变量最可能出现的情况,又考虑了其最小值与最大值,从而使人们对随机变量有较形象的认识,并可以从随机变量的各种组合中选择最佳的组合。当然,离散型概率分析法只是取随机变量的三点值来分析,如果按照各个随机变量实际分布函数,采用连续型概率分析法,将会得到更精确的结论。

3. 连续型概率分析法

连续型概率分析法就是指将各种不确定性因素包括各经济效果指标都看作是连续型随机变量,并按其实际分布形态来进行分析的一种概率估计方法。

我们知道,要完整地描述一个随机变量,需要确定其概率分布的类型和参数。常见的随机变量概率分布类型有：均匀分布、正态分布、三角分布、二项分布、指数分布等,在经济分析与决策中使用最普遍的是均匀分布、正态分布和三角分布。关于这些随机变量的概率分布类型的条件、特征及其参数的计算方法,在这里不作介绍,读者可以参阅有关概率统计方面的书籍。

在实际工作中,通常可以借鉴已经发生过的类似情况的实际数据,并结合对各种具体条件的判断,确定一个随机变量的概率分布。在某些情况下,也可以根据各种典型分布的条件,通过理论分析确定随机变量的概率分布类型。

一般来说,工业投资项目的各经济指标要受许多已知或未知的不确定性因素的影响,可以看作是多个独立的随机变量之和,在许多情况下近似地服从正态分布。

通过以上三种方法,可以确定各种不确定性因素——随机变量的概率或概率分布,从而可以进行概率分析。

二、概率分析的方法

概率分析有很多种方法,工程项目经济评价中常用的方法有简单概率分析法、决策树法、模拟法等。

(一) 简单概率分析法

简单概率分析就是根据经验设定各种情况发生的可能性(即概率)后,求出项目的经济效果指标值的期望值及方差或标准差,它们是描述随机变量的主要参数,是进行概率分析最基本的指标。

1. 期望值

在大量重复事件中,期望值就是随机变量取值的平均值,也是最大可能取值,它最接近实际真值。

用经济观念来解释就是期望值表明在各种风险条件下期望可能得到的经济效果。

期望值的计算公式为:

$$E(x) = \sum_{i=1}^{n} x_i \cdot P_i \tag{6-16}$$

式中　$E(x)$——随机变量 x 的数学期望,在经济评价中,x 表示各种经济效果指标;

x_i——随机变量 x 的各种可能取值;

P_i——对应出现 x_i 的概率值;

$\sum_{i=1}^{n} P_i = 1$——概率之和等于 1。

[例 6-9] 某投资项目,预计其收益及相应的概率如表 6-12 所示,试求该项目净收益的期望值。

表 6-12　投资项目的收益及其概率

收益现值/万元	−20	100	200	250
概率	0.1	0.2	0.4	0.3

解:用随机变量 x 表示该项目收益这一经济效果指标,则

$$E(x) = (-20) \times 0.1 + 100 \times 0.2 + 200 \times 0.4 + 250 \times 0.3 = 173(万元)$$

就是说,在四个可能的收益中,最接近实际发生的收益值是 173 万元。

2. 方差、标准差

方差或方差的均方根(即标准差),表示随机变量的离散程度,也表示和真值的偏离程度。

用经济观念来解释就是标准差反映了经济效果各种可能值与期望值之间的差距。它们之间的差距越大,说明随机变量的可变性越大,意味着经济效果各种可能情况与期望值的差别越大;它们之间的差距越小,说明经济效果各种可能值越接近于期望值,这就意味着风险越小。所以,标准差的大小可以看作是其所含风险大小的具体标志。

方差的计算公式如下:

$$D(x) = \sum_{i=1}^{n} (\bar{x} - x_i)^2 \cdot P_i \tag{6-17}$$

或

$$D(x) = E(x^2) - [E(x)]^2 \tag{6-18}$$

标准差的计算公式为：

$$\sigma(x) = \sqrt{\sum_{i=1}^{n}(\bar{x}-x_i)^2 \cdot P_i} \tag{6-19}$$

或

$$\sigma(x) = \sqrt{E(x^2) - [E(x)]^2} \tag{6-20}$$

式中 $D(x)$——随机变量 x 的方差；

$\sigma(x)$——随机变量 x 的标准差；

$\bar{x}$——大量重复事件中随机变量 x 的平均值，计算经济指标时用期望值代替。

其中： $E(x^2) = x_1^2 \cdot P_1 + x_2^2 \cdot P_2 + \cdots + x_n^2 \cdot P_n$

[例 6-10] 利用上例数据，求项目收益的标准差。

解：由第一种方法计算得：

$$\sigma(x) = [(173+20)^2 \times 0.1 + (173-100)^2 \times 0.2 + (173-200)^2 \times 0.4 \\ + (173-250)^2 \times 0.3]^{1/2}$$
$$= \pm 82.83(万元)$$

由第二种方法计算得：

$$\sigma(x) = [(-20)^2 \times 0.1 + 100^2 \times 0.2 + 200^2 \times 0.4 + 250^2 \times 0.3 - 173^2]^{1/2}$$
$$= \pm 82.83(万元)$$

这说明上述投资项目最大可能的收益值是 173 万元，但可能有 82.83 万元的偏差。

一般来说，简单概率分析可以只计算投资项目净现值的期望值以及净现值大于或等于零的累计概率。累计概率值越大，说明项目承担的风险就越小；反之，项目承担的风险就越大。

[例 6-11] 假定某公司要从四个互斥方案中选择一个。各方案各种可能的净现值及其概率如表 6-13 所示。

表 6-13 各方案的净现值及其概率

方案 \ 净现值/万元 \ 概率	−20	+50	+100	+140	+160	净现值的期望值/万元	净现值的标准差/万元
A	0.2	0.2	0.2	0.2	0.2	86	64.99
B	0.1	0.2	0.4	0.2	0.1	92	50.56
C	0.0	0.4	0.3	0.2	0.1	94	40.55
D	0.1	0.2	0.3	0.3	0.1	96	52.57

解：各方案净现值的期望值及标准差的计算结果如表 6-13。从表中可看出：如果仅按净现值的期望值来判断方案，则四个方案的差别不大，但以方案 D 好一些；如果从净现值的标准差来判断方案，则以方案 C 好些。此外，如果从方案的净现值大于或等于零的

概率来看,也以方案C较好。即

$$P(NPV_A \geq 0) = 0.8$$
$$P(NPV_B \geq 0) = 0.9$$
$$P(NPV_C \geq 0) = 1.0$$
$$P(NPV_D \geq 0) = 0.9$$

如果只对本例进行简单分析,则以净现值的期望值及净现值大于或等于零的累计概率来判断方案的优劣,按此判别标准,方案C明显优于方案A和方案B。但是,现在方案C与方案D相比,从期望值来看,方案D优于方案C,而从标准差来看,方案C优于方案D,且方案C的净现值大于或等于零的累计概率高于方案D。究竟选择哪个方案?这时往往要借助于其他指标如离差系数、置信区间来进行分析。

3. 离差系数

风险的大小同标准差成正比关系,但标准差只是一个绝对值,为了比较不同方案的风险程度,还需要采用离差系数这个相对指标。

用连续型概率分析得到的各经济效果指标是一个近似于正态分布的随机变量,方案不同,其期望值和标准差也不同,如图 6-8 所示。图中,我们以净现值这一经济效果指标为例,并以净现值的离差系数为纵坐标,以净现值的期望值为横坐标,可以清楚地表示出各个方案的期望值和风险情况。

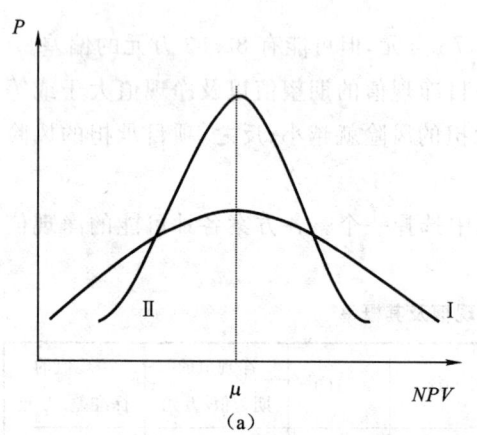
(a)

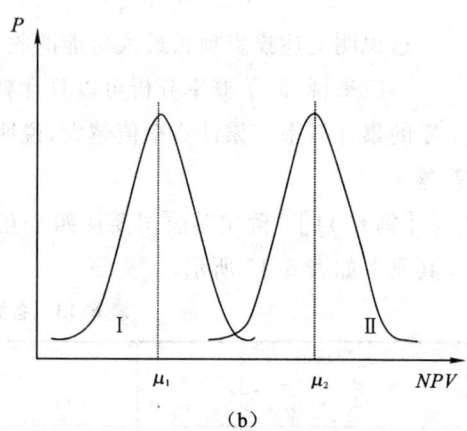
(b)

图 6-8 期望值和标准差之比较

在图 6-8(a)中,方案Ⅰ和方案Ⅱ的期望值相同,但是方案Ⅰ的标准差大于方案Ⅱ的标准差,因此,方案Ⅱ优于方案Ⅰ。而在图 6-8(b)中,两个方案的标准差相同,但是方案Ⅰ的期望值小于方案Ⅱ的期望值,故方案Ⅱ优于方案Ⅰ。在这两种情况下,我们可以直接进行方案选择。然而,如果两个或多个方案的期望值及标准差均不相同,例如,方案Ⅰ净现值的期望值与标准差均小于方案Ⅱ的期望值与标准差,如图 6-9 所示,这时就必须计算离差系数来选优。

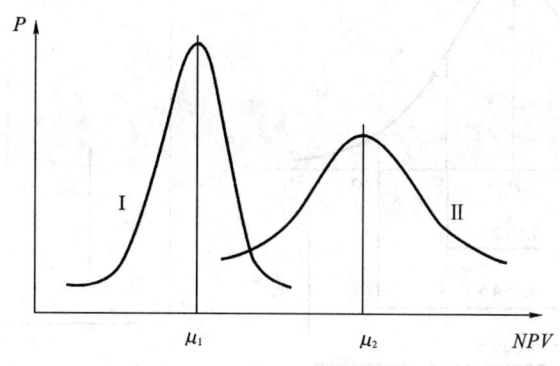

图 6-9

现在我们给出净现值的离差系数的定义：

净现值的离差系数就是净现值的标准差与净现值的期望值之比，其计算公式如下：

$$COV = \frac{\sigma(NPV)}{E(NPV)} \tag{6-21}$$

离差系数作为衡量风险程度的指标可以定量表明各个方案风险的大小，因此，离差系数越小，则风险越小；反之，风险越大。

根据上式可计算上例中方案 C 与方案 D 的离差系数，即：

$$COV_C = \frac{\sigma(NPV_C)}{E(NPV_C)} = \frac{40.55}{94} = 0.4314$$

$$COV_D = \frac{\sigma(NPV_D)}{E(NPV_D)} = \frac{52.57}{96} = 0.5476$$

由于 $COV_C < COV_D$，所以方案 C 优于方案 D。

4. 置信区间

为了对方案进行深入分析，往往还要考察各方案经济效果指标值的置信区间。对各经济效果指标这种正态分布的随机变量而言，可以通过它的期望值和标准差得到其置信区间。

由于呈正态分布的随机变量的数值是在期望值两侧对称分布，如图 6-10 所示。根据正态随机变量的"3σ 规则"可知，它的值落在 $[E-\sigma, E+\sigma]$ 区间的概率为 68.27%；落在 $[E-2\sigma, E+2\sigma]$ 区间的概率为 95.45%；落在 $[E-3\sigma, E+3\sigma]$ 区间的概率为 99.73%。我们常把正态随机变量以 95% 的概率落在 $[E-2\sigma, E+2\sigma]$ 的区间，称为它的置信区间。利用这一原理，可以确定方案经济效果指标值的置信区间，进而可以明显看出经济效果指标值的变化范围和变化幅度（图 6-11），这样对方案就有了更深刻的认识。

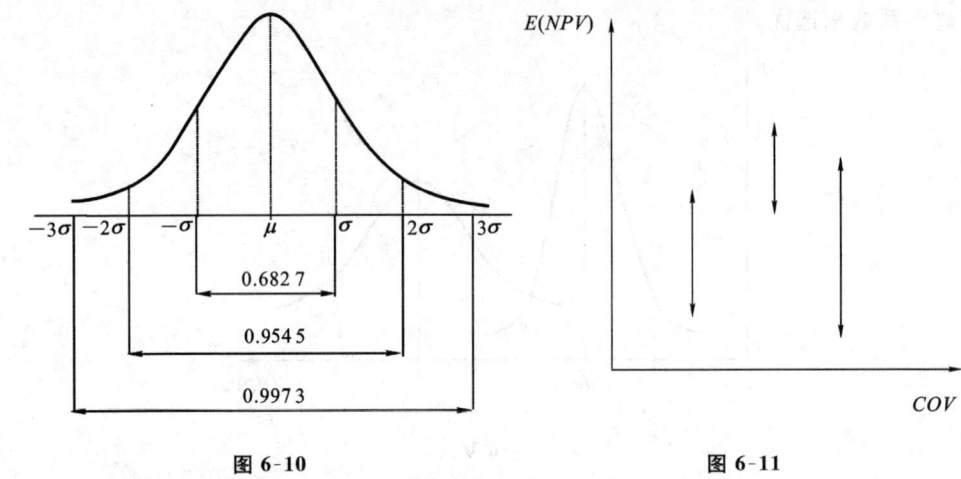

图 6-10　　　　　　　　　　　　图 6-11

[**例 6-12**]　试计算例 6-11 中四个方案净现值的置信区间。

由例 6-11 可知,四个方案净现值的期望值及标准差如表 6-14 所示,计算所得的置信区间也列入表中。

表 6-14　四个方案的置信区间

方案	期望值/万元	标准差/万元	置信区间
A	86	64.99	[−43.98, 215.98]
B	92	50.56	[−9.12, 193.12]
C	94	40.55	[12.9, 175.10]
D	96	52.57	[−9.14, 201.14]

由表可知,方案 C 的置信区间明显小于其他三个方案,为最佳方案。

总之,简单概率分析不仅可以只计算比较各方案净现值的期望值以及净现值大于或等于零的累计概率,还可绘制累计概率分布图,这样就能够决定方案的取舍。但对于比较复杂的方案,为了能够全面分析各方案的收益变化、风险程度等情况,除计算各方案的期望值及标准差外,还必须进一步计算出离差系数与置信区间这两个指标,以便为决策人员提供综合的、深刻的分析结果,提高决策的科学性。

(二) 决策树法

决策树法也是一种在不确定情况下,利用各方案的损益期望值或折现期望值进行决策的方法。由于这种决策方法及其思路如树枝形状,所以起了个形象化的名字叫决策树法。在进行多级决策时,决策树法有明显的优越性。决策树模型如图 6-12 所示。

图中符号意义如下:

□——决策点,由决策点上引出的每一分枝称为方案分枝;

○——状态点,由状态点上引出的每一分枝称为状态分枝或概率分枝,表示每种可

能发生的状态,并标明各状态发生的概率;

△——决策终点,表示各种状态的损益值或净现值。

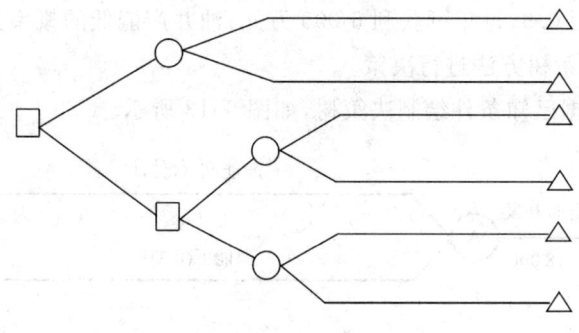

图 6-12 决策树

在各状态点应根据每种状态发生的概率及其相应的损益值或净现值,计算出各段决策终点的损益期望值或折现期望值。而在决策点只是根据各状态点的损益期望值或折现期望值取舍方案。在计算每一状态点的期望值时,按照所给条件,决定是计算损益期望值还是折现期望值,前者不考虑资金时间价值,后者则考虑资金时间价值。

决策树法不仅可以用于解决单级决策问题,而且还常用于多阶段即多个决策点的风险决策。在进行多阶段风险决策时,要从最末一级决策点开始计算分析,逐步缩减决策树,直至第一级决策点。

决策树法的一般步骤是:

(1) 依据决策问题的要求,画出决策树形图。

(2) 预测各种自然状态发生的概率。

(3) 估计各方案在不同自然状态下实现的损益值。

(4) 计算各方案的综合损益期望值,填到结点上方。

(5) 比较各方案的综合损益期望值,选择最优方案;对落选的方案进行剪枝;将中选方案的综合损益期望值填到决策点的上方即为本次决策的最佳结果。

(6) 如果是多级序列决策,应先从决策树形图的末端开始,由右到左,逐级按上述(4)、(5)步骤进行期望值的计算和方案的优选,直到确定出最高一级决策的最优方案为止。

[例 6-13] 某石油管理局为了开发甲油田,拟订 A、B 两个开发方案。方案使用年限为 20 年。

方案 A:一上马就立即投入全面开发,投资 18 000 万元。据预测,油井产能高的概率为 0.7,每年可获利 6 000 万元;油井产能低的概率为 0.3,每年要亏损 1 200 万元。

方案 B:一上马就搞开发试验区,投资 8 000 万元。据预测,油井产能高的概率为

0.7,每年可获利 2 400 万元;油井产能低的概率为 0.3,每年可获利 600 万元。如果前三年油井产能高,则从第四年开始全面开发,追加投资 12 000 万元。投入全面开发后,预测油井产能高的概率为 0.9,每年可获利 6 000 万元;油井产能低的概率为 0.1,每年可获利 2 400 万元。试用决策树方法进行决策。

解:第一步,根据已知条件绘制决策树,如图 6-13 所示。

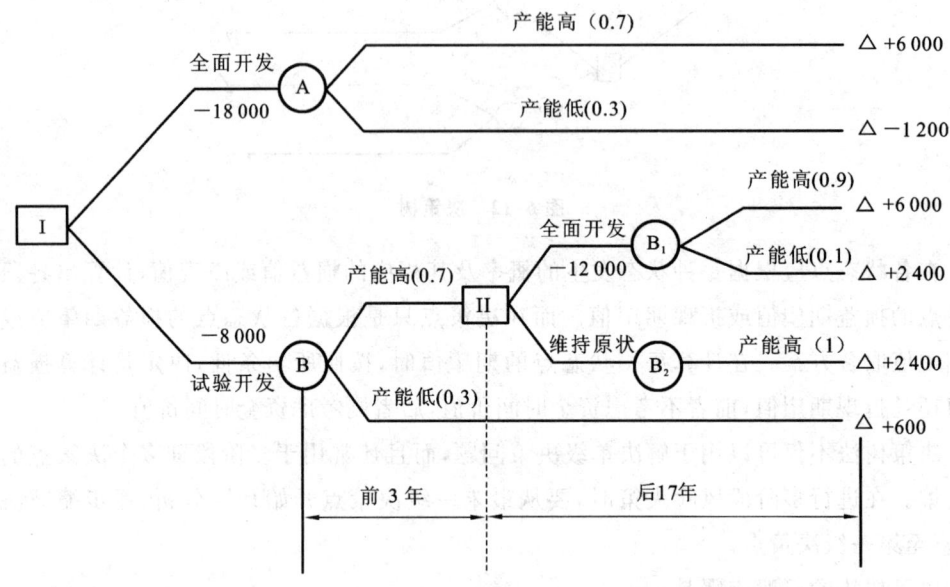

图 6-13 决策树

第二步,计算两个方案的综合损益期望值。

对于方案 A,其 20 年的综合损益期望值为:

$$E(V_A) = [6\,000 \times 0.7 + (-1\,200) \times 0.3] \times 20 - 18\,000 = 58\,800 \text{（万元）}$$

对于方案 B,由于其在第三年末又面临一次抉择:方案 B_1 是在前三年试验开发基础上投入全面开发方案,方案 B_2 是维持原试验开发方案,因此应首先对这两个方案后 17 年的综合损益期望值进行计算:

方案 B_1:$E(V_{B_1}) = (6\,000 \times 0.9 + 2\,400 \times 0.1) \times 17 - 12\,000 = 83\,880$（万元）

方案 B_2:$E(V_{B_2}) = 2\,400 \times 17 = 40\,800$（万元）

显然,全面开发方案 B_1 比维持试验开发方案 B_2 的综合损益期望值高,故应选择方案 B_1 而放弃 B_2 并对其剪枝。

现在来计算方案 B 的 20 年综合损益期望值:

$$E(V_{B-B_1}) = (83\,880 + 2\,400 \times 3) \times 0.7 + 600 \times 0.3 \times 20 - 8\,000 = 59\,356 \text{（万元）}$$

第三步,方案选优。

经计算可知,在 20 年中,先试验开发后全面开发方案 B—B₁ 比一上马就全面开发方案 A 的综合损益期望值高,故应选择方案 B 为最佳开发方案。

对于本例,若考虑资金时间价值,譬如取基准收益率为 12%,那又如何进行选择呢?

方案 A,其 20 年的损益现值的期望值为:

$$E(NPV_A) = 6\,000(P/A,12\%,20) \times 0.7 + (-1\,200)(P/A,12\%,20) \times 0.3 - 18\,000$$
$$= 10\,682.496(万元)$$

方案 B,应在第三年末进行一次选择:

B₁ 在第三年末损益现值的期望值为:

$$E(NPV_{B1}) = 6\,000(P/A,12\%,17) \times 0.9 + 2\,400(P/A,12\%,17) \times 0.1 - 12\,000$$
$$= 28\,154.544(万元)$$

B₂ 在第三年末损益现值的期望值为:

$$E(NPV_{B2}) = 2\,400(P/A,12\%,17) = 17\,087.04(万元)$$

由于 $E(NPV_{B1}) > E(NPV_{B2})$,故应选择方案 B₁,舍弃方案 B₂。

现在来计算方案 B—B₁ 在 20 年中的损益现值的期望值:

$$E(NPV_{B-B_1}) = [6\,000(P/A,12\%,17) \times 0.9 + 2\,400(P/A,12\%,17) \times 0.1 - 12\,000] \times$$
$$(P/F,12\%,3) \times 0.7 + 2\,400(P/A,12\%,3) \times 0.7 +$$
$$600(P/A,12\%,20) \times 0.3 - 8\,000$$
$$= 11\,407.80(万元)$$

经计算,方案 B—B₁ 优于方案 A。

(三)模拟法

在工程项目的经济评价中,由于各项估算数据具有不确定性,除了用数学方法来计算项目的期望值外,还可以用连续型概率分布来表示项目获利变化的可能性。这种用连续型概率分布来表示项目获利变化的可能性的方法就叫模拟法,也叫蒙特卡洛模拟法。

蒙特卡洛模拟的实质是利用一种按各不确定性因素——随机变量的概率分布来产生随机数以模拟可能出现的随机现象。当然每次模拟只能描述被模拟系统可能出现的一次情况,然而经过多次模拟,则可以得到很有参考价值的结果,这种方法可用于研究和处理有限多个随机变量的综合结果。

1. 蒙特卡洛模拟的基本原理

设随机变量函数 $y = g(x_1, x_2, x_3, \cdots, x_n)$,其中,$x_1, x_2, x_3, \cdots, x_n$ 是 n 个(n 是有限值)相互独立的随机变量,并且各自具有一定的概率分布(连续型、离散型等)。通过对各自变量按其概率分布进行 N 次随机抽样,并且对每一次抽样结果都按关系式 g 进行一次运算处理。抽样运算 N 次,当 $N \to \infty$ 时,这 N 次运算的结果则构成了 y 的概率分布,从而通过实际运算而不是理论推导实现对因变量 y 的求解。

模拟的基本过程如图 6-14 所示。模拟过程需要对自变量（随机变量）进行足够多次随机抽样，保证每个自变量都以其各自概率分布的实际形态参加运算过程，从而获得包含各随机变量全部信息的综合结果。而满足这种要求的对自变量随机抽样正是通过它们各自的累计概率曲线而实现的。

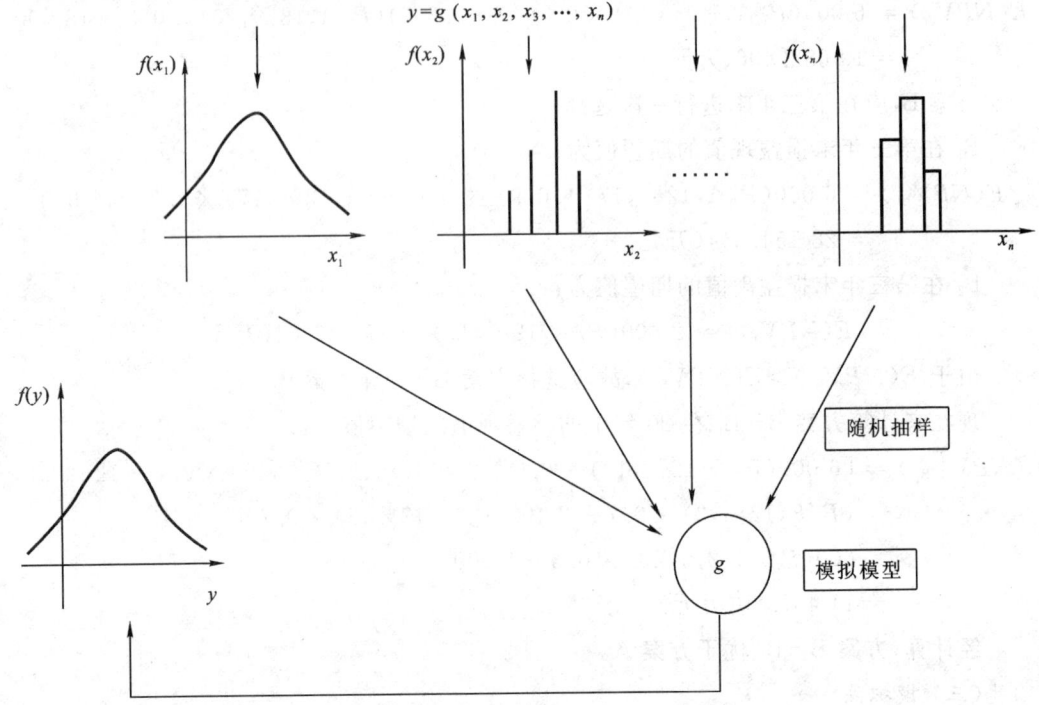

图 6-14　蒙特卡洛随机模拟基本过程

2. 模拟技术中常用的几种概率分布曲线

模拟技术的关键是随机抽样。要使随机抽样值符合随机变量的概率分布，就必须将其概率分布转化为累计分布形式。累计概率分布的纵轴对应着均匀分布的随机数，累计概率分布的横轴则对应着抽样值。通过累计概率分布曲线就可以实现由随机数向抽样值的转换。有关正态分布、均匀分布、离散型分布、三角分布曲线及其向累计概率分布的转换，请读者阅读数理统计与概率论方面的书籍。

思 考 题

1. 为什么在完成基本方案经济评价后还要进行不确定性分析？
2. 什么是不确定性分析？产生不确定性的原因有哪些？
3. 什么是盈亏平衡分析？线性盈亏平衡分析的前提条件是什么？
4. 线性盈亏平衡点有哪几种表示方法？

5. 什么是敏感性分析？其目的和步骤是什么？

6. 为什么要进行风险分析？

7. 某项目在经营过程中的年固定成本为 10 000 元，每件产品的可变成本为 0.4 元，售价为 0.6 元。试求：

(1) 盈亏平衡点时的产量。

(2) 当生产 60 000 件与 35 000 件时的利润（或亏损）。

8. 加工某种产品有两种设备，若选用设备 A 需初始投资 20 万元，加工每件产品的费用为 8 元；若选用设备 B 需初始投资 30 万元，加工每件产品的费用为 6 元。假定设备残值均为零，试回答下列问题：

(1) 若设备使用年限为 8 年，基准折现率为 12%，年产量为多少时选用设备 A 比较有利？

(2) 若设备使用年限为 8 年，年产量为 13 000 件，基准折现率在什么范围内选用设备 A 比较有利？

(3) 若年产量为 15 000 件，基准折现率为 12%，设备使用年限多长时选用 A 设备比较有利？

9. 对例 6-4 以净现值为分析指标进行敏感性分析，并以表格法和绘图法进行汇总分析。

10. 某项目年生产能力为 20 万吨，单位产品含税售价为 150 元/吨，单位产品可变费用为 40 元/吨，固定费用总额为 6 000 万元，销项增值税税率为 17%，进项税按单位产品可变费用的 50% 计算，税率为 17%，城市维护建设税税率为 7%，教育费附加税率为 3%，试计算盈亏平衡点产量及其他盈亏平衡点的表示方式，并计算各种表示方式的允许降低或升高的数值和比率。

11. 设某项目固定资产投资为 170 000 元，年销售净收入为 5 500 元，年经营成本为 20 000 元，项目寿命期为 15 年，固定资产残值为 17 000 元，项目要求达到的收益率为 15%。试就投资及年净销售收入对该项目的净现值进行双因素敏感性分析。

12. 某公司正在考虑购买一块新探区，租赁土地费用为 10 万美元。根据现有资料分析，在此探区钻井成功的概率是 20%，且钻井成功后可得现值为 120 万美元。一旦购买，另一个方案是进行三维地震勘探以增加钻井成功的机会。根据对附近地区的考察，地震勘探后获得良好结果的概率是 0.70，如果得到良好的结果，钻井成功的概率可增加到 80%。如果地震勘探没有取得良好的结果，钻井成功的概率减至 0.05。地震勘探的经营费用估计是 30 万美元，钻井费用估计是 10 万美元。试对上述情况进行决策。

13. 有三个可行的方案在不同市场情况下的收益如表 6-15 所示，试根据期望值及标准差选择方案。

表 6-15 市场景气程度表

方案 \ 市场 收益/万元	好($P_{好}=0.25$)	可以($P_{可以}=0.5$)	差($P_{差}=0.25$)
方案 I	300	200	−80
方案 II	400	200	−200
方案 III	100	240	0

14. 若经过普查和详查需在某构造上钻探,现有两个方案,方案 I 是先钻一口井,方案 II 是同时钻两口井。取得利润情况如表 6-16 所示。试用期望值和离差系数选择方案。

表 6-16 获利情况表

	方案 I		方案 II	
	净利/万元	概率	净利/万元	概率
发现大油田	360	0.2	350	0.4
发现小油田	110	0.6	70	0.5
干井	−30	0.2	−60	0.1

第七章 投资项目的经济评价

投资项目经济评价是可行性研究的有机组成部分和重要内容，同时也是投资项目决策科学化的基础性工作。我国现阶段所进行的投资项目经济评价，按照评价角度不同，分为财务评价和国民经济评价两个层次。

一般来说，投资项目应首先进行财务评价，在此基础上，如果需要，在对项目的费用、效益、价格以及其他经济参数进行调整之后，进行国民经济评价。

第一节 财务评价概述

一、财务评价概念

财务评价有时又称财务分析，它是在已有技术方案的基础上，根据国家现行财税制度和价格体系，分析、计算拟投资项目直接发生的财务效益和费用，编制各种财务报表，计算评价指标，考察项目的盈利能力、清偿能力和财务生存能力等财务状况，据以判断项目的经济合理性和财务可行性。此外，还要进行不确定性分析和风险分析，以进一步判断拟投资项目可承担的风险，确定拟投资项目在经济上的可靠性。

投资项目财务评价主要是在编制一系列财务报表的基础上，通过预测、分析、计算各个方案在正常经营条件下的各项财务评价指标，来反映投资项目在财务上的盈利能力，并分析研究当经营条件等因素发生不利变化时，投资项目获利能力的变化，以判断投资项目是否具有可行性。

财务评价是投资项目经济评价的第一层次评价，它是从企业角度出发，研究资源利用的局部优化问题，考察拟投资项目本身的净财务效果。而国民经济评价是投资项目经济评价的第二层次评价，投资项目财务评价是国民经济评价的前提和基础。同时，它也是判断某一项目是否值得投资的重要依据。因此，投资项目财务评价质量的高低，直接影响到决策过程及决策结果正确与否。

二、财务评价的特点和作用

1. 投资项目财务评价的特点

投资项目财务评价属于微观经济评价,它具有许多特点,主要有:
(1) 投资项目财务评价以拟投资项目为分析系统。
(2) 投资项目财务评价以拟投资项目实际可能发生的财务收支作为项目的效益与费用。
(3) 投资项目财务评价以拟投资项目经济效益最大化为目标。

2. 投资项目财务评价的作用

投资项目财务评价无论对于投资主体,还是对于为企业提供贷款的银行,都是十分重要的。其作用主要体现在以下几个方面:

(1) 投资项目财务评价可以使投资主体了解在国家现行财税制订、价格体系下,拟投资项目能够给其带来的微观效益的大小。任何投资主体,其投资的目的一方面是为了满足社会的需求,另一方面是为了获得较高的利润,只有当项目的获利能力对投资主体有足够的吸引力时,投资主体才会有投资的积极性。

(2) 投资项目财务评价可以使投资主体了解项目在整个寿命周期内现金的流动情况,从而有利于企业的资金规划,即资金筹措、资金运用和还款计划的制订、合理的投资规模以及投资时限的选择。

(3) 投资项目财务评价与投资项目国民经济评价结果相比较,从而成为国家制定价格、税收、利率等经济政策的重要参考。国家可以从大局出发,对那些财务评价结果表明其财务生存能力不强,但国民经济评价表明宏观效益很好的项目提供优惠政策,运用价格、税收、利率等经济杠杆作用,提高该项目的财务生存能力。

(4) 投资项目财务评价可以预测、论证项目对贷款的偿还能力、创汇能力、外汇效果等,从而成为金融机构和投资主体上级主管部门进行科学决策的重要依据。

三、财务评价的原则

财务评价是一项涉及面广、技术要求高的工作,在分析计算过程中必须掌握以国家利益为主、以经济效益为核心的基本原则。具体要求如下:
(1) 财务评价必须遵循国家制定的国民经济发展规划、产业政策、投资政策及有关法规。
(2) 财务评价必须建立在技术方案可行的基础上,以经济效益最大化为核心原则。同时,还应综合考虑国家政治、国防、生态环境、劳动就业等方面的要求。
(3) 财务评价时,各技术方案的比选必须满足可比性原则,即满足需要上可比、时间上可比。消耗费用上可比。价格上可比、使用参数上可比。

(4) 财务评价必须采用行业或部门颁布的评价参数。

四、财务评价的步骤

一般来说,进行建设项目财务评价应按照以下步骤:

1. 财务费用与效益的识别

财务评价的效益和费用是指在项目范围内,直接由项目本身所引起的效益和费用。一般来讲,效益主要包括销售收入、财政补贴、固定资产残值回收和流动资金回收。费用是指项目在建设期和生产经营过程中所发生的全部耗费,具体包括建设投资、维持运营投资、流动资金投资、经营成本、主营业务税金及附加、所得税。

2. 汇集、整理基础数据

汇集、整理的基础数据包括:项目规模及产品方案;项目实施进度及项目计算期;固定资产投资及分年使用计划;资金筹措及贷款条件;流动资金来源及分年使用计划;职工总数和工资总额的估计数;项目所耗用的原材料、燃料及项目产品的价格资料;有关税率和取费标准;产品销售收入总额和税金的预测数据;投产后产品成本的预测数据等。

3. 编制财务报表

一是编制基本财务报表,如项目投资现金流量表、资本金现金流量表、投资各方现金流量表、利润与利润分配表、财务计划现金流量表、资产负债表及借款还本付息计划表。二是编制辅助报表,如建设投资估算表、建设期利息估算表、流动资金估算表、项目总投资使用计划与资金筹措表、销售收入与销售税金及附加和增值税估算表、总成本费用估算表。采用生产要素法编制总成本费用估算表,还应编制下列基础报表:外购原材料费估算表、外购燃料及动力费估算表、固定资产折旧费估算表、无形资产和其他资产摊销估算表、工资及福利费估算表。

要完成项目财务评价,必须借助财务报表。汇集、整理基础数据的过程,实际上是分析项目建成后的财务活动,它可揭示项目经济寿命期内的财务活动规律,而财务报表就是用报表的形式反映这种规律,作为计算和分析财务评价指标的工具。

4. 计算评价指标

计算的财务评价指标主要有三大类,是分别反映项目的盈利能力、清偿能力及财务生存能力的财务指标。如财务内部收益率、投资回收期、财务净现值、固定资产投资借款偿还期、流动比率等指标。

5. 进行财务分析

财务分析包括现金流量分析和财务平衡分析,同时对项目的评价指标作不确定性分析。分析各个方案的利弊,优选方案,为决策部门提供决策依据。

财务分析及计算步骤示意如图7-1。

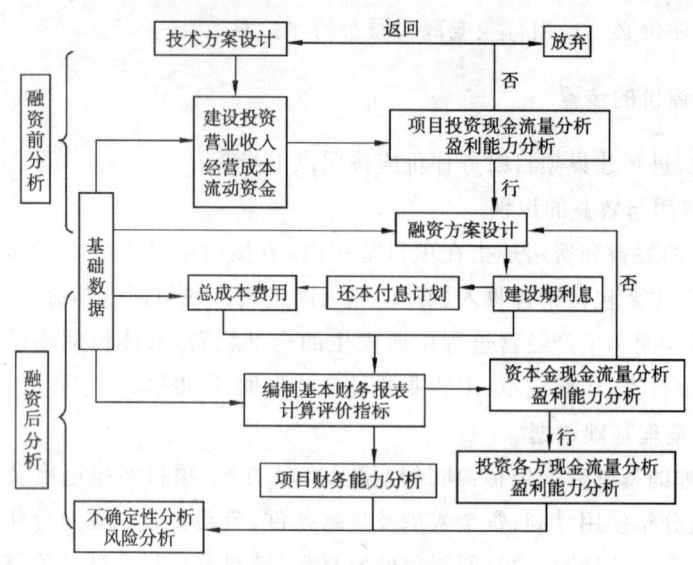

图 7-1 财务评价的步骤

第二节 财务报表编制

一、投资项目财务报表的编制

进行投资项目财务评价,是依靠一套基本报表和辅助报表的编制,并计算一系列评价指标来具体进行的。

(一)投资项目财务评价报表的构成

投资项目财务评价报表由两大类构成:一类是基本报表;一类是辅助报表。

1. 基本报表

项目投资现金流量表(表 7-1);

项目资本金现金流量表(表 7-2);

投资各方现金流量表(表 7-3);

利润与利润分配表(表 7-4);

财务计划现金流量表(表 7-5);

资产负债表(表 7-6);

借款还本付息计划表(表 7-7)。

2. 辅助报表

建设投资估算表;

建设期利息估算表;

流动资金估算表;

项目总投资使用计划与资金筹措表；

销售收入、销售税金及附加和增值税估算表；

总成本费用估算表。

采用生产要素法编制总成本费用估算表，还应编制下列基础报表：外购原材料费估算表、外购燃料及动力费估算表、固定资产折旧费估算表、无形资产和其他资产摊销估算表、工资及福利费估算表。

投资项目财务评价就是在编制这些基本报表和辅助报表的基础上，计算相应的财务评价指标、评价项目的财务盈利能力和投资回收能力等。

（二）投资项目财务报表的编制

1．现金流量表

现金流量表反映项目计算期内各年的现金收支（现金流入和现金流出），用以计算各项动态和静态评价指标，进行项目财务盈利能力分析。按投资计算基础的不同，现金流量表分为：

表 7-1　项目投资现金流量表　　　　　　　　　　　　　　　人民币单位：万元

序号	项目	合计	计算期					
			1	2	3	4	…	n
1	现金流入							
1.1	销售收入							
1.2	补贴收入							
1.3	回收固定资产残值							
1.4	回收流动资金							
2	现金流出							
2.1	建设投资							
2.2	流动资金							
2.3	经营成本							
2.4	主营业务税金及附加							
2.5	维持运营投资							
3	所得税前净现金流量(1－2)							
4	累计所得税前净现金流量							
5	调整所得税							
6	所得税后净现金流量(3－5)							
7	累计所得税后净现金流量							

计算指标：

项目投资财务内部收益率(%)（所得税前）：

项目投资财务内部收益率(%)（所得税后）：

项目投资财务净现值（所得税前）($i_c=$　　%)：

项目投资财务净现值（所得税后）($i_c=$　　%)：

项目投资回收期（所得税前）：

项目投资回收期（所得税后）：

注：1．本表适用于新设法人项目与既有法人项目的增量和"有项目"的现金流量分析；

2．调整所得税为以息税前利润为基数计算的所得税，区别于"利润与利润分配表"、"项目资本金现金流量表"和"财务计划现金流量表"中的所得税。

(1) 项目投资现金流量表(全部投资)(见表7-1)。此表不分投资资金来源,以全部投资作为计算基础,用以计算全部投资所得税前及所得税后财务内部收益率、财务净现值及投资回收期等评价指标,考察项目全部投资的盈利能力,为各个投资方案(不论其资金来源及利息多少)进行比较建立共同基础。

表7-1中的现金流量项目说明:

① 销售收入。

根据产品销售量(在表中视为与产量相同)和产品销售价格计算产品销售收入。产品产量和产品单价是通过市场需求研究,对各种产品的供求情况和价格趋势进行分析和预测确定的。表中各年数值来自销售收入、销售税金及附加和增值税估算表。

② 回收固定资产残值。

通常在计算期末填列固定资产的折旧余值,对于折旧年限与计算期中生产经营期相同的项目,其固定资产余值即为固定资产净残值。

③ 回收流动资金。

回收流动资金在计算期末填列。

④ 建设投资。

建设投资按实际支出时间列入相应的年份,其数值来自项目总投资使用计划与资金筹措表。

⑤ 流动资金。

流动资金是流动资产与流动负债的差额(亦称净流动资金),是建设项目总投资的重要组成部分,为工厂生产筹资所必需。流动资金按分年度使用计划列入相应的年份,其数值来自流动资金估算表。

⑥ 经营成本。

经营成本各年的数值来自总成本费用估算表。

⑦ 主营业务税金及附加。

主营业务税金及附加应按现行税法规定的税率、计税依据进行计算。其数值来自产品销售收入、销售税金及附加和增值税估算表。

⑧ 维持运营投资。

某些项目在运营期需要投入一定的固定资产投资才能维持正常运营,例如设备更新费用、油田的开发费用、矿山的井巷开拓延伸费用等。不同类型和不同行业的项目投资的内容可能不同,如发生维持运营投资时应将其列入现金流量表作为现金流出,参与内部收益率等指标的计算。

⑨ 所得税前净现金流量。

如果各年净现金流量已经扣除了所得税,那么所得税前净现金流量应为所得税后净现金流量与所得税之和。

⑩ 累计所得税前净现金流量。

按所得税前净现金流量逐年累计列入。

⑪ 调整所得税。

项目投资现金流量表中的"所得税"应根据息税前利润（$EBIT$）乘以所得税税率计算，称为"调整所得税"。原则上，息税前利润的计算应完全不受融资方案变动的影响，即不受利息多少的影响，包括建设期利息对折旧的影响（因为折旧的变化会对利润总额产生影响，进而影响息税前利润）。但如此将会出现两个折旧和两个息税前利润（用于计算融资前所得税的息税前利润和利润表中的息税前利润）。为简化起见，当建设期利息占总投资比例不是很大时，也可按利润表中的息税前利润计算调整所得税。

⑫ 净现金流量。

净现金流量等于现金流入与现金流出之差。

⑬ 累计净现金流量。

按逐年净现金流量累计列入。

（2）项目资本金现金流量表（见表 7-2）。此表从投资者角度出发，以投资者的出资额作为计算基础，把借款本金偿还和利息支出作为现金流出，用以计算自有资金财务内部收益率指标，考察项目自有资金的盈利能力。

表 7-2　项目资本金现金流量表　　　　　　　　　　人民币单位：万元

序号	项目	合计	计算期					
			1	2	3	4	…	n
1	现金流入							
1.1	销售收入							
1.2	补贴收入							
1.3	回收固定资产残值							
1.4	回收流动资金							
2	现金流出							
2.1	项目资本金							
2.2	借款本金偿还							
2.3	借款利息偿还							
2.4	经营成本							
2.5	主营业务税金及附加							
2.6	所得税							
2.7	维持运营投资							
3	净现金流量（1−2）							

计算指标：
资本金财务内部收益率(%)：

注：1. 项目资本金包括建设投资、建设期利息和流动资金的资金；
　　2. 对外商投资项目，现金流出中应增加职工奖励及福利基金科目；
　　3. 本表适用于新设法人项目与既有法人项目"有项目"的现金流量分析。

表 7-1 与表 7-2 只有三项不同,分述如下:

① 项目资本金是指投资者缴付的出资额,包括资本金(注册资金)和资本溢价。

② 借款本金偿还包括建设期利息,各年偿还数值来自财务计划现金流量表。

③ 借款利息偿还包括长期、短期借款利息和流动资金借款利息,各年利息支付数值来自总成本费用估算表。

(3) 投资各方现金流量表(见表 7-3)。投资各方现金流量分析,应从投资各方实际收入和支出的角度,确定其现金流入和现金流出,分别编制投资各方现金流量表,计算投资各方的财务内部收益率指标,考察投资各方可能获得的收益水平。当投资各方不按股本比例进行分配或有其他不对等的收益时,可选择投资各方现金流量进行分析。

表 7-3 投资各方现金流量表　　　　　　　　　　　　　　人民币单位:万元

序号	项目	合计	计算期					
			1	2	3	4	…	n
1	现金流入							
1.1	实分利润							
1.2	资产处置收益分配							
1.3	租赁费收入							
1.4	技术转让或使用收入							
1.5	其他现金流入							
2	现金流出							
2.1	实缴资本							
2.2	租赁资产支出							
2.3	其他现金流出							
3	净现金流量(1-2)							
计算指标: 投资各方财务内部收益率(%):								

注:本表可按不同投资方分别编制。

1. 投资各方现金流量表既适用于内资企业也适用于外商投资企业;既适用于合资企业也适用于合作企业。
2. 投资各方现金流量表中现金流入是指出资方因该项目的实施将实际获得的各种收入;现金流出是指出资方因该项目的实施将实际投入的各种支出。表中科目应根据项目具体情况调整。
   1) 实分利润是指投资者由项目获取的利润。
   2) 资产处置收益分配是指对有明确的合营期限或合资期限的项目,在期满时对资产余值按股比或约定比例的分配。
   3) 租赁费收入是指出资方将自己的资产租赁给项目使用所获得的收入,此时应将资产价值作为现金流出,列为租赁资产支出科目。
   4) 技术转让或使用收入是指出资方将专利或专有技术转让或允许该项目使用所获得的收入。

2. 利润与利润分配表

利润与利润分配表见表 7-4。由损益表与利润分配表合并而成,反映项目计算期内各年的利润总额、所得税及税后利润的分配情况,用以计算投资利润率、投资利税率和资本金利润率等指标。

表 7-4 中的栏目设置及数字来源如下:

销售收入、主营业务税金及附加等各项数值计算及其来源与项目投资现金流量表的对应项完全相同。其余各项分述如下:

(1) 总成本费用:各年数值来自总成本费用估算表。

(2) 补贴收入:对于先征后返的增值税、按销量或工作量等依据国家规定的补助定额计算并按期给予的定额补贴,以及属于财政扶持而给予的其他形式的补贴等,应按相关规定合理估算,记作补贴收入。

表 7-4 利润与利润分配表　　　　　　　　　人民币单位:万元

序号	项目	合计	计算期					
			1	2	3	4	…	n
1	销售收入							
2	主营业务税金及附加							
3	总成本费用							
4	补贴收入							
5	利润总额(1−2−3+4)							
6	弥补以前年度亏损							
7	应纳税所得额(5−6)							
8	所得税							
9	净利润(5−8)							
10	期初未分配利润							
11	可供分配利润(9+10)							
12	提取法定盈余公积金							
13	可供投资者分配的利润(11−12)							
14	应付优先股股利							
15	提取任意盈余公积金							
16	应付普通股股利							
17	投资各方利润分配							
	其中:××方							
	××方							
18	未分配利润(13−14−15−16−17)							
19	息税前利润(利润总额+利息支出)							
20	息税折旧摊销前利润(息税前利润+折旧+摊销)							

注:1. 对于外商出资项目由第 11 项减去储备基金、职工奖励与福利基金和企业发展基金后,得出可供投资者分配的利润。

2. 第 14～16 项根据企业性质和具体情况选择填列。

3. 法定盈余公积金按净利润计提。

(3) 利润总额:等于销售收入减主营业务税金及附加,再减总成本费用,加上补贴收入。"利润总额"项反映项目各年实现的利润。如为亏损,则以"一"在本项内填列。

(4) 弥补以前年度亏损:新财务制度对企业经营性亏损弥补做了明确的规定。项目发生的年度亏损,可以用下一年度的税前利润等弥补。下一年度利润不足弥补的可以在5年内延续弥补,亦即,在弥补有效期间,虽有实现利润,但也不缴纳所得税,只是在弥补亏损以后尚有余额时,才将余额部分计算缴纳所得税。当5年内不足弥补时,可用税后利润等弥补。从资金来源看,分为所得税前弥补和所得税后弥补,按规定,所得税前弥补包括税前利润等弥补;所得税后弥补包括税后利润和盈余公积金弥补。

(5) 应纳税所得额:等于利润总额减弥补上年度亏损额,如果没有弥补上年度亏损额,则应纳税所得额与利润总额相等。

(6) 所得税:等于应纳税所得额乘以所得税税率。

(7) 净利润:即税后利润,等于利润总额减所得税之差。

(8) 期初未分配利润:上一年未分配利润。

(9) 盈余公积金:是指按国家规定从利润中提取的公积金。公积金可用于弥补亏损、扩大企业生产经营或者转增资本金,但转增资本金后,企业法定资本金一般不得低于注册资本的25%。

(10) 投资各方利润分配:即向投资者分配的利润。项目可供分配利润在提取盈余公积金后,应向投资者进行分配,包括向国家投资分配利润、对其他单位投资分配利润、对个人投资分配利润等。

3. 财务计划现金流量表

资金来源与运用见表7-5。此表反映项目在计算期内各年经营活动、投资活动、筹资活动的资金盈余或短缺情况,用于选择资金筹措方案,制定适宜的借款及偿还计划,并为编制资产负债表提供依据。

表 7-5 财务计划现金流量表　　　　　　　　　　　　人民币单位:万元

序号	项目	合计	计算期					
			1	2	3	4	…	n
1	经营活动净现金流量(1.1-1.2)							
1.1	现金流入							
1.1.1	销售收入							
1.1.2	增值税销项税额							
1.1.3	补贴收入							
1.1.4	其他流入							
1.2	现金流出							

续表

序号	项目	合计	计算期					
			1	2	3	4	...	n
1.2.1	经营成本							
1.2.2	增值税进项税额							
1.2.3	销售税金及附加							
1.2.4	增值税							
1.2.5	所得税							
1.2.6	其他流出							
2	投资活动净现金流量(2.1−2.2)							
2.1	现金流入							
2.2	现金流出							
2.2.1	建设投资							
2.2.2	维持运营投资							
2.2.3	流动资金							
2.2.4	其他流出							
3	筹资活动净现金流量(3.1−3.2)							
3.1	现金流入							
3.1.1	项目资本金投入							
3.1.2	建设投资借款							
3.1.3	流动资金借款							
3.1.4	债券							
3.1.5	短期借款							
3.1.6	其他流入							
3.2	现金流出							
3.2.1	各种利息支出							
3.2.2	偿还债务资金							
3.2.3	应付利润(股利分配)							
3.2.4	其他流出							
4	净现金流量(1+2+3)							
5	累计盈余资金							

注:1. 对于新设法人项目,本表投资活动的现金流入为零;
   2. 对于既有法人项目,可适当增加科目;
   3. 必要时,现金流出中可增加应付优先股股利科目;
   4. 对外商投资项目应将职工奖励与福利基金作为经营活动现金流出。

财务计划现金流量表中的财务计划现金流量分为三大项,即资金来源(现金流入)、资金运用(现金流出)和盈余资金(净现金流量),且有以下等式:

$$资金来源－资金运用＝盈余资金$$

盈余资金为正表示当年资金盈余,为负表示当年资金短缺。

4. 资产负债表

资产负债表见表7-6。此表综合反映项目计算期内各年末资产、负债和所有者权益的增减变化及对应关系,以考察项目资产、负债、所有者权益的结构是否合理,用以计算资产负债率、流动比率及速动比率,进行清偿能力分析。

资产负债表主体结构包括三大部分,即资产、负债和所有者权益,其基本关系为:

$$资产＝负债＋所有者权益$$

资产负债表中的项目,有些可依据财务数据估算中的金额直接填列,有些则要经过分析整理综合后才能得到。可直接填列的有:应收账款、货币资金可依据流动资金估算表填列;累计盈余资金可依据财务计划现金流量表填列;各项借款可依据项目总投资使用计划与资金筹措表填列;累计盈余公积金和累计未分配利润可依据利润与利润分配表填列;固定资产净值、无形及其他资产净值可依据固定资产折旧费估算表和无形及其他资产摊销估算表填列。经过分析整理综合填列的有:在建工程和资本金可依据项目总投资使用计划与资金筹措表分别整理综合后填列;资本公积金要经过分析综合后填列。

表7-6 资产负债表　　　　　　　　　　　　　　人民币单位:万元

序号	项目	计算期					
		1	2	3	4	…	n
1	资产						
1.1	流动资产总额						
1.1.1	货币资金						
1.1.2	存货						
1.1.3	应收账款						
1.1.4	预付账款						
1.1.5	其他						
1.2	在建工程						
1.3	固定资产净值						
1.4	无形及其他资产净值						

续表

序号	项目	计算期					
		1	2	3	4	…	n
2	负债及所有者权益(2.4+2.5)						
2.1	流动负债总额						
2.1.1	应付账款						
2.1.2	预收账款						
2.1.3	短期借款						
2.1.4	其他						
2.2	建设投资借款						
2.3	流动资金借款						
2.4	负债小计(2.1+2.2+2.3)						
2.5	所有者权益						
2.5.1	资本金						
2.5.2	资本公积金						
2.5.3	累计盈余公积金						
2.5.4	累计未分配利润						

计算指标:

资产负债率(%):

流动比率(%):

速动比率(%):

注:1. 对外商投资项目,第2.5.3项改为累计储备基金和企业发展基金。

2. 一般只针对法人编制,可按需要增加科目,此时表中资本金是指企业全部实收资本,包括原有和新增的实收资本。必要时,也可针对"有项目"范围编制。此时表中资本金仅指"有项目"范围内的对应数值。

3. 货币资金包括现金和累计盈余资金。

5. 借款还本付息计划表

借款还本付息计划表见表7-7。借款还本付息计划表,反映项目计算期内各年借款本金偿还和利息支付情况,用于计算偿债备付率和利息备付率指标。

项目层次的偿债能力分析,要编制借款还本付息计划表并分析拟建项目"有项目"时的收益偿还新增债务的能力,计算利息备付率和偿债备付率,考察还款资金来源(折旧、摊销、利润)是否能按期足额偿还借款利息和本金,若还款资金来源足以还款或尚有节余,表明项目自身的还款能力强;若项目自身的还款资金来源不足,应由既有企业动用自有资金补足,或采用其他方式还款。

表 7-7　借款还本付息计划表　　　　　　　　　人民币单位：万元

序号	项目	合计	计算期					
			1	2	3	4	...	n
1	借款 1							
1.1	期初借款余额							
1.2	当期还本付息							
	其中：还本							
	付息							
1.3	期末借款余额							
2	借款 2							
2.1	期初借款余额							
2.2	当期还本付息							
	其中：还本							
	付息							
2.3	期末借款余额							
3	债券							
3.1	期初债务余额							
3.2	当期还本付息							
	其中：还本							
	付息							
3.3	期末债务余额							
4	借款和债权合计							
4.1	期初余额							
4.2	当期还本付息							
	其中：还本							
	付息							
4.3	期末余额							

计算指标：
利息备付率(%)：
偿债备付率(%)：

注：1. 本表与财务分析辅助表"建设期利息估算表"可合二为一。
  2. 本表直接适用于新设法人项目，如有多种借款或债券，必要时应分别列出。
  3. 对于既有法人项目，在按有项目范围进行计算时，可根据需要增加项目范围内原有借款的还本付息计算；在计算企业层次的还本付息时，可根据需要增加项目范围外借款的还本付息计算；当简化直接进行项目层次新增借款还本付息计算时，可直接按新增数据进行计算。
  4. 本表可另加流动资金借款的还本付息计算。

在建设项目财务评价中,除编制上述基本财务报表外,还需编制一些辅助报表,主要是建设投资估算表、建设期利息估算表、流动资金估算表、项目总投资使用计划与资金筹措表、销售收入与销售税金及附加和增值税估算表、总成本费用估算表。采用生产要素法编制的总成本费用估算表,还应编制下列基础报表:外购原材料费估算表、外购燃料及动力费估算表、固定资产折旧费估算表、无形资产和其他资产摊销估算表、工资及福利费估算表。

基本报表和辅助报表在经济评价中各有各的作用。辅助报表是根据调查研究确定的基础数据对项目的资产、负债、权益、收入、成本、费用等基本要素进行计算;基本报表是根据辅助报表提供的各要素进行编制的,用以计算项目的一系列经济评价指标或进行必要的分析。基本报表和辅助报表之间又有密切的联系。辅助报表是为基本报表提供数据的,因此设置辅助报表时一定要满足基本报表的需要;基本报表的数据绝大部分来自辅助报表。

第三节 财务评价指标与评价参数

财务评价指标主要反映投资项目的财务盈利能力、清偿能力、财务生存能力。反映投资项目财务盈利能力的指标主要有财务内部收益率、投资回收期、财务净现值、投资利税率、资本金利润率、总投资收益率等主要指标。反映投资项目清偿能力的指标主要有固定资产投资国内借款偿还期、资产负债率、流动比率、速动比率、利息备付率、偿债备付率等指标。反映投资项目财务生存能力的指标主要是财务计划现金流量表中的年经营活动净现金流量和累计盈余资金。此外,还可计算其他价值指标或实物指标(如单位生产能力投资),进行辅助分析。

上述评价指标可通过前述相应的基本财务报表直接或间接求得,并进一步进行财务盈利能力分析、财务清偿能力分析、财务生存能力分析。此外也可根据项目特点和实际需要,进行其他辅助分析。这些分析和指标与基本财务报表的对应关系见表7-8。

一、财务盈利能力分析指标

财务盈利能力分析主要是考察项目投资的盈利水平,用以下指标表示:

1. 财务内部收益率($FIRR$)

财务内部收益率是指项目在整个计算期内各年净现金流量现值累计等于零时的折现率,它反映项目所占用资金的盈利率,是考察项目盈利能力的主要动态评价指标。其表达式为:

$$\sum_{t=1}^{n}(CI-CO)_t(1+FIRR)^{-t}=0 \qquad (7\text{-}1)$$

表 7-8 财务分析和评价指标与基本财务报表的对应关系

评价内容	基本报表	静态指标	动态指标
盈利能力分析	全部投资现金流量表	全部投资回收期 投资回收期	财务内部收益率 财务净现值
	资本金现金流量表		资本金内部收益率
	投资各方现金流量表		投资各方内部收益率
	利润与利润分配表	总投资收益率 投资利税率 资本金利润率 利息备付率 偿债备付率	
	财务计划现金流量表	固定资产投资国内借款偿还期	
清偿能力分析	资产负债表	资产负债率 流动比率 速动比率	
财务生存能力分析	财务计划现金流量表	年经营活动净现金流量 累计盈余资金	
其他分析		价值指标或实物指标	

在财务评价中,将求出的全部投资或自有资金(投资者的实际出资)的财务内部收益率($FIRR$)与行业的基准收益率或设定的折现率(i_c)比较,当 $FIRR \geqslant i_c$ 时,即认为其盈利能力已满足最低要求,在财务上是可以考虑接受的。

2. 投资回收期(P_t)

投资回收期是指以项目的净收益抵偿全部投资(固定资产投资、投资方向调节税和流动资金)所需要的时间。它是考察项目在财务上的投资回收能力的主要静态评价指标。投资回收期(以年表示)一般从建设开始年算起,如果从投产年算起,应予注明。其表达式为:

$$\sum_{t=1}^{P_t}(CI-CO)_t = 0 \qquad (7-2)$$

投资回收期可根据财务现金流量表中累计净现金流量计算求得。其计算公式为:

$$P_t = \text{累计净现金流量开始出现正值年份数} - 1 + \frac{\text{上年累计净现金流量的绝对值}}{\text{当年净现金流量}} \qquad (7-3)$$

在财务评价中,求出的投资回收期(P_t)与行业的基准投资回收期(P_c)比较,当 $P_t \leqslant P_c$ 时,表明项目投资在规定的时间内能够收回。

3. 财务净现值（FNPV）

财务净现值是指按行业的基准收益率或设定的折现率,将项目计算期内各年净现金流量折现到建设期初的现值之和。它是考察项目在计算期内盈利能力的动态评价指标。其表达式为:

$$FNPV = \sum_{t=1}^{n}(CI-CO)_t(1+i_c)^{-t} \tag{7-4}$$

财务净现值可根据财务现金流量表计算求得。财务净现值大于或等于零的项目是可以考虑接受的。

4. 投资利税率

投资利税率是指项目达到设计生产能力后的一个正常生产年份的年利税总额或项目生产期内的年平均利税总额与项目总投资的比率。其计算公式为:

$$投资利税率 = \frac{年利税总额或年平均利税总额}{项目总投资} \times 100\% \tag{7-5}$$

式中　　　　年利税总额＝年销售收入－年总成本费用

或　　　　年利税总额＝年利润总额＋年主营业务税金及附加

投资利税率可根据损益表中的有关数据计算求得。在财务评价中,将投资利税率与行业平均投资利税率对比,以判别单位投资对国家积累的贡献水平是否达到本行业的平均水平。

5. 总投资收益率

总投资收益率（ROI）表示总投资的盈利水平,是指项目达到设计能力后正常年份的年息税前利润或运营期内年平均息税前利润（EBIT）与项目总投资（I_T）的比率。总投资收益率应按下式计算:

$$ROI = \frac{EBIT}{I_T} \times 100\% \tag{7-6}$$

式中　EBIT——项目正常年份的年息税前利润或运营期内年平均息税前利润;

I_T——项目总投资。

总投资收益率高于同行业的收益率参考值,表明用总投资收益率表示的盈利能力满足要求。

6. 项目资本金净利润率

项目资本金净利润率（ROE）表示项目资本金的盈利水平,是指项目达到设计能力后正常年份的年净利润或运营期内年平均净利润（NP）与项目资本金（EC）的比率。项目资本金净利润率应按下式计算:

$$ROE = \frac{NP}{EC} \times 100\% \tag{7-7}$$

式中　NP——项目正常年份的年净利润或运营期内年平均净利润(税后利润);

　　　EC——项目资本金。

项目资本金净利润率高于同行业的净利润率参考值,表明用项目资本金净利润率表示的盈利能力满足要求。

二、项目清偿能力分析指标

项目清偿能力分析主要是考察计算期内各年的财务状况及偿债能力。用以下指标表示:

1. 固定资产投资国内借款偿还期

固定资产投资国内借款偿还期是指在国家财政规定及项目具体财务条件下,以项目投产后可用于还款的资金偿还固定资产投资国内借款本金和建设期利息(不包括已用自有资金支付的建设期利息)所需要的时间。其表达式为:

$$I_d = \sum_{t=1}^{P_d} R_t \qquad (7-8)$$

式中　I_d——固定资产投资国内借款本金和建设期利息;

　　　P_d——固定资产投资国内借款偿还期(从借款开始年计算,当从投产年算起时,应予注明);

　　　R_t——第 t 年可用于还款的资金,包括:税后利润、折旧、摊销及其他还款资金。

借款偿还期可由资金来源与运用表及国内借款还本付息计算表直接推算,以年表示。其计算公式为:

$$借款偿还期 = \frac{借款偿还后开始}{出现盈余年份数} - \frac{开始借款}{年份} + \frac{当年偿还借款额}{当年可用于还款的资金额} \qquad (7-9)$$

涉及外资的项目,其国外借款部分的还本付息,应按已经明确的或预计可能的借款偿还条件(包括偿还方式及偿还期限)计算。

当借款偿还期满足贷款机构的要求期限时,即认为项目是有清偿能力的。

2. 资产负债率

资产负债率是指负债与资产(扣除折旧后的净额)的比率,又称举债经营比率,是反映项目各年所面临的财务风险程度及偿债能力的指标。其计算公式为:

$$资产负债率 = \frac{负债合计}{资产合计} \times 100\% \qquad (7-10)$$

这一指标说明了债权人提供的资本占全部资本的比率。它反映了企业利用债权的资本进行经营活动的能力。比率越高,经营风险越大,但盈利的机会也大一些;比率很低时,偿还债务是有保证的,但盈利也小一些。

3. 流动比率

流动比率是反映项目各年偿付流动负债能力的指标。其计算公式为：

$$流动比率 = \frac{流动资产总额}{流动负债总额} \times 100\% \tag{7-11}$$

流动资产包括现金、银行存款、存货、应收账款、有价证券等。流动负债包括应付账款、应付票据、短期内到期的长期债务、应付税款和其他应付费用。这一比率是衡量短期偿债能力最通用的比率，它表明企业的短期债务可由预期在该项债务到期前变为现金的资产来偿还债务的能力。

4. 速动比率

速动比率是反映项目快速偿付流动负债能力的指标。其计算公式为：

$$速动比率 = \frac{流动资产总额 - 存货}{流动负债总额} \times 100\% \tag{7-12}$$

流动资产包括现金、银行存款、应收账款、有价证券等，因此，速动比率比流动比率更能表明企业的短期偿债能力。

5. 利息备付率

利息备付率（ICR）是指在借款偿还期内的息税前利润（EBIT）与应付利息（PI）的比值，它从付息资金来源的充裕性角度反映项目偿付债务利息的保障程度，应按下式计算：

$$ICR = \frac{EBIT}{PI} \tag{7-13}$$

式中　$EBIT$——息税前利润；

　　　PI——计入总成本费用的应付利息。

利息备付率应分年计算。利息备付率高，表明利息偿付的保障程度高。利息备付率应当大于1，并结合债权人的要求确定。

6. 偿债备付率

偿债备付率（DSCR）是指在借款偿还期内，用于计算还本付息的资金（$EBITAD - T_{AX}$）与应还本付息金额（PD）的比值，它表示可用于还本付息的资金偿还借款本息的保障程度，应按下式计算：

$$DSCR = \frac{EBITAD - T_{AX}}{PD} \tag{7-14}$$

式中　$EBITAD$——息税前利润加折旧和摊销。

　　　T_{AX}——企业所得税。

　　　PD——应还本付息金额，包括还本金额和计入总成本费用的全部利息。融资租赁费用可视同借款偿还。运营期内的短期借款本息也应纳入计算。

如果项目在运行期内有维持运营的投资，可用于还本付息的资金应扣除维持运营的投资。

偿债备付率应分年计算,偿债备付率高,表明可用于还本付息的资金保障程度高。偿债备付率应大于1,并结合债权人的要求确定。

三、债务偿还

在项目投资的资金构成中贷款普遍占有很大比重。对企业来说,要考虑自身偿还债务的能力;而对贷款机构来说,则要考虑借出的资金能否如期收回本息。因此,债务偿还是财务评价中的一项重要内容。

债务偿还方式有许多种,其中主要有以下几种方式:

(1) 等额偿还法:每年偿还相等的本金和利息总额。计算公式为:

$$A = I_c \cdot \frac{i(1+i)^n}{(1+i)^n - 1} = I_c \cdot (A/P, i, n) \tag{7-15}$$

式中 A——每年的还本付息额;

I_c——建设期末固定资产借款本金或本金及利息之和;

i——年利率;

n——贷款方要求的借款偿还年数(由还款年开始)。

此种还款方式,还本付息中偿还的本金和利息各年不相等,偿还的本金部分将逐年增多,支付的利息部分将逐年减少。即:

$$每年支付利息 = 年初本金累计 \times 年利率$$

$$每年偿还本金 = A - 每年支付利息$$

式中 $年初本金累计 = I_c - 本年以前各年偿还本金累计$

(2) 等额还本,利息照付法:每年偿还相等的本金并支付该年所负担的利息。计算公式为:

$$A_t = \frac{I_c}{n} + I_c \cdot \left(1 - \frac{t-1}{n}\right) \cdot i \tag{7-16}$$

式中 A_t——第 t 年的还本付息额。

等额还本,利息照付,各年度之间偿还的本金及利息之和是不等的,偿还期内每年偿还的本金额是相等的,利息将随本金逐年偿还而减少。即:

$$每年支付利息 = 年初本金累计 \times 年利率$$

$$每年偿还本金 = \frac{I_c}{n}$$

(3) 等额利息法:每年付息额相等,不还本金,最后一年归还本金和当期利息。

(4) 一次性偿付法:最后一年偿还本利和。计算公式为:

$$F = I_c \cdot (F/P, i, n) \tag{7-17}$$

(5)"气球法":期中任意偿还本利,到期末全部还清。

四、财务生存能力分析

在项目(企业)运营期间,确保从各项经济活动中得到足够的净现金流量是项目能够持续生存的条件。财务分析中应根据财务计划现金流量表,综合考察项目计算期内各年的投资活动、融资活动和经营活动所产生的各项现金流入和流出,计算净现金流量和累计盈余资金,分析项目是否有足够的净现金流量维持正常运营。为此,财务生存能力分析亦可称为资金平衡分析。

财务生存能力分析应结合偿债能力分析进行,如果拟安排的还款期过短,致使还本付息负担过重,会导致为维持资金平衡必须筹借的短期借款过多,不利于企业的正常经营。此时,企业应该调整还款期,减轻各年还款负担。

通常因运营期前期的还本付息负担较重,故企业应特别注重运营期前期的财务生存能力分析。

通过以下相辅相成的两个方面可具体判断项目的财务生存能力。

(1)拥有足够的经营净现金流量是财务可持续的基本条件,特别是在运营初期。一个项目具有较大的经营净现金流量,说明项目方案比较合理,实现自身资金平衡的可能性大,不会过分依赖短期融资来维持运营。反之,一个项目不能产生足够的经营净现金流量,或经营净现金流量为负值,说明维持项目正常运行会遇到财务上的困难,项目方案缺乏合理性,实现自身资金平衡的可能性小,有可能要靠短期融资来维持运营;或者是非经营项目本身无能力实现自身资金平衡,要靠政府补贴。

(2)各年累计盈余资金不出现负值是财务生存的必要条件。在整个运营期间,允许个别年份的净现金流量出现负值,但不能容许任一年份的累计盈余资金出现负值。一旦出现负值时应适时进行短期融资,该短期融资应体现在财务计划现金流量表中,同时短期融资的利息也应纳入成本费用和其后的计算。较大的或较频繁的短期融资,有可能导致以后的累计盈余资金无法实现正值,致使项目难以持续运营。

财务计划现金流量表是项目财务生存能力分析的基本报表,其编制基础是财务分析辅助报表和利润与利润分配表。

五、财务评价参数

评价参数是衡量项目经济效益的参考数据。具有政策性和时效性强的特点,即评价参数必须符合国家颁布的财税及金融政策;不同的时期国家会颁布相应的经济评价参数。

(一)行业财务基准收益率(i_c)

1. 行业财务基准收益率的概念

行业财务基准收益率是各行业项目评价财务内部收益率指标的基准判据,也是计算财务净现值指标的折现率。行业财务基准收益率代表行业内投资资金应当获得的最低财务盈利水平,代表行业内投资资金的边际收益率。

2. 财务基准收益率的作用

(1) 财务基准收益率是项目财务净现值及净现值率的计算参数。只有已知财务基准收益率才能计算项目的财务净现值和净现值率。

(2) 财务基准收益率是项目在财务上是否可行的判据。当 $FIRR \geqslant i_c$ 时,项目的财务盈利能力满足最低要求,项目可行;当 $FIRR < i_c$ 时,项目的财务盈利能力达不到标准,从财务评价的角度来说,项目不可行。

(3) 财务基准收益率可作为宏观上调节行业投资规模的手段。在评价项目时,国家控制行业投资规模,可以通过调整行业基准收益率来实现。财务基准收益率定得低一些,行业内能够批准通过的项目较多;反之,批准通过的项目较少。国家就可以此控制行业的投资规模。

(4) 为国家对行业产品价格调整提供依据。当行业产品在地区或国内是急需产品,且供小于求时,为了使项目获得通过,国家可以通过调节产品价格来确保该项目在财务上具有独立生存的能力。

(二) 基准投资回收期

基准投资回收期是以项目的净收益偿还项目总投资所需要的时间。各行业基准投资回收期是对投资回收期所规定的最长期限,是投资回收期指标的判据。在项目财务评价中,要求项目的投资回收期小于或等于行业基准投资回收期,否则,表示项目未满足行业项目投资盈利性和风险性要求。

基准投资回收期可作为项目投资回收期指标的判据。但投资回收期只考虑了投资回收前的投入产出情况,未考虑资金时间价值,故有一定的局限性。它未考虑整个生产时期的项目经济效益,因此,此指标常作为评价项目的辅助指标。只有与项目的内部收益率结合起来考虑,才能对项目的评价做出合理的判断。

(三) 平均投资利润率和平均投资利税率

行业平均投资利润率、平均投资利税率是衡量项目的投资利润率和投资利税率是否达到或者超过本行业平均水平的评判参数,只作为项目财务评价的参考依据,不作为项目投资利润率和投资利税率是否达到本行业最低要求的判据。这两项指标是从静态方面分析项目的盈利性指标。有时,国家规定的税率太高,使得投资利润率不高。因此,用投资利税率指标便可以真实地反映从国家财政收入角度衡量项目为国家所创造的积累。

编制投资项目基本财务报表是进行财务评价的基础性工作,而要编制投资项目基本财务报表首先应对投资项目的效益与费用进行正确的识别与划分。

(四) 汇率

投资项目财务评价中使用的汇率,如果项目利用的是国内贷款,则采用当时国家公布的官方汇率。如果项目利用的是国外长期贷款,则要预测金融市场的变化,尽可能利用"硬"货币,采用国家公布的官方汇率或调剂汇率,并预测出汇率风险。

(五) 设定贴现率

财务评价中采用的贴现率是基于投资者对项目使用资金的最低期望盈利水平确定的。在实际工作中,是在综合考虑项目所在部门或行业规定的基准收益率、企业平均盈利水平、投资加权贷款利率、银行存款利率后,确定出评价项目的设定贴现率。设定贴现率一般不得小于以上四者中的最高水平。合理确定财务评价标准贴现率,是一项很重要的工作。

(六) 计算期

计算期是项目财务评价中人为的项目计算寿命,在确定项目计算寿命时,要综合考虑项目的自然寿命与技术进步情况。若计算期定得太短,则在财务评价中将会漏算项目在后期发挥的作用,以致使可行的项目变为不可行;若计算期定得偏长,则财务评价中的部分效益将是虚构的。

项目的计算期包括建设期、投产期和达产期。根据各方面因素分析,项目的计算期不宜定得过长,生产经营期(投产期和达产期)一般以10~15年为宜,个别行业最长也不宜超过20年。

计算期的年序,以建设开始年为第一年。

第四节 国民经济评价概述

一、国民经济评价的涵义

国民经济评价是指在我国社会主义制度下,根据国民经济长远发展目标和社会全面进步的需要,按照资源合理配置的原则,从整个国民经济和社会的角度,以国家整体利益为准,运用能反映社会真实价值的影子价格、影子工资、影子汇率和社会折现率等一系列国家经济参数,测算分析投资项目投入的费用和产生的效益,通过经济效益评价指标的计算、分析和多方案比选,全面分析计算投资项目对国民经济和社会的净贡献,评价项目的经济合理性、有效性与可行性,以此作为投资项目决策的重要科学依据。

投资项目国民经济评价是从国民经济和社会价值观点出发,运用社会费用效益分析方法(Social Cost Benefit Analysis 简称 SCBA),分析项目的社会费用(成本)和社会效益。评价使用的价值标准是根据实际市场价格调整、测算出来的,接近于社会价值的影子价格,投资项目国民经济评价的效益主要是投入的资金(投资成本)所能带来的国民收入增长(即国民收入净增值)和社会净效益,可以用资金产出率、投资收益率、经济净现值、经济净现值率、经济内部收益率等静态和动态指标来体现,根据这一系列指标来衡量和评判投资项目对国民经济和社会福利产生的效果。一般的国家目标都把经济发展和经济增长作为提高社会福利的核心,所以国民经济评价是投资项目评价的核心内容,也是国家有关决策、调控部门判别投资项目特别是国家公共投资项目是否可行的重要依据。

为了使服务于国民经济发展和社会全面进步的各类投资项目能达到预先设定的目标和效果,应该对投资项目进行可行性分析和判断。首先必须分清并确定投资项目的费用(成本)和效益,测算出投资项目的净效益,以此来分析投资项目的利弊得失,在现代项目评价中,无论是财务评价(分析)还是国民经济评价,都是用折现现金流量(DCF)来计算项目的净现值大小;在此基础上,与其他可替代方案(包括建设方案、技术方案等)进行优劣比较选择,确定最优方案,并综合考虑技术、经济、政治、环保等各方面因素,最终形成一个综合评价结论,作为决定投资项目取舍的一个重要科学依据。概括起来看,所谓投资项目的国民经济评价,是综合运用定量与定性的分析方法,为确定或判别投资项目的价值、质量、有效性、可行性和合理性所做的一系列调查研究、分析、测算评价工作。

二、财务评价与国民经济评价的关系

财务评价与国民经济评价是相互联系的,它们之间既有共同之处,又有区别。

1. 财务评价与国民经济评价的共同点

(1) 两者都是经济评价。都使用基本的经济评价理论,即费用与效益比较的理论方法。

(2) 评价目的相同。两者都是寻求以最小的投入获得最大的产出。

(3) 评价基础相同。两者都是在完成产品需求预测、厂址选择、工艺技术路线和工程技术方案论证、投资估算和资金筹措等基础上进行的。

(4) 基本分析方法和主要指标的计算方法类同。两者都是采用现金流量分析方法,通过基本报表计算净现值、内部收益率等指标。

2. 财务评价与国民经济评价的区别

(1) 评价的角度不同。财务评价是从项目财务角度考察项目的盈利状况及借款偿还能力,以确定投资行为的财务可行性。国民经济评价是从国家整体的角度考察项目对国民经济的贡献以及需要国民经济付出的代价,以确定投资行为的经济合理性。

(2) 效益和费用的含义及划分范围不同。财务评价是根据项目的实际收支确定项目

的效益和费用,补贴计为效益,税金和利息均计为费用。国民经济评价是着眼于项目对社会提供的有用产品和服务及项目所耗费的全社会有用资源,来考察项目的效益和费用,故补贴不计为项目的效益,税金和国内借款利息不计为项目的费用。财务评价只计算项目直接发生的效益与费用,国民经济评价对项目引起的间接效益和费用即外部效果也要进行计算分析。

(3) 费用和效益的计算价格不同。财务评价是用实际的财务价格计量费用和效益,国民经济评价则采用较能反映资源真实价值的影子价格计量费用和效益。

(4) 主要评价参数不同。财务评价采用浮动汇率和行业基准收益率,国民经济评价采用国家统一测定的影子汇率和社会折现率。

财务评价和国民经济评价的主要区别如表 7-9 所示。

表 7-9 财务评价和国民经济评价的主要区别

评价层次	财务评价	国民经济评价
目的	评价经济上最优方案的财务生存能力	提高对全社会的投资经济效益
出发点	经营项目的企业	国家整体
主要目标	企业财务盈利能力和清偿能力	国民经济净贡献
价格	以现行价格为基础的预测价格	影子价格
间接费用和效益	不计	计入
汇率	浮动汇率	影子汇率
折现率	行业折现率	社会折现率
结果	财务净现值和财务内部收益率	经济净现值和经济内部收益率

由于上述区别,两种评价有时可能导致相反的结论。例如,某项目所用原料可以出口,其产品也可以出口。由于该原料的国内价格低于国际市场价格,其产品的国内价格又高于国际市场价格,从财务评价考虑,企业利润很高,项目是可行的;如果进行国民经济评价,采用以国际市场价格为基础的影子价格来计算,该项目就可能对国民经济没有那么大贡献。又如,某些矿产品国内价格偏低,企业利润很少,财务评价的结果可能不易通过;如果用影子价格对这些国计民生不可缺少的物资生产项目进行国民经济评价,则该项目对国民经济的贡献可能很大,就能通过。

财务评价与国民经济评价的结论可能有以下四种情况:

(1) 财务评价与国民经济评价的结论均可行的项目,应予通过。

(2) 财务评价与国民经济评价的结论均不可行的项目,应予否定。

(3) 财务评价的结论可行,而国民经济评价的结论不可行的项目,一般应予否定。

(4) 财务评价的结论不可行,国民经济评价的结论表明是个好项目,则项目一般应予推荐。例如对某些国计民生急需的项目,如果国民经济评价合理,而财务评价不可行,则应重新考虑方案,进行"再设计",使其具有生命力。必要时也可向主管部门提出采取相应经济优惠措施的建议,使项目具有财务上的生存能力。

三、国民经济评价的特点

国民经济评价具有以下两个主要特点:

1. 整体性和系统性

我们可以把国民经济作为一个大系统,每个建设项目都可作为这个大系统中的一个子系统,项目的建设与生产,要从国民经济这个大系统中吸取大量的投入(如资金、劳动力、土地等),同时也向国民经济这个大系统提供一定数量的产出(如产品、服务等)。国民经济评价就是把建设项目放在国民经济这个大系统中,从国家的整体来分析、计算项目给国民经济这个整体带来的效益和国家为此而付出的代价(费用),从而选择对大系统目标优化最有利的项目或方案。

2. 引入影子价格的概念——最优化的方法

项目国民经济评价中的影子价格能够真实地反映项目投入和产出的经济价值,反映项目建设给国民经济带来的效益和费用,正确评价项目的经济合理性,从而实现资源的优化配置。

四、国民经济评价的意义

国民经济评价是项目经济评价的核心部分,是项目决策的主要依据。它是在合理配置国家资源的前提下,从国家整体的角度考察项目的费用和效益,用影子价格、影子汇率和社会折现率,计算和分析项目对国民经济的净贡献(净效益),以考察项目的经济合理性。

由于投资项目的国民经济评价是从国家宏观角度对微观项目所进行的决策和控制,因此,项目的国民经济评价是一种宏观调控方式,是连接宏观投资政策与微观投资项目选择的桥梁和纽带,是制定国家经济社会发展计划的重要手段。通过投资项目的国民经济评价,有助于引导项目的投资方向、控制投资规模、调整投资结构、促进国家在宏观水平上优化配置生产要素和有效利用资源,促进国民经济持续快速健康地发展,最终使国家获得最大的投资净收益,并有利于社会公平分配、部门与地区的结构优化和平衡发展等宏观经济目标的实现,因而对我国社会经济发展远景目标的实现具有重大意义。它也是实现投资宏观调控,提高投资决策科学化、民主化、法制化水平与投资效益的重要手段。

1. 国民经济评价是宏观上合理配置和使用国家有限资源的需要

任何国家的资源,相对于人们的需要而言,总是有限的,经济学上称之为资源的稀缺性。国家的资源(包括资金、土地、外汇、劳动力及其他自然资源)总是有限的,而资源的用途又是多种多样的,因此,在资源稀缺的前提下,国家必须在资源各种用途的竞争中,根据它们对实现国家基本目标的贡献大小作出选择。如果国家始终能够将资源用于对国家基本目标贡献最大的项目上,就能保证有限的资源能够得到最有效的利用。而这种选择必须借助于国民经济评价,从国家整体的角度来考虑。项目的合理投资对于一个国家的国民经济发展和社会全面进步是至关重要的,因为几乎所有重要的经济活动都是从项目投资开始的。为了使一定的投资获取最大效益,就需要对投资项目进行国民经济评价。项目国民经济评价的目的是要在宏观水平上合理利用有限的资源,一个项目的合理化就是整个国民经济计划中全部项目合理化的一个组成部分。这说明,微观投资项目的资源合理配置不能脱离宏观角度的资源合理配置,同时,一个项目的资源配置情况也反映了整个国家的资源配置情况。

2. 国民经济评价是实现国家经济和社会目标的需要

投资项目国民经济评价的目的不是单纯使企业财务收益最大,而是要求取得最大的国家效益。因此,通过国民经济评价,应使投资项目的选定、实施更加有效地服务于国家未来的经济和社会目标,如经济增长目标、社会公平分配目标、劳动就业目标、优先发展目标、结构优化目标,以及政治、军事和环境目标等。所以,项目国民经济评价是实现国家目标的需要,也是实现国民目标的重要手段。

同时,国家的政治、经济和社会目标也为项目的决策提供了判断项目优劣的标准。当某些国家目标可以用一定的数量指标来度量时,这些指标就可以成为衡量投资项目合理与否的尺度。例如,某国的经济发展目标可以用国民收入增长率、国内生产总值来衡量时,在进行投资项目国民经济评价时就应该以这些指标的计算结果来检验,考察项目对国家经济增长目标的贡献程度。

3. 国民经济评价是真实反映投资项目对国民经济和社会发展净贡献的需要

我国和大多数发展中国家一样,许多商品的价格不能正确、真实地反映其价值,也不能反映供求关系。因此,按现行市场价格计算出来的项目的投入和产出,不能准确地反映投资项目的建设给国民经济所带来的费用与效益。所以,必须运用能反映资源真实价格的影子价格,计算投资项目的费用和效益,以便正确得出该投资项目是否对国民经济总目标有利的结论。

4. 国民经济评价是促使投资决策科学化的需要

这主要体现在以下几个方面:① 有利于引导投资方向。运用经济净现值、经济内部收益率等指标以及体现宏观意图的影子价格、影子汇率、影子工资等固定参数,可以起到鼓励或抑制某些行业或某些项目发展的作用,从而促进国家资源的优化配置和有效利用。例如,我国现行的原材料、燃料的价格偏低,加工工业产品的价格却偏高,导致各行业产品盈利水平差异悬殊,并产生明显的不合理局面。通过影子价格,可以修正现行不合理的价格,提高原材料、燃料行业偏低的市场价格,降低加工工业产品行业偏高的市场价格,这就可以吸引资金投向原材料、燃料的开发、利用行业上来。② 有利于调整和控制宏观投资规模。这主要是通过社会折现率这个重要的国家参数进行的。因为社会折现率的高低,直接影响投资项目的经济净现值大小。如果社会折现率太低,投资项目容易通过,从而导致当前投资需要量的增加,进而造成资金短缺严重,就业人数增多,还可能引起通货膨胀;如果社会折现率过高,那么投资项目不易获得通过,投资需要量就减少,积累的资金不能充分利用,造成失业人数增多,经济发展速度缓慢。所以,合理的社会折现率可以使国民经济各部门投资的供求基本保持平衡,便于国家调整和控制投资的总规模。例如,当投资规模膨胀时可以适当提高社会折现率,控制一些项目的通过,从而压缩投资规模。③ 有利于创造一个良好的经济、投资环境。进行投资项目的国民经济评价,有利于理顺价格关系,有利于理顺积累与消费之间的关系,还有利于搞好按劳分配,理顺劳资关系。

  5. 国民经济评价是国民经济计划的重要组成部分

  国民经济计划全面描述本国经济发展和社会进步的战略与方针,详尽指出经济发展、国民收入、投资、就业和基本建设等整体规划。而国民经济评价是制订国民经济计划的一种工具,是国家发展计划整体的一部分。投资项目的国民经济评价只涉及某一个社会经济部门的具体投资项目,而单个投资项目是整个国家经济计划的组成部分,总体规划的合理化依赖于各个部分的合理化,即国家经济计划的合理化应取决于每个投资项目决策的科学化和合理性。正是从这个意义上讲,投资项目的国民经济评价是国民经济计划的一个重要组成部分。

  除此之外,投资项目的国民经济评价还能反映各国社会制度的特征,能满足不同投资管理部门、经营决策者和投资主体等不同角度和层次的投资决策要求。

第五节 国民经济评价方法

一、社会费用效益分析方法(Social Cost-Benefit Analysis)

  社会费用效益分析在美国的应用实践最早,也最为广泛。费用效益分析又称成本效用分析或代价利得分析,它是指按照既定的国家目标和社会目标,运用近似社会价值的影子价格,对投资项目的费用与效益进行度量、测算、分析和对比,以便从中选择最优方案的一种科学分析方法。采用社会费用效益分析方法,各种备选方案的社会费用和效益状况都可以通过分析计算而得到确切的反映。

费用效益分析具有以下几个目的：

(1) 对特定的投资项目或投资方案的经济可行性作出分析与评价，这是费用效益分析的主要目的。费用效益分析不仅适用于非盈利性、非生产性的公共工程、公用基础设施和社会事业等项目的分析评价，而且适用于那些盈利性的工业、农业、交通运输等投资项目的分析评价。为了实现某一目标，倘若只有一个方案，则要通过计算该方案效益费用之比是否大于1来决定方案的取舍。

(2) 为实现某一既定目标，如有若干个投资方案可以备选，可以运用费用效益分析方法，计算出各个方案的效益费用比值，并进行比较，确定效益费用之比最大者为最佳方案。也就是说，可以借助费用效益分析进行多方案的分析、对比和优选，直至选出最优方案。

(3) 为实现一个或多个不同目标有多个方案可供选择时，通过费用效益分析确定其中总体经济、社会效益最佳的方案，也就是说，从国家目标和社会整体的角度来判断哪个方案的效益最大。

费用效益分析与一般性企业财务分析相比，具有如下特点：

(1) 费用效益分析改变了评价方案的角度和着眼点，从而摆脱了只站在企业角度追求自身利益的狭隘观点，而是从国家和社会的角度出发，有利于国家和社会的宏观调控。

(2) 评价标准从企业的"利润最大化"扩展到国民经济效益、社会效益，最有效地利用各种有限的资源，力争达到国民收入最大和收入分配最合理，促进国民福利的最大化。

二、国民经济评价的效益和费用

对工业建设项目进行国民经济评价，必须从整个国民经济的角度考察项目的效益和费用，也就是要认清所评价的项目在哪些方面对国民经济产生费用，在哪些方面产生效益。确定效益和费用范围的一般原则是：凡项目为国民经济所作的贡献均计为项目的效益；凡国民经济为项目所付的代价均计为项目的费用。

（一）效益

效益是指建设项目对国民经济所作的贡献，包括直接效益和间接效益，即建设项目本身的效益（即直接效益）和由项目引起的外部效益（即间接效益）。

(1) 直接效益是指在项目范围内，由项目产出物用影子价格计算的经济价值。如增加该产出物数量满足国内需求，其效益应该用消费者或用户的支付意愿来度量；增加出口或减少进口，其效益就是增加或节支的国家外汇；替代其他相同或类似企业的产出物，即社会上没有增加该产出物的数量，只是减少了其他企业或类似企业的产量，在这种情况下，项目的效益就是被替代企业减产以减少国家有用资源耗费或损失。

(2) 间接效益是指由项目引起而在直接效益中未得到反映的那部分效益。例如建设一个钢铁厂时修建了一套厂外运输系统，这套系统除为钢铁厂服务外，还可为当地服务，降低该地区的运输费用，使当地的工农业和人民得益。又如某油田开采的稠油实行就地单输单炼，可以更好地利用稠油资源以生产高级道路沥青，既减少了原来与轻油混输混炼造成的损失，又使得交通部门提高运输速度及运输能力，降低消耗，延长汽车使用寿命等。这些效益不能反映到项目的财务收入中，只能作为项目的外部效益。

(二) 费用

费用是指国民经济为项目所付出的代价，分为直接费用和间接费用，即项目本身的费用和由项目引起的外部费用。

建设项目的费用就是牺牲掉的最大效益，即项目的投入品用于其他机会可获得的最大效益，故又称为机会成本或机会代价。

(1) 直接费用是指在项目范围内，由项目投入物用影子价格计算的经济费用。包括投资费用和生产费用，投资费用包括固定资产投资和流动资金两部分。一般表现为其他部门为供应本项目投入物而扩大生产所耗用的资源费用；减少对其他项目（或最终消费）投入物的供应，即投入物是由减少其他企业的产品而转移过来的，在这种情况下，其他企业所减少的产品的边际效益就是本项目的费用；增加进口或减少出口，其费用就是所耗用或减收的外汇等。

(2) 间接费用是指由项目引起而在直接费用中未得到反映的那部分费用，即项目对社会造成的净损失(Net Loss)。典型的例子是工业项目的废水、废气和废渣造成的空气和水及土壤的污染，对周围居民造成的净负效益(Net Disbenefits)。

(三) 外部效果

与项目相关的间接效益和间接费用统称为"外部效果"。外部效果通常是较难计量的，为了减少计量上的困难，首先应力求明确项目范围的"边界"。一般情况下是扩大项目的范围，特别是一些相关联的项目常常被合在一起作为"联合体"进行评价。另外，用影子价格计算项目的效益和费用在很大程度上使项目的"外部效果"在项目内部得到了体现。因此，通过扩大计算范围和调整价格两步工作，实际上已将很多"外部效果"内部化了。建设项目除此以外的"外部效果"还有以下几种情况应予注意。

(1) 对上、下游企业产生的效果。这是指由于拟建项目的投入使其上、下游企业原来闲置的生产能力得以发挥或达到经济规模所产生的效果。为防止"外部效果"扩大化或重复计算，计算时需注意随着时间的推移，如果没有该拟建项目，上、下游企业生产能力的利用也可能会发生变化，要按照有无对比的原则计算增量效果。并注意其他拟建项目是否也有类似的效果。如果有，就不应把上、下游企业闲置生产能力的利用都归因于该拟建项目，以免引起"外部效果"的重复计算。

(2) 技术扩散的效果。建设技术先进的项目,由于技术培训、人才流动、技术推广和扩散,整个社会都将受益,这种效果通常都未在影子价格中得到反映,不过由于计量上的困难,一般只作定性说明。

(3) 工业项目造成的环境污染和对生态的破坏,是一种间接费用,可参照现有同类企业所造成的损失来计算,至少也应作定性的描述。

(4) 拟建项目的产出增加了国内市场供应量,导致产品价格下降,可以使原用户或消费者从中得到产品降价的好处。但这种好处一般不应计作项目的间接效益,因为产品降价将使原生产企业的效益减少,即减少的效益转移给了用户或消费者,从整个国民经济的角度看,效益并未增加或减少。但是,如果该拟建项目的产出物增加了出口量,导致原出口产品价格下降,减少了创汇的效益,则应计为该项目的费用。

(5) 计算"外部效果"时还应区别是否已经在项目投入物和产出物的影子价格中得到充分反映。由于项目使用投入物,提供产出物,引起上、下游工业效益或费用的变化,一般多在投入物、产出物的影子价格中得到反映,此时就不必再计算间接效益或间接费用。

(6) 项目的"外部效果"一般只计算一次相关效果,不应连续扩展。

(四) 效益和费用的调整

项目的效益和费用在财务评价和国民经济评价中所包含的内容是不同的。在确定项目的效益和费用过程中,会遇到税金、国内借款利息和补贴的处理问题。这些在财务评价中都作为现金收支的项目,其实,这些项目并没有真正反映资源投入和产出的变化。从国民经济的角度来看,这些项目并未造成资源的耗费或增加,而只是表现为资源的使用权力从社会的一个实体转移到另一个实体手中。这种转移,仅仅是货币在社会实体之间的转移,并不伴随资源增减的纯粹货币性质的转移,称为转移支付。为了在国民经济评价中正确反映项目的效益和费用,必须对项目的效益和费用进行调整。

(1) 固定资产折旧。折旧作为固定资产损耗的代价是财务评价中的生产成本要素,是净收益的一部分。但在国民经济评价中不构成经济成本,也不是国民经济评价的效益。因为固定资产投资额已一次性进入经济成本,而折旧不过是投资所形成的固定资产在生产过程中价值转移的一种估价和补偿,也并未增加全社会的经济价值。所以折旧不能构成国民经济评价的费用和效益。

(2) 税金及附加。税金及附加是政府调节分配和供求关系的手段,对企业财务评价来说是不折不扣的费用项。从国民经济的角度看并未造成资源的耗费或增加,属于国民经济内部的转移支付,因此税金及附加不应计为项目的费用。

(3) 补贴。补贴可视为与税金反向的转移支付,即由政府转移到企业中去,对企业来说无疑是收益,而对国民经济来说不应计为效益。

(4) 借款利息。国内借款利息是项目与国内借款机构之间的转移支付,同样不计为项目的费用。但国外借款利息的支付造成了国内资源向国外的转移,应计为项目的费用。

三、国民经济评价中的影子价格

影子价格的概念是 20 世纪 30 年代末、40 年代初由荷兰数理经济学、计量经济学创始人之一詹恩·丁伯根和前苏联数学家、经济学家、诺贝尔经济学奖获得者康托罗维奇分别提出来的。影子价格是指当社会经济处于某种最优状态时,能够反映社会劳动的消耗、资源稀缺程度和最终产品需求情况的价格。也就是说,影子价格是人为确定的,而非市场形成的,是比市场交换价格更为合理的价格。这里所说的"合理"的标志,从定价原则来看,应该能更好地反映产品的价值、反映市场供求状况、反映资源稀缺程度;从价格产出的效果来看,应该能使资源配置向优化的方向发展。

影子价格反映在项目的产出上是一种消费者"支付意愿"或"愿付原则"。消费者愿意支付的价格,只有在供求完全均等时,市场价格才代表愿付价格。影子价格反映在项目的投入上是资源不投入该项目,而投在其他经济活动中所能带来的效益。也就是项目的投入是以放弃了本来可以得到的效益为代价的,被西方经济学家称作"机会成本"。根据"支付意愿"或"机会成本"的原则确定经济价格以后,就可以测算出拟建项目要求经济整体支付的代价和为经济整体提供的效益,从而得出拟建项目的投资真正能够给社会带来多少国民收入增加额或纯收入增加额。

（一）影子价格的测定

1. 影子价格与市场价格

上述以资源最优分配为出发点的影子价格,随着市场的变化而变化。引起影子价格变动的主要因素有:市场需求结构的变化、自然资源稀缺程度的变化、产品社会劳动消耗的变化等。

影子价格是社会经济处于某种最优状态下的,反映社会劳动消耗、资源稀缺程度和对最终产品需求的产品和资源的价格。限于人们对经济规律的认识程度和计划水平,目前还没有办法来全盘通过数学模型进行求解。以市场调节为主的经济,可以把市场价格作为基础,经适当调整后求得项目评价所需要的影子价格。发展中国家的市场机制不充分等原因,使市场价格严重扭曲,很难在现行价格的基础上进行简单的修正来得到评价用的价格。20 世纪 60 年代末期,很多人致力于发展中国家影子价格的研究,并取得了卓越的成果。

为了实用,经济评价的影子价格都是以世界市场价格为基础的,在此基础上调整国内价格而得出。虽然世界市场价格并不是完全理想的价格,但是,世界范围内起主导作用的是市场经济,各种商品的价格主要是在市场竞争中形成的,通常不受个别国家的控制,较好地反映了商品的价值。考虑到国际经济一体化的趋向,采用世界价格作为基础,使影子价格的确定变得相对简单和可行,使影子价格从理论研究走向实际应用。

目前国际上有三种较实用的求影子价格的方法:一是 L-M 法,为 OECD(经济合作发展组织)所用;二是 S-V_t 法,为世界银行所采纳;三是 UNIDO 法,为联合国工业发展组织所用。其中 L-M 法和 S-V_t 法是以本国货币表示的边境价格作为计算基准,而 UNIDO 法则选用国内价格水平上的本国货币作为计算单位。我国影子价格的测定,是在本国价格水平上,以本国货币(人民币)作为计算基准,并吸取了国外各种方法的长处。

2. 外贸货物与非外贸货物

确定影子价格,首先要确定投入物和产出物是外贸货物还是非外贸货物。外贸货物是指其生产或使用会直接或间接影响国家出口或进口的货物。对于外贸货物以外的货物和服务都称为非外贸货物。

外贸货物可分为直接外贸货物和可外贸货物两类。直接外贸货物就是直接进口的或直接出口的货物,可外贸货物是指项目的投入物和产出物中可以进行外贸而没有进行外贸的货物。如某一项目使用本来可以出口的石油作为投入物,或某一项目生产本来需要进口的精密仪器,都是可外贸货物。

从价格上来考虑,满足如下条件的就是外贸货物:对于出口货物,离岸价格(FOB 或 $f.o.b$)大于国内生产成本;对于进口货物,国内生产成本大于到岸价格(CIF 或 $c.i.f$)。

外贸货物还应按项目的投入物和产出物来划分,一般有如下几种情况:

(1) 项目投入物包括:直接进口物;出口占用物(本可出口,但由于项目占用而未能出口的货物);间接进口物(由于项目的投入,减少了国内生产的这种投入物对其他部门的可供量,导致其他部门增加这种投入物的进口)。

(2) 项目产出物包括:直接出口物;进口替代物(由于项目产出物可作进口物的替代物,减少了进口);间接出口物(项目产出品虽然在国内销售,但可使生产同样产品的其他企业减少国内供应而增加出口)。

3. 外贸货物的影子价格

假设在经济中有一个纯粹由外贸货物组成的部门,投入的是进口原料、半成品,产出全部供应国际市场。在不存在外部效果的情况下,就可把这样的部门看成一个"企业"。那么,财务评价就与国民经济评价一致,其投入的费用就是社会成本,其产出的收益(外贸收入)就是社会效益。没有必要计算货物出口后的效益与收益相背离的情况。外贸货物影子价格的测定就是以上述考虑为基础的。

项目外贸货物的影子价格,是以实际将要发生的口岸价格为基础确定的,具体计算如下:

(1) 产出物(项目产出物的出厂价格)。

① 直接出口产品(外销产品)的影子价格(SP)等于离岸价格($f.o.b$)乘以影子汇率(SER),减去国内运输费用(T_1)和贸易费用(T_{r1})。其表达式为:

$$SP = f.o.b \times SER - (T_1 + T_{r1}) \tag{7-18}$$

② 间接出口产品(内销产品,替代其他货物使其他货物增加出口)的影子价格(SP)等于离岸价格($f.o.b$)乘以影子汇率,减去原供应厂到口岸的运输费用(T_2)及贸易费用(T_{r2}),加上原供应厂到用户的运输费用(T_3)及贸易费用(T_{r3}),再减去拟建项目到用户的运输费用(T_4)及贸易费用(T_{r4})。其表达式为:

$$SP = f.o.b \times SER - (T_2 + T_{r2}) + (T_3 + T_{r3}) - (T_4 + T_{r4}) \tag{7-19}$$

原供应厂和用户难以确定时,可按直接出口考虑。

③ 替代进口产品(内销产品,以产顶进,减少进口)的影子价格(SP)等于原进口货物的到岸价格($c.i.f$)乘以影子汇率,加上口岸到用户的运输费用(T_5)及贸易费用(T_{r5}),再减去拟建项目到用户的运输费用(T_4)及贸易费用(T_{r4})。其表达式为:

$$SP = c.i.f \times SER + (T_5 + T_{r5}) - (T_4 + T_{r4}) \tag{7-20}$$

具体用户难以确定时,可按到岸价格计算。

(2) 投入物(项目投入物的到厂价格)。

① 直接进口产品(国外产品)的影子价格等于到岸价格($c.i.f.$)乘以影子汇率,加上国内运输费用(T_1)和贸易费用(T_{r1})。其表达式为:

$$SP = c.i.f \times SER + (T_1 + T_{r1}) \tag{7-21}$$

② 间接进口产品(国内产品,如木材、钢材、铁矿、铬矿等,以前进口过,现在也大量进口)的影子价格(SP)等于到岸价格乘以影子汇率,加上口岸到原用户的运输费用(T_5)及贸易费用(T_{r5}),减去供应厂到用户的运输费用(T_3)及贸易费用(T_{r3}),再加上供应厂到拟建项目的运输费用(T_6)及贸易费用(T_{r6})。其表达式为:

$$SP = c.i.f \times SER + (T_5 + T_{r5}) - (T_3 + T_{r3}) + (T_6 + T_{r6}) \tag{7-22}$$

原供应厂和用户难以确定时,可按直接进口考虑。

③ 减少出口产品(国内产品,如石油、可出口的煤炭和有色金属等,以前出口过,现在也能出口)的影子价格(SP)等于离岸价格($f.o.b$)乘以影子汇率,减去供应厂到口岸的运输费用(T_2)及贸易费用(T_{r2}),再加上供应厂到拟建项目的运输费用(T_6)及贸易费用(T_{r6})。其表达式为:

$$SP = f.o.b \times SER - (T_2 + T_{r2}) + (T_6 + T_{r6}) \tag{7-23}$$

供应厂难以确定时,可按离岸价格计算。

4. 非外贸货物的影子价格

(1) 产出物的影子价格确定方法。

① 增加供应数量满足国内消费的产出物。供求均衡的,按财务价格定价;供不应求

的,参照国内市场并考虑价格变化的趋势定价,但不应高于相同质量产品的进口价格;无法判断供求情况的,取上述价格中较低者。

② 不增加国内供应数量,只是替代其他相同或类似企业的产出物,致使被替代企业停产或减产的。质量与被替代产品相同的,应按被替代企业相应的产品可变成本分解定价;提高产品质量的,原则上应按被替代产品的可变成本加提高产品质量而带来的国民经济效益定价,其中,提高产品质量的效益,可近似地按国际市场价格与被替代产品的价格之差确定。

③ 产出物按上述原则定价后,再计算为出厂价格。

(2) 投入物的影子价格确定方法。

① 能通过原有企业挖潜(不增加投资)增加供应的,按可变成本分解定价。

② 在拟建项目计算期内通过扩大生产规模来满足拟建项目需要时,按全部成本(包括可变成本和固定成本)分解定价。当难以获得分解成本所需要的资料时,可参照国内市场价格定价。

③ 项目计算期内无法通过扩大生产规模增加供应的(减少原用户的供应量),参照国内市场价格、国家统一价格加补贴(如有时)中较高者定价。

④ 投入物按上述原则定价后,再计算为到厂价格。

(二) 我国影子价格的测定

对于一般货物的影子价格,我国用两种方法进行测定:一是按口岸价格,另一种是按分解成本法。

1. 按口岸价格

我国目前公布了一批货物的影子价格,这类货物的影子价格,是根据1981—1986年的海关统计资料和国际市场的一些统计资料,进行回归分析后测定的。计算公式为:

(1) 出口货物:

$$影子价格=(离岸价\times 影子汇率-国内运输费用)\div(1+贸易费用率) \quad (7-24)$$

(2) 进口货物:

$$影子价格=到岸价\times 影子汇率\times(1+贸易费用率) \quad (7-25)$$

这类影子价格主要以直接价值的形式给出。

2. 按成本分解法

这一类影子价格是通过计算分解成本的投入产出模型,根据含755种货物的1985年的全国投入产出表测算的。其中,长线货物分解可变成本(仅扣除固定资产费用,不扣除其他不变费用);短线货物分解完全成本;供求基本平衡、市场机制对其供求影响较为充分的货物价格换算系数取为1。

这些影子价格主要以价格换算系数的形式给出。所有价格换算系数都是针对所公布的影子价格表中指定的"基础价格文本"中的价格而言的。确定某一货物的影子价格时,要先与"基础价格文本"中同类、同品种、同规格的产品对上号,再用"文本"中的价格乘以表中的价格换算系数。不能随意用其他财务价格与表中的系数相乘。

成本分解原则上应对边际成本进行分解,当缺乏资料时,也可分解平均成本。成本分解按如下步骤进行:

(1) 按生产费用要素列出需分解物的财务成本、单位货物耗费的固定资产投资额及占用的流动资金,并列出该货物生产厂的建设期限、建设期各年投资比例。缺少固定资产投资资料的,可按固定资产原值除以设定的固定资产形成率求得固定资产投资费用。

(2) 剔除上述数据中可能包括的税金。

(3) 按照上一问题所述外贸货物和非外贸货物影子价格测算的规定,对外购原材料、燃料及动力等投入物的费用进行调整。其中有些可直接使用给定的影子价格或换算系数,而对于重要的外贸货物要自行测算其影子价格。重要的非外贸货物留待第二轮分解。

(4) 工资及提取的职工福利基金和其他支出原则上不予调整。

(5) 计算总投资(包括固定资产投资和流动资金)的资金回收费用。其计算公式为:

$$M=(I-S_v-W)(A/P,i_s,n_2)+(W+S_v)i_s \tag{7-26}$$

式中　M——资金回收费用;

I——全部投资;

S_v——计算期末的回收资产残值;

W——流动资金占用额;

i_s——社会折现率;

n_2——生产期;

$(A/P,i_s,n_2)$——资金回收系数,$(A/P,i_s,n_2)=\dfrac{i_s(1+i_s)^{n_2}}{(1+i_s)^{n_2}-1}$。

因
$$I=I_F+W$$

故:
$$M=(I_F-S_v)(A/P,i_s,n_2)+(W+S_v)i_s$$

当 $S_v=0$ 时,则

$$M=I_F(A/P,i_s,n_2)+Wi_s$$

I_F 可由下式求得:

$$I_F=\sum_{t=1}^{n_1}I_t(1+i_s)^{n_1-t}$$

式中　I_F——经调整后的换算为生产期初的固定资产投资,按可变成本分解时此项为零;

I_t——建设期第 t 年后投入的固定资产投资;

n_1——建设期。

(6) 必要时按上述办法对分解成本中涉及的重要的非外贸货物进行第二轮分解。

(7) 综合以上各步之后,即可得到该种货物的分解成本。也可按总成本进行分解,除以年产量,即得单位货物的分解成本。

四、国民经济评价的基本指标与评价程序

(一) 国民经济评价指标

国民经济评价是从整个国民经济角度来考察投资项目对国民经济所带来的净效益（净贡献）,评价内容包括国民经济盈利能力分析和外汇效果分析。

1. 国民经济盈利能力分析

衡量国民经济盈利能力的指标主要是经济内部收益率、经济净现值。

(1) 经济内部收益率($EIRR$)。

经济内部收益率是反映项目对国民经济净贡献的相对指标。它是项目在计算期内各年经济净效益流量的现值累计等于零时的折现率。其表达式为：

$$\sum_{t=1}^{n}(B-C)_t(1+EIRR)^{-t}=0 \qquad (7-27)$$

式中 B——效益流入量；

C——费用流出量；

$(B-C)_t$——第 t 年的净效益流量；

n——计算期。

经济内部收益率等于或大于社会折现率,表明项目对国民经济的净贡献达到或超过了要求的水平,这时应认为项目是可以接受的。

(2) 经济净现值($ENPV$)。

经济净现值是反映项目对国民经济净贡献的绝对指标。它是指用社会折现率将项目计算期内各年的净效益流量折算到建设期初的现值之和。其表达式为：

$$ENPV=\sum_{t=1}^{n}(B-C)_t(1+i_s)^{-t} \qquad (7-28)$$

式中 i_s——社会折现率。

经济净现值等于或大于零,表示国家为拟建项目付出代价后,可以得到符合社会折现率的社会盈余,或除得到符合社会折现率的社会盈余外,还可以得到以现值计算的超额社会盈余,这时就认为项目是可以考虑接受的。

2. 国民经济外汇效果分析

投资项目凡是涉及出口创汇或替代进口节汇的,还需要进行国民经济外汇效果分

析，主要计算指标有经济外汇净现值、经济换汇成本、经济节汇成本等。

(1) 经济外汇净现值($ENPVF$)。

经济外汇净现值是反映项目实施后对国家外汇收支产生直接或间接影响的重要指标，用以衡量项目对国家外汇真正的净贡献（创汇）或净消耗（用汇）。经济外汇净现值可通过经济外汇流量表计算求得。其表达式为：

$$ENPVF = \sum_{t=1}^{n}(FI-FO)_t(1+i_s)^{-t} \tag{7-29}$$

式中 FI——外汇流入量；

FO——外汇流出量；

$(FI-FO)_t$——第 t 年的净外汇流量。

当有产品替代进口时，可按净外汇效果计算经济外汇净现值。

(2) 经济换汇成本和经济节汇成本。

① 当有产品直接出口时，应计算经济换汇成本。它是用货物影子价格、影子工资和社会折现率计算的为生产出口产品而投入的国内资源现值（以人民币表示）与生产出口产品的经济外汇净现值（通常以美元表示）之比，亦即换取 1 美元外汇所需要的人民币金额，是分析项目实施后在国际上的竞争能力，进而判断其产品应否出口的指标。其表达式为：

$$经济换汇成本 = \frac{\sum_{t=1}^{n}DR_t(1+t_s)^{-t}}{\sum_{t=1}^{n}(FI'-FO')_t(1+i_s)^{-t}} \tag{7-30}$$

式中 DR_t——项目在第 t 年为生产出口产品投入的国内资源（包括投资、原材料、工资、其他投入和贸易费用），元；

FI'——生产出口产品的外汇流入，美元；

FO'——生产出口产品的外汇流出（包括应由出口产品分摊的固定资产投资及经营费用中的外汇流出），美元。

② 当有产品替代进口时，应计算经济节汇成本，它等于项目计算期内生产替代进口产品所投入的国内资源的现值与生产替代进口产品的经济外汇净现值之比，即节约 1 美元外汇需要的人民币金额。其表达式为：

$$经济节汇成本 = \frac{\sum_{t=1}^{n}DR''_t(1+t_s)^{-t}}{\sum_{t=1}^{n}(FI''-FO'')_t(1+i_s)^{-t}} \tag{7-31}$$

式中 DR''_t——项目在第 t 年为生产替代进口产品投入的国内资源（包括投资、原材料、工资、其他投入和贸易费用），元；

FI''——生产替代进口产品所节约的外汇，美元；

FO''——生产替代进口产品的外汇流出（包括应由替代进口产品分摊的固定资产投资及经营费用中的外汇流出），美元。

经济换汇成本或经济节汇成本（元/美元）小于或等于影子汇率，表明该项目产品出口或替代进口是有利的。

（二）国民经济评价的步骤

国民经济评价既可以在财务评价的基础上进行，也可以直接进行。

1. 在财务评价基础上进行国民经济评价的步骤

（1）效益和费用范围的调整。

① 剔除已计入财务效益或费用中的转移支付。

② 识别项目的间接效益和间接费用，对能定量的应进行定量计算，不能定量的应作定性描述。

（2）效益和费用数值的调整。

① 固定资产投资的调整。剔除属于国民经济内部转移支付的引进设备、材料的关税和增值税，并用影子汇率、影子运费和贸易费用对引进设备价值进行调整；对于国内设备价值则用其影子价格、影子运费和贸易费用进行调整。

根据建筑工程消耗的人工、三材、其他大宗材料、电力等，用影子工资、货物和电力的影子价格调整建筑费用，或通过建筑工程影子价格换算系数直接调整建筑费用；若安装费中的材料费占很大比重，或有进口安装材料，也应按材料的影子价格调整安装费用；用土地的影子费用代替占用土地的实际费用；剔除涨价预备费；调整其他费用。

② 流动资金的调整。调整由于流动资金估算基础的变动引起的流动资金占用量的变动。

③ 经营费用的调整。可以先用货物的影子价格、影子工资等参数调整费用要素，然后再加总求得经营费用。

④ 销售收入的调整。先确定项目产出物的影子价格，然后重新计算销售收入。

⑤ 在涉及外汇借款时，用影子汇率计算外汇借款本金与利息的偿付额。

（3）编制项目的国民经济效益费用流量表（全部投资，见表7-10），并据此计算全部投资经济内部收益率、经济净现值指标。对使用国外贷款的项目，还应编制国民经济效益费用流量表（国内投资，见表7-11），并据此计算国内投资经济内部收益率和经济净现值指标。

表 7-10　国民经济效益费用流量表(全部投资)　　　　　　　　单位:万元

序号	年份 项目	建设期		投产期		达到设计能力生产期				合计
		1	2	3	4	5	6	...	n	
	生产负荷/%									
1	效益流量									
1.1	产品销售收入									
1.2	回收固定资产残值									
1.3	回收流动资金									
1.4	项目间接效益									
2	费用流量									
2.1	固定资产投资									
2.2	流动资金									
2.3	经营费用									
2.4	项目间接费用									
3	净效益流量(1-2)									

计算指标:

经济内部收益率:

经济净现值($i_s=8\%$):

注:生产期发生的更新改造投资作为费用流量单独列示或列入固定资产投资项中。

表 7-11　国民经济效益费用流量表(国内投资)　　　　　　　　单位:万元

序号	年份 项目	建设期		投产期		达到设计能力生产期				合计
		1	2	3	4	5	6	...	n	
	生产负荷/%									
1	效益流量									
1.1	产品销售收入									
1.2	回收固定资产残值									
1.3	回收流动资金									
1.4	项目间接效益									
2	费用流量									
2.1	固定资产投资中国内资金									
2.2	流动资金中国内资金									
2.3	经营费用									
2.4	流至国外的资金									
2.4.1	国外借款本金偿还									
2.4.2	国外借款利息偿还									
2.4.3	其他									
2.5	项目间接费用									
3	净效益流量(1-2)									

计算指标:

经济内部收益率:

经济净现值($i_s=8\%$):

(4) 对于产出物出口(含部分出口)或替代进口(含部分替代进口)的项目,编制经济外汇流量表(见表 7-12)、国内资源流量表(见表 7-13),计算经济外汇净现值、经济换汇成本和经济节汇成本。

表 7-12　经济外汇流量表　　　　　　　　　　　　单位:万美元

序号	项目＼年份	建设期		投产期		达到设计能力生产期				合计
		1	2	3	4	5	6	…	n	
	生产负荷/%									
1	外汇流入									
1.1	产品销售外汇收入									
1.2	外汇借款									
1.3	其他外汇流入									
2	外汇流出									
2.1	固定资产投资中外汇支出									
2.2	进口原材料									
2.3	进口零部件									
2.4	技术转让费									
2.5	偿付外汇借款本息									
2.6	其他外汇支出									
3	净外汇流量(1−2)									
4	产品替代进口收入									
5	净外汇效果(3+4)									

计算指标:
经济外汇净现值($i_s=$　%):
经济换汇成本或经济节汇成本:

注:技术转让费是指生产期支付的技术转让费。

表 7-13　出口(替代进口)产品国内资源流量表　　　　　　　　　单位:万美元

序号	年份\项目	建设期		投产期		达到设计能力生产期				合计
		1	2	3	4	5	6	…	n	
	生产负荷/%									
1	固定资产投资中国内投资									
2	流动资金中国内投资									
3	经营费用中国内投资									
4	其他国内投入									
5	国内资源流量合计 (1+2+3+4)									

计算指标:

国内资源流量现值($i_s=$　　%):

出口产品中国内资源投入现值:

2. 直接作国民经济评价的步骤

(1) 识别和计算项目的直接效益。对于那些为国民经济提供产出物的项目,首先应根据产出物的性质确定是否属于外贸货物,再根据定价原则确定产出物的影子价格。按照项目的产出物种类、数量及其逐年的增减情况和产出物的影子价格计算项目的直接效益。对于那些为国民经济提供服务的项目,应根据提供服务的数量和用户的受益计算项目的直接效益。

(2) 用货物的影子价格、土地的影子费用、影子工资、影子汇率、社会折现率等参数直接进行项目的投资估算。

(3) 流动资金估算。

(4) 根据生产经营的实物消耗,用货物的影子价格、影子工资、影子汇率等参数计算经营费用。

(5) 识别项目的间接效益和间接费用,对能定量的应进行定量计算,对难于定量的应作定性描述。

(6) 编制有关报表,计算相应的评价指标。

五、国民经济评价参数

经济评价参数是用于计算、衡量建设项目效益及费用以及判断项目经济合理性的一系列数值。为了做好建设项目经济评价工作,促进资源合理配置,保证各类项目评价标准的相对统一性、评价参数取值的合理性和评价结论的可比性,需适时测算、调整、发布建设项目经济评价参数。

经济评价参数是根据国家的经济状况、宏观经济调控意图、各行业投资经济效益以及项目评价的实际需要测算调整的。这些参数不代表现行的价格、汇率和利率,也不作为国家分配投资、财政核算以及部门间、企业间商品交换和结算的依据。由于各方面经济情况总是在发展变化,各类参数都有一定的时效性。从理论上讲,参数应随时调整,但参数测算工作需要投入大量的人力和时间,实践中只能作阶段性调整。有关参数分述如下:

1. 社会折现率

社会折现率(i_s)是项目国民经济评价的重要通用参数,在项目国民经济评价中作为计算经济净现值的折现率,并作为衡量经济内部收益率的基准值。它是项目经济可行性和方案比较的主要判据。

社会折现率表示从国家角度对资金机会成本和资金时间价值的估量。采用适当的社会折现率进行建设项目国民经济评价,有助于合理使用建设资金,引导投资方向,调控投资规模,促进资金在短期与长期项目之间的合理配置。

根据我国在一定时期内的投资收益水平、资金机会成本、资金供求状况、合理的投资规模以及项目国民经济评价的实际情况,《建设项目经济评价方法与参数》(第三版)中规定,社会折现率一般取为 8%。

2. 影子汇率及影子汇率换算系数

影子汇率即外汇的影子价格,是项目国民经济评价的重要通用参数。它体现从国家角度对外汇价值的估量,在项目国民经济评价中用于外汇与人民币之间的换算,同时,它又是经济换汇成本和经济节汇成本的判据。影子汇率取值的高低,直接影响项目比选中的进出口抉择,影响对产品进口替代型项目和产品出口型项目的抉择。

影子汇率换算系数(SER)是影子汇率与浮动汇率的比值系数。在项目评价中,用浮动汇率乘以影子汇率换算系数得到影子汇率。根据我国现阶段的外汇供求情况、进出口结构、换汇成本,影子汇率换算系数取 1.08。

3. 影子工资及影子工资换算系数

影子工资体现国家和社会为建设项目使用劳动力而付出的代价。影子工资由劳动力的边际产出和劳动力就业或转移而引起的社会资源消耗两部分构成。劳动力边际产出指一个建设项目占用的劳动力,在其他使用机会下可能创造的最大效益。在国民经济评价中,影子工资作为费用计入经营费用。

影子工资换算系数是项目国民经济评价参数,是影子工资与财务评价中的职工个人实得货币工资加提取的福利基金之比。根据我国劳动力的状况、结构以及就业水平,一般建设项目的影子工资换算系数为1。在建设期内使用大量民工的项目,如水利、公路项目,其民工的影子工资换算系数为0.5。

项目评价中可根据项目所在地区劳动力的充裕程度以及所用劳动力的技术熟练程度,适当提高或降低影子工资换算系数。对于就业压力大的地区占用大量非熟练劳动力项目,影子工资换算系数可小于1;对于占用大量短缺的专业技术人员的项目,影子工资换算系数可大于1。

4. 贸易费用和贸易费用率

项目国民经济评价中的贸易费用是指物资系统、外贸公司和各级商业批发站等部门花费在货物流通过程中以影子价格计算的费用(长途运输费用除外)。贸易费用率是反映这部分费用相对于货物影子价格的一个综合比率,用以计算贸易费用。根据测算和综合分析,贸易费用率取值为6%。对于少数价格高、体积与质量较小的货物,可适当降低贸易费用率。

由贸易费用率计算货物的贸易费用时,使用下列公式:

$$进口货物的贸易费用 = 到岸价 \times 影子汇率 \times 贸易费用率$$

思 考 题

1. 什么是财务评价?进行财务评价有何重要意义?

2. 财务评价的基本报表有哪些?评价指标体系包括哪些内容?

3. 什么是国民经济评价?为什么要进行国民经济评价?国民经济评价与财务评价有什么联系与区别?

4. 如何识别国民经济评价中的效益和费用?什么是直接费用和直接效益?什么是间接费用和间接效益?

5. 国民经济评价一般需要考虑哪些外部效果?

6. 什么是影子价格?如何测定影子价格?国民经济评价为什么要采用影子价格?

7. 怎样对非外贸货物进行成本分解?

8. 国民经济评价指标如何计算?

9. 某新建项目共投资10 972万元,全部由建设银行贷款,年利率为10%,建设期为3年,项目寿命期为19年。按有关规定,企业在还款期间每年可从实现盈利额中留成9万元用于职工奖励,在投产后的3年内(包括投产年)其折旧的90%可用于归还贷款,投产3年后到还清贷款年为止的各年中,其折旧的60%可用于还贷,其余资料见表7-14。试根据上述资料列表计算该项目的借款偿还期。

表 7-14 某项目有关资料表　　　　　　　单位:万元

序号	年份 项目	合计	建设期		投产期	达产期		
			1	2	3	4	5	6~19
1	固定资产投资	10 972	2 099	7 526	1 347			
2	销售收入	15 1950				4 600	7 350	10 000
3	经营成本	88 053				2 800	4 291	5 783
4	折旧	11 232				702	702	702
5	主营业务税金及附加	15 195				460	735	1 000

10. 某项目的寿命期为23年,其中建设期为3年。项目共需固定资产投资(含投资方向调节税)62 000万元,按计划第一年投入5 500万元,第二年投入18 600万元,第三年投入27 900万元;所需流动资金5 500万元,计划在第三年全部投入。项目建成后即达到设计生产能力,年销售收入为39 600万元,年经营成本为22 560万元,主营业务税金及附加为3 960万元。若项目寿命期末固定资产残值为100万元,基准投资收益率取15%,试根据上述资料编制财务现金流量表,并计算静态投资回收期和财务内部收益率。同时根据表中数据绘制现金流量图。

11. 某项目经详细的财务估算后,已知建设期为两年,其投资额分别为100万元和50万元,正常生产年份的年销售收入为250万元,年经营成本为20万元,年主营业务税金及附加为25万元,所得税为25万元,流动资金占用100万元,项目寿命期为10年(包括建设期),从第三年开始投产,生产负荷为50%,第四年达产100%。试编制该项目全部投资现金流量表,并计算财务内部收益率和全部投资回收期。

12. 某拟建项目,固定资产投资为100万元,于第一年初投入,其中企业自有资金为60万元,固定资金贷款为40万元,贷款期限为2年,利率为8%。项目于第二年建成投产,第二年的经营成本为60万元,第二年的销售收入为100万元;第三年至第八年的经营成本为90万元,第三年至第八年的销售收入为160万元。销售税金每年按销售收入的5%征收,第二年至第八年折旧费为每年12万元,第八年末固定资产残值为16万元。固定资产投资贷款归还办法为等额本金法,流动资金贷款每年付息,项目寿命期(第八年末)还本。要求:

(1) 列出财务平衡表;

(2) 编制全投资现金流量表,计算全投资财务净现值和财务内部收益率;

(3) 编制自有资金现金流量表,计算自有资金财务净现值和财务内部收益率。

13. 建设某项目需出口原油,进口铜,假设原油的离岸价格为 420 美元/吨,铜的到岸价格为 3 000 美元/吨,两种货物国内运输费用均为 200 元/吨,贸易费率为 6%,浮动汇率为 6.33 元/美元,试求原油和铜的影子价格分别是多少?

第八章 工业项目可行性研究

第一节 可行性研究概述

一、可行性研究的发展概况

可行性研究,是在20世纪30年代美国为开发田纳西河流域开始采用的方法。当时美国政府组织经济专家和技术专家进行论证,提出了该地区进行经济开发的可行性报告,把可行性研究纳入了流域开发程序,作为流域开发规划的重要阶段,确保了流域开发规划的稳步进展,使整个开发计划取得了极大成功。从此,西方各国就把可行性研究广泛用于工程项目投资活动。

第二次世界大战以后,特别是近40年来,随着现代科学技术和现代管理科学的发展,可行性研究变得更加重要、更趋完善,应用范围更加广泛。它不仅用于研究工程项目的开发和建设问题,而且还可用来研究工业、农业等物质生产部门的生产管理和对自然界改造、对社会改造等问题,如对生态平衡、环境保护、国防建设、科学实验、重大技术经济政策、某种资源或地区的开发、产品开发等问题进行研究。如今可行性研究经过各个国家、各地区的广泛推广和应用,得到了不断发展和提高,已逐步形成了一套比较完整的科学理论、评价方法和工作程序。

虽然世界各国对可行性研究的方法、内容、作用和阶段划分不尽相同,但作为一门科学,已被世界各国所公认,并被广泛采用。目前,不但西方国家把可行性研究作为工程项目投资决策的手段,而且中东地区、亚洲一些发展中国家也在开展这项工作。

联合国工业发展组织为促进国际交流,推动发展中国家开展可行性研究工作,于1978年编写和发行了《工业可行性研究手册》和《工业项目评价手册》等文件,这对发展中国家开展可行性研究工作起到了一定的指导和推动作用。目前亚洲开发银行和世界银行等国际性金融机构贷款时,通常都规定必须以贷款金额的5%～10%的资金作为开展贷款项目可行性研究的费用,从而充分保证了可行性研究工作的开展,提高了贷款项目的成功率。

投资项目可行性研究在我国起步较晚,"一五"计划期间,我国在建设156项重点工程项目时,学习苏联当时的做法,搞过与"可行性研究"类似的工作,即在每个项目建设之前,在投资前期,都编制了《项目建设意见书》,也都作了"方案研究",对工程项目方案进行比较全面、细致的"技术经济论证",从而使项目建设能够顺利进行,并取得了良好的投资经济效益。

建国初期,我国的基本建设工作程序基本上分为四个阶段,即设计任务书、初步设计、技术设计、施工图,从设计角度讲这叫"三段设计"。到了60年代,开展设计革命后,将上述四个阶段简化为三个阶段,即设计任务书、扩大初步设计、施工图,也就是把原来的初步设计与技术设计合并为扩大初步设计,这从设计角度讲,就叫"两段设计"。不论是四阶段还是三阶段的基本建设工作程序,都强调建设项目的决策程序是先勘察、后设计,先设计、后施工,力求通过科学完善的设计,实现建设项目技术上的先进性和经济上的合理性。

但是50年代后期的"三年大冒进"和后来1966年开始的"十年动乱"时期,由于"左"的错误思想影响,我国也一度出现了"边勘察、边设计、边施工、边生产"的破坏建设程序的现象,甚至发展到了不勘察、无设计就施工建设的极端错误做法,政治需要决定一切,不搞技术经济分析论证,取而代之的是一系列的"拍脑袋方案"、"首长项目",这就从根本上否定和破坏了原来比较科学的建设程序。这样做的结果是很多项目的投产期一拖再拖,迟迟发挥不了效益;甚至有些项目投产后长期亏损,国家不仅不能从中获益,反而倒贴钱维持其运转。这不仅造成了国民经济严重的比例失调,而且造成了极大的资源浪费。据不完全统计,"三年大冒进"和大炼钢铁造成的损失超过了2 000亿元。

总结"一五"时期执行的比较科学和成功的项目建设程序以及总结"三年大冒进"和"十年动乱"的惨痛教训,人们逐步意识到,即使是四阶段或三阶段的建设程序,也都存在着一个很大的缺点,这就是建设项目的投资决策时间太短,对项目建设的必要性和可行性分析论证过于肤浅、过于简单。比如,对拟建项目的"立项"和项目建设的必要性(如社会需求和市场需求)的调查研究和分析论证很不深入;对项目建设的可行性,即项目建设所必须具备的技术条件和生产经营条件的分析论证也很不够。而西方国家之所以能够取得较好的投资效果,其主要原因就在于他们十分重视对市场需求的调查预测,重视投资决策前对项目进行充分的论证和经济评价,由专门机构或咨询部门对拟建项目运用科学的方法进行充分的可行性研究和论证。

1980年以来,世界银行对我国的建设项目提供贷款时,首先就要审查建设项目的可行性研究报告,然后才决定是否给予贷款。世界银行提供项目贷款时,通常把项目管理分为六个阶段,即项目选定、项目准备、项目评估、项目谈判、项目执行检查和项目总结等,这样一个完整的过程,称为项目周期。其中,项目选定、项目准备、项目评估、项目谈判,构成了项目可行性研究的主要内容。可见,世界银行在选择建设项目时,是十分注重可行性研究工作的。实践也证明世界银行的这种提供贷款的决策程序是很有效的。据统计,世界银行贷款项目的成功率高达95%以上,其关键就在于它在项目评价和投资决策时非常重视可行性研究,在项目管理方面有一整套比较科学的评价理论、评价方法和决策程序。

自党的十一届三中全会以来,我国总结了过去经济建设中的经验教训,吸取西方国家建设项目投资决策的成功经验,注重对投资项目经济效益的考核,特别强调建设前期的可行性研究工作。

1981年,国务院首次在《技术引进项目和设备进口工作暂行条例》中提出了《可行性研究报告内容要求》的提纲,这是我国最早制定的关于可行性研究工作内容的提纲。1983年,国家计委颁布了《关于建设项目进行可行性研究的试行管理办法》,明确规定了可行性研究的任务、项目范围、编制程序、编制内容、预审和复审等事项,把可行性研究作为建设程序的重要组成部分,并规定建设项目必须进行可行性研究和技术经济分析论证。对于那些没有可行性研究报告的建设项目一律不予审批。这为我国全面开展可行性研究工作提出了统一的标准和要求。1987年10月,国家计委正式颁布了《建设项目经济评价方法与参数》(简称《方法与参数》,以下同),在全国推广实行。1993年4月,国家计委和建设部又联合修订颁布了《建设项目经济评价方法与参数》的第二版。第二版的《方法与参数》尽管在具体方法与参数方面作了较大的修订,但两者总体结构和重要内容基本相同。主要包括关于建设项目经济评价工作的若干规定、建设项目经济评价方法、建设项目经济评价方法说明、建设项目经济评价参数、中外合资经营项目经济评价方法、中外合资经营项目经济评价方法说明、案例和附录八部分内容。其中,关于建设项目经济评价工作的若干规定是一个规定性文件,对建设项目经济评价工作的开展和管理,方法与参数的制订、修改和发布等问题进行了规定。建设项目经济评价方法、中外合资经营项目经济评价方法和建设项目经济评价参数是《方法与参数》的核心内容,分别给出了一般项目和中外合资经营项目经济评价的方法及经济评价的参数。建设项目经济评价方法说明、中外合资经营项目经济评价方法说明和案例分别对经济评价方法的具体问题进行了解释并通过案例进行演示。

2006年8月,国家发改委和建设部再次联合修订颁布了《建设项目经济评价方法与参数》(第三版),主要包括三部分内容:一是关于建设项目经济评价工作的若干规定;二是建设项目经济评价方法;三是建设项目经济评价参数。

《方法与参数》是各类规划设计单位、工程咨询公司进行投资项目评价和评估的指导性文件,也是各级计划部门或主管部门审批项目建议书和可行性研究报告以及银行、投资公司等金融机构评估项目和审查投资贷款的重要依据。国家计委和建设部要求在大中型和限额以上基本建设项目中试行,这标志着我国已进入了项目投资决策科学化、民主化的新阶段。

二、可行性研究的概念

可行性研究又称可行性论证或可行性分析,可行性就是"可能性",也指"可以做成的、可以实现的、可以行得通的、可以成功的"等意思。可行性研究就是对任何一项实践活动,在实施前对其是否可行、是否可以成功所进行的研究、分析或论证的工作。

可行性研究是一种统称,是笼统的提法,其实它可以包括各行各业、各个方面的可行性研究。比如,它可以是工业基本建设方面的可行性研究,也可以是改建、扩建方面的可行性研究;可以是技术引进方面的可行性研究,也可以是生产经营方面的可行性研究;可以是经济体制、管理制度改革方面的可行性研究,也可以是管理方法改革方面的可行性研究。当然还可以是其他领域、其他方面的可行性研究。比如,可以是科学技术、文化教育发展方面的可行性研究,可以是生活服务、思想教育方面的可行性研究,也可以是某种能源资源的开发与利用、某地区的开发与建设,或者是国防安全、环境保护方面的可行性研究,等等。本章则仅指对工业建设项目和工业生产项目的可行性研究,通称工业项目的可行性研究。

工业项目在进行投资决策前,对于要拟建的项目应具备的各种条件、发展前景及经济效益,必须进行详细的调查研究、综合性的分析计算和多方案的比较选择,选出最佳方案,并提出该项目是否值得投资兴建和如何投资兴建的意见,以便为投资决策提供可靠的技术、经济、商业、财务、环保及管理上的依据。这个调查研究、科学预测、分析计算、比较选择和技术经济论证的全过程,就是工业项目的可行性研究。

概括起来,工业项目可行性研究是指对拟建项目在技术上是否先进、经济上是否合理、建设上是否可行所进行的综合分析和全面科学论证的技术经济研究活动。

具体来说,工业项目可行性研究要解决以下八大问题:

① 为什么要建设这个项目?该项目是否符合国家的发展规划和优先顺序?
② 项目所需要的资源及市场如何?建多大规模合适?
③ 厂址选在哪里最佳?当地的自然环境和社会经济条件如何?
④ 采用什么工艺技术?技术是否过关、安全、适用、先进?有何特点与要求?
⑤ 采用什么样的管理方法?管理体制、运作机制是否协调、高效?
⑥ 项目所需要的外部协作条件如何?

⑦ 何时开始投资？投资总额多少？投资方式如何选择？建设时间多长？建成后的经济效益与社会效益如何？

⑧ 资金来源如何？能否筹集到所需的资金？筹资渠道是否落实？

若能对上述八大问题认真进行调查分析，详细对比研究，并有切实可行的解决对策，就可认为该工业项目的可行性研究是成功的。

三、工业项目可行性研究的特点

可行性研究的特点主要有以下几点：

1. 先行性

先行性是可行性研究的关键。可行性研究是在投资项目建设之前所进行的分析论证，先行性特点极为明显。这种先行性一定是程序上的先行，必须是先论证后决策，而非先决策后论证。如果工程项目已决定上马，再进行可行性研究就没有任何意义了。

2. 预测性

预测性是可行性研究的突出特点。可行性研究既需要根据历史数据、现状调查资料对拟建项目的技术先进性和经济合理性进行分析，更需要对拟建项目未来各种因素的可能变化情况及其后果进行预测和不确定性分析。可靠、及时的资料来源，科学、有效的预测方法，都能提高预测分析的准确性，确保可行性研究的可信度和投资决策的正确性。

3. 决策性

决策性是可行性研究的必然结果。可行性研究的目的就是要决定该拟建项目是否上马，效益多大。通过可行性研究可以舍弃不可行方案，选择最优方案，为项目决策提供可靠的依据。

4. 安全性

安全性是可行性研究的目的。通过可行性研究，一方面可以为工程项目的上马找到充分的依据，使投资项目在技术、经济、商业、财务、环保、管理等方面具有安全保障；另一方面又可以为不可行的项目找出原因，使不合理的项目不能上马，从而杜绝人、财、物资源的巨大浪费，保证资金的安全。

5. 公正性

公正性是可行性研究的最本质的特点。国家计委在《关于建设项目进行可行性研究的试行管理办法》中明确规定，承担可行性研究的单位应切实保证评价的科学性、公正性和可靠性。评价人员要坚持实事求是的原则，据实比选、据理论证，绝不允许迁就照顾人情关系，把不可行项目论证为可行项目。国外的经验是承担可行性研究的单位和个人应与项目委托者和建设者无利害关系，能保持中立态度，从而做出客观的评价结论。

四、工业项目可行性研究的作用

工业项目可行性研究,是项目建设前期的极其重要的一项工作,是项目建设程序的重要组成部分,是开展投资建设时期各项工作的基本依据,对建设项目实现科学的投资决策和取得良好的投资效益具有十分重要的作用。具体讲,工业项目可行性研究的作用主要有以下几个方面:

(1)可行性研究是投资决策的依据。建设项目可行性研究的结论,可作为判定该项目是否值得投资以及如何投资等决策的依据。

(2)可行性研究是编制设计任务书的依据。可行性研究要对拟建项目的建设条件、厂址选择,建设规模,建设进度,产品方案,生产工艺流程及设备选型,资源、原材料、燃料、动力供应条件及价格,气象水文,工程地质等进行详细的技术经济分析论证和决定,这就为编制项目设计任务书提供了可靠的依据。国家为加强和完善建设前期研究工作,明确规定所有大中型建设项目和限额以上建设项目都必须做可行性研究,凡未进行或不认真进行可行性研究的项目,一律不批准其设计任务书,不能进行勘察设计,不能列入基本建设年度计划。

(3)可行性研究是建设项目筹措资金和向银行申请贷款的依据。项目所需建设资金在向银行贷款或从其他渠道取得信用贷款等建设资金时,都必须附有该项目的可行性研究报告,并经银行或其他有关部门审查和评估后确认该建设项目具有较好的经济效益和较强的偿债能力时,银行或有关部门才给予贷款或提供建设资金。因此,可行性研究是筹集资金和贷款必不可少的重要依据。

(4)可行性研究是同有关单位签订合同和协议的依据。在可行性研究报告中,对项目建设和生产经营所需的原材料、燃料、动力等需要量,以及产品销售量、货物运输量、生产技术与工艺流程的选择和主要设备选型等都作了分析和论证。因此,经批准的可行性研究报告就为项目建设单位同有关部门、单位签订各项合同和协议提供了依据。

(5)可行性研究是申请项目建设执照的依据。项目建设需要当地政府批准购买的土地,因此必须符合当地市政建设规划与环境保护等方面的各项要求。在可行性研究报告中,对厂址选择、工厂布置、工艺方案等都作了论证,这可以为项目申请和批准建设执照(建设许可证)提供基本依据。

(6)可行性研究是建设项目进一步补充和完善基础性资料和开展各项实验与研究的依据。在可行性研究的基础上,还可以进一步为收集设计、施工资料和开展中间试验与工业性试验等提供重要依据。

(7)关系国计民生的部分大中型建设项目的可行性研究,可作为编制国民经济计划的重要依据和资料。

(8) 涉外项目的可行性研究,可作为引进国外技术、装备和资源以及与外商谈判和签订合同的依据。

第二节 可行性研究的阶段

建设项目的可行性研究,是项目建设前期进行的一项极为重要的技术经济分析与论证工作,其目的是为项目投资决策提供科学的依据。

一、工程项目建设的时期

工程项目的建设,一般可分成三个时期:投资前时期(投资前期)、投资时期(建设时期)和生产时期。每个时期的工作内容主要包括:

1. 投资前时期(投资前期)

投资前期要进行项目的规划设想,初步选择产品及技术方案,编制投资规划。这一时期的工作主要是进行可行性研究和资金筹措。要完成一个项目的可行性研究,需要组织一个包括工业经济专家、工程技术人员、工业管理专家、财会专家等在内的专家队伍,还要取得有关各方面的协助,历时数月或数年才能完成,耗资约占工程总投资的0.5%～3%。国内外的大量实践证明,在投资前花费一些资金、时间和人力来作可行性研究是应该的、值得的。因为可行性研究工作的质量直接关系到工程项目建设的成败。即使经过可行性研究否决了某一建设项目,也是在减少该项目盲目上马后造成的更大的损失和影响。

2. 投资时期(建设时期)

工程项目经过投资前期的可行性研究后,就进入投资时期。投资时期的主要任务是:谈判与签订合同;工程项目设计;施工建设;人员培训;试运转,并准备正式生产经营。这个时期的关键是控制建设周期和投资费用。缩短建设周期可以及早发挥工程项目的投资效果,提高项目的经济效益,缩短投资回收期,延长获利时间。对大中型工程项目往往采用分期建设、分阶段形成生产能力,以期更好地发挥投资效果。

3. 生产时期

工程项目投资建设形成了生产能力,并经过试生产后,就进入正式生产时期。工程项目的经济效益就是通过生产时期的活动来反映的。经济效益的高低虽然与这一时期的管理水平、企业制度、运营机制等有关,但投资前期的可行性研究工作的质量及投资时期的工作质量却是该项目成功的前提条件,直接影响该项目的经济效益。生产时期的早期,主要是对生产技术的掌握和管理,以求尽快达到设计所要求的生产能力和各项技术经济指标;生产时期的后期,则是要根据市场变化、技术进步等情况考虑企业的技术改造、技术引进等问题。

以上三个时期的各项工作并不是截然分开的,而是互相联系、交错进行的。有些工作如设计、评价和决策,往往不是一次完成,而是由粗到精多次反复完成的。

根据项目建设的实际及国内外实践经验,可行性研究应在投资前时期进行,如图 8-1 所示。

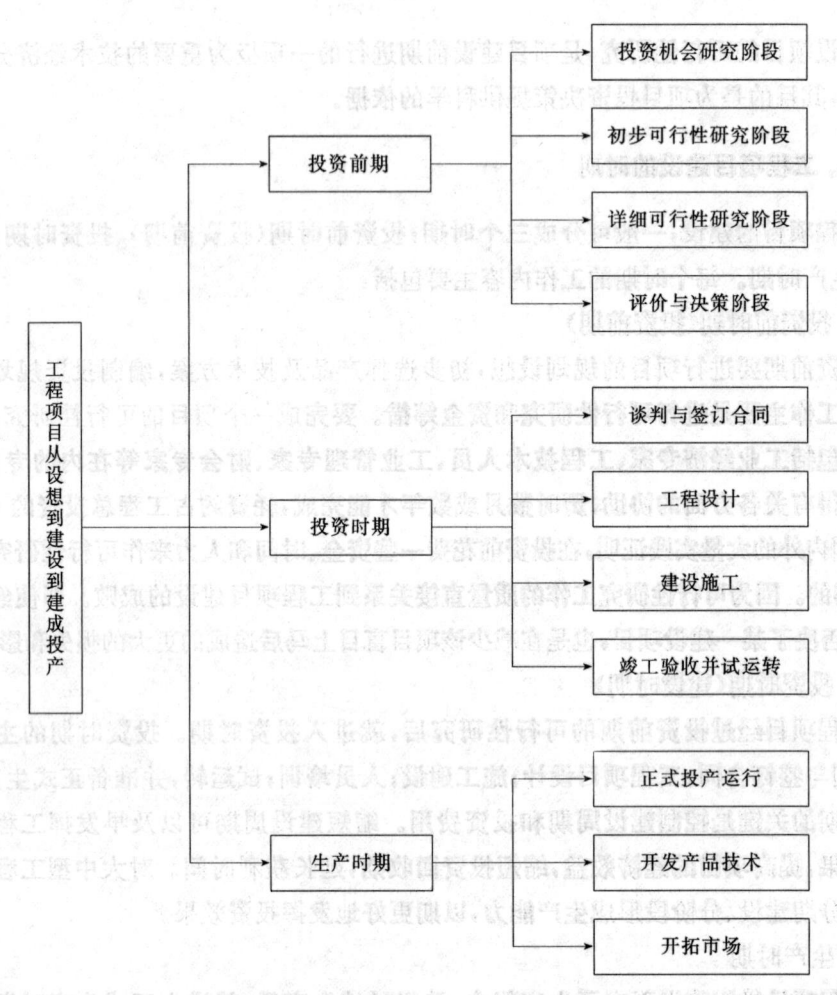

图 8-1 工程项目建设过程示意图

二、可行性研究的阶段

建设项目的可行性研究工作,通常分为四个阶段进行,各阶段的主要任务、要求等简述如下:

1. 投资机会研究

投资机会研究,又称投资机会鉴定,简称机会研究,其任务是研究和确定合理的投资方向、投资规模和投资结构。即在一个确定的地区或部门内,根据自然资源、社会经济因素及市场情况的调查和预测,探寻和选择最有利的投资机会。它主要是通过一般性的调查研究资料和已有的各种资料,对项目发展的背景、基础、条件等各方面,如产品发展的趋势、资源的来源、环境的影响、国内外目前的水平、该项目与国民经济和其他部门的关系、现有同类型企业发展的可能性、成本水平与收益的多少等等,进行研究和估计,做出粗略的分析。该阶段对投资额、产品成本费用等指标的估算精度要求是误差不超过±30%,所需时间较短(1~3个月),研究费用也较少(约占投资总额的0.1%~1.0%)。

投资机会研究虽然是一种初步和概略的研究,但它却是属于资金投向的战略性研究,是对投资进行宏观控制和管理的重要环节。投资机会研究的结论有两个:一个是项目不可行,研究终止,投资者可以重新选择其他投资机会;另一个是项目可行,则应转入初步可行性研究阶段。

2. 初步可行性研究

初步可行性研究,又称预可行性研究,是投资机会研究与详细可行性研究之间的中间研究阶段。这是在投资机会研究的基础上进行深入一步的研究,其主要目的是:

(1) 判定该项目投资机会有无生命力和发展前景,有无必要进一步开展分析和研究工作。

(2) 分析和确定影响项目可行性的关键因素,并决定是否需要进行市场供求预测、生产工艺和技术装备等实验室试验或工业性中间试验等专题研究。

(3) 判定现有资料、数据等是否能足以证明项目设想和投资建议的可行性,是否对投资者有较大的吸引力。

因此,初步可行性研究的主要任务就是分析投资机会研究的结论,进一步研究市场供需情况、原材料及辅助材料的供应与价格、厂址选择、建设规模、建设进度及工期、工艺技术等。要拟定各种可能方案,初步评价各方案的经济效益,并对投资、成本费用及收益指标进行较精确的估算。估算精度要求是误差不超过±20%,其研究时间较机会研究长(4~6个月),花费的费用也较多(约占投资总额的0.25%~1.5%)。

初步可行性研究结论有两个:一个是项目不可行,没有立项的可能性和必要性,则该项目的可行性研究到此停止,不再进行详细可行性研究;另一个是项目可行,可转入详细可行性研究阶段。当然,若经初步可行性研究发现了项目一些薄弱环节或较为重大的问题需要作深入调查研究,则可提请下一阶段对之进行进一步的专题研究。

3. 详细可行性研究

详细可行性研究,又称技术经济可行性研究、最终可行性研究,或简称可行性研究。这一阶段是投资决策前期研究和评价的关键阶段。该阶段的主要任务是:在机会研究和初步可行性研究的基础上,对项目进行全面深入的技术经济分析和论证,并进行不确定性分析,为工程项目最终作出投资决策提供技术、经济、商业、财务、环保、管理等方面是否可行的依据和结论性的意见。这一阶段必须深入研究和论证建设项目的厂址选择、建设规模、建设进度、生产纲领、工艺技术选择、工厂布置、设备选型、原材料和燃料及动力供求分析、货物运输量估算、厂内外运输方式选择、辅助生产和生产服务系统设置、协作配合方式选择、投资和成本费用估算及资金筹措、组织机构设置及劳动定员、项目盈利能力与偿债能力分析,以及项目经济效益评价等重要问题。该阶段要进行深入的技术经济计算和比较,特别是要进行不确定性分析,从各种可行的方案中选择和推荐出最佳方案,为项目建设做好充分的准备。这一阶段,经济计算的精度要求较高,误差不超过±10%,所需时间较多(几个月至几年),研究费用也较多(一般占投资总额的1%~3%)。

详细可行性研究结论也有两个:一个是项目不可行。在国外前两个阶段研究通过,这一阶段再认为不可行的项目是极少见的。如果认为项目不可行确实可惜,或从各方面权衡该项目都应该上马,则可以经过调整不合理的参数(如价格)和生产工艺方案,使项目的经济效益能有所提高,从而成为可行方案。另一个是项目可行,就可转入决策阶段做出最终的决策了。

总之,可行性研究阶段的研究成果必须写出详细的"可行性研究报告"供评价决策使用。

4. 评价与决策阶段

项目评价一般是在可行性研究报告的基础上进行的。其任务是审核可行性研究报告中所反映的各项情况是否确实;分析计算是否正确;结合定量分析与定性分析,综合各种因素与条件,从企业、国家、社会各方面综合判断工程项目的可行性,最终确定这个项目是否可行,做出最终的投资决策。该阶段各指标的估算精度要求误差仍然在±10%以内。

这一阶段要根据对可行性研究报告的评价情况写出"评价报告"。

工业项目可行性研究的四个阶段之间的关系及其工作要求如表8-1所示。

表8-1 可行性研究各阶段的工作要求

研究阶段	投资成本估算精度误差要求	所需时间	所需人数	研究费用占总投资比例/%
机会研究	±30%	1~3个月	一两位专家	0.2~1.0
初步可行性研究	±20%	4~6个月	专家小组	0.25~1.5
可行性研究	±10%	几个月至几年	专家小组	
① 大型项目	±10%	几个月至几年	及其他行业	0.2~1.0
② 中小型项目	±10%	8~12个月	专家协作	1.0~3.0
评价与决策	±10%	1至几个月	专家小组	以费用需要或协议确定

上述可行性研究各阶段的系统流程如图8-2所示。

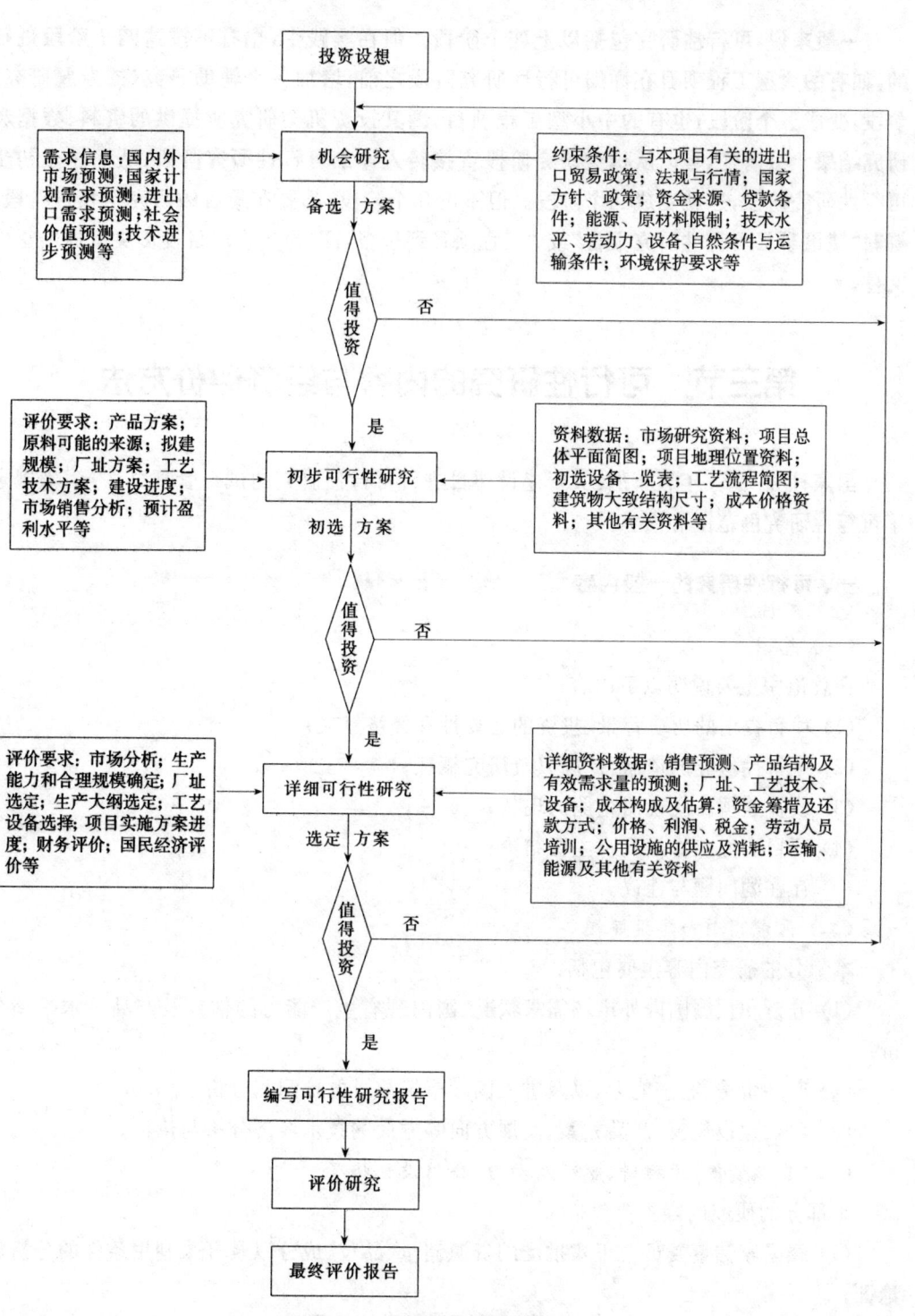

图 8-2 项目可行性研究程序

一般来说,可行性研究包括以上四个阶段。但在实践中,也有不按这四个阶段进行的,如有的大型工程项目在详细可行性研究阶段之前,增加一个辅助研究(或专题研究)阶段,变成五个阶段;也有的中小型工程项目,因其投资机会研究所提供的资料、数据和研究结果十分清楚,可以从机会研究阶段直接转入详细可行性研究阶段,从而越过初步可行性研究阶段,这就变成三个阶段。但不论几个阶段,都要在最后的研究与报告阶段,撰写"建设项目可行性研究报告"或"工程项目评价报告",为建设项目投资决策提供正式文件。

第三节 可行性研究的内容与经济评价方法

国家计委1983年颁布的《关于建设项目进行可行性研究的试行管理办法》明确规定了可行性研究的范围和内容。

一、可行性研究的一般内容

(一) 总论

在总论中主要说明以下内容:

(1) 项目提出的历史背景、投资的必要性和经济意义;
(2) 可行性研究的依据、范围以及研究概况;
(3) 改扩建项目应说明企业的现状;
(4) 项目研究工作概况及主要结论;
(5) 存在的问题与建议。

(二) 需求预测和建设规模

本部分的研究内容主要包括:

(1) 分析和预测国内外市场需求状况、国内现有生产能力的估计及产品供求平衡分析;
(2) 产品价格、竞争能力,以及进入国际市场前景的预测和分析;
(3) 项目建设规模、产品方案、发展方向等方面的技术经济分析与论证。

(三) 自然资源、原材料、燃料及动力、公用设施状况

本部分的研究内容主要包括:

(1) 经国家储量委员会正式批准的资源储量、品位、成分以及开采利用条件的分析和论证;
(2) 原材料、燃料、电力等需求种类、数量、来源和供给条件及其经济分析;

（3）公用设施具备状况、需要量、供应方式和供给可能性的分析和论证。

（四）建厂条件和厂址选择

本部分的研究内容主要包括：

（1）拟建项目对厂址的要求以及已选厂址具备的条件，如地理位置、气象水文及工程地质、地形、地貌条件及当地社会经济状况的分析和论述；

（2）交通运输、水、电、气等社会公用设施的现状和发展变化趋势的调查分析和论述；

（3）厂址方案的比较、选择及其推荐方案等。

（五）项目设计

本部分的研究内容主要包括：

（1）工程项目的组成，即各主要单项工程的名称、数量及其设计方案；

（2）生产技术、工艺方法及设备选型等方案的比较和分析，技术、设备的来源，主要技术经济指标的计算和确定；

（3）工厂总图布置方案选择，包括总平面及纵向设计方案的比较选择、厂区主要管道线路方案的比较选择等；

（4）全厂土建工程论述及建筑工程量估算；

（5）公用设施、辅助设施的构成情况和厂内外交通运输方案的分析、比较和选择；

（6）有关工程项目的特殊要求与条件、工程建设难度情况论述。

（六）环境保护、劳动保护与安全防护

本部分的研究内容主要包括：

（1）建厂地区、地点环境状况的调查分析；

（2）拟建项目"三废"的种类、数量、排放情况及其对环境影响的范围与程度，拟采用的"三废"治理方案及预期效果的论述；

（3）劳动保护与安全防护方案的分析和论证。

（七）企业组织、劳动定员和职工培训

本部分的研究内容主要包括：

（1）企业组织机构、管理与生产指挥系统的设置；

（2）劳动定员构成与分析；

（3）职工培训计划、要求及措施方案；

（4）劳动力来源。

（八）建设进度计划

本部分的研究内容主要包括：

（1）建筑工作量、安装工作量的估算及特殊施工、特殊安装要求的论述；

（2）从勘察设计、设备订货和制造、建筑安装、生产调试到正式投入生产的全过程的衔接配合、统筹安排、全面规划的工程项目施工建设进度计划的制订。

（九）产品成本费用估算及资金筹措

本部分的研究内容主要包括：

（1）主体工程、辅助工程和协作配套工程所需投资总额的估算；

（2）产品成本费用的估算；

（3）流动资金的估算；

（4）资金的筹措来源、方式，贷款偿还能力与偿还方式以及投资回收时间等。

（十）经济评价

本部分的研究内容主要包括：

（1）建设项目的财务评价，用以考察和分析论证项目的盈利能力、清偿能力以及外汇平衡等财务状况；

（2）建设项目的国民经济评价，用以考察和分析论证项目对国民经济的净贡献；

（3）不确定性分析，主要指盈亏平衡分析、敏感性分析和概率分析。

（4）经济效益与政治、社会、技术、自然资源、生态及环境效益评价等。

二、可行性研究的主要内容

由上述可行性研究的一般内容可知，建设项目的可行性研究范围是十分广泛而全面的。但是其中市场预测是可行性研究的前提，生产建设条件与技术条件分析是可行性研究的基础，而经济评价是可行性研究的核心和目的。这些是可行性研究与可行性研究报告的主要内容，下面就这三个方面作进一步分析。

（一）市场预测

市场预测主要包括需求预测与供给预测。在社会主义市场经济条件下，市场需求是建设项目"立项"建设的前提，也是可行性研究的前提。可行性研究分析项目立项的必要性时，通常就是从市场需求预测和产品销售预测开始的。

市场需求量包括现时需求量和未来一定时期的潜在需求量。显然，现时需求量可通过用户调查或统计资料分析得到，而未来的潜在需求量则应通过科学的预测方法求得。因此，市场调查和市场预测是可行性研究不可缺少的重要的环节。我国实行改革与开放，需求量应当既包括国内市场的需求量，又包括国际市场的需求量，特别是涉外项目的建设，尤其要重视国际市场需求预测。

1. 市场需求预测的主要内容

（1）产品需求量预测；

（2）市场占有率预测；

（3）产品寿命周期预测；

（4）新产品开发预测；

（5）市场竞争预测；

（6）产品社会拥有量预测。

2．市场供给预测的主要内容

（1）现有企业生产规模预测，即对生产该产品的现有企业的社会生产能力的预测。

（2）在建项目和规划建设项目的生产规模预测。这是行业的生产发展规划，对该产品中长期供给预测有重要影响。进行市场供给预测时，必须了解在建项目的生产能力、投产时间、生产条件、产品销售区域和市场分布。同时还要掌握规划项目的建设规模、区域分布及市场未来的需求变化趋势等。

总之，通过市场需求预测和供给预测，分析和论证项目立项建设的必要性并确定项目建设规模、生产纲领及建设进度等。

（二）技术分析

项目建设、生产及技术条件分析的内容很广泛，也很复杂。概括起来，主要包括：

（1）资源分析。如项目建设和生产经营所需资源的种类、特性和数量；可供资源的数量、质量和供应年限、开采条件及供应方式；资源的合理利用与综合利用的现状与前景等。

（2）原材料供应条件分析。如对原材料供应品种、数量、质量、价格、供应来源和地点、运输距离、储备量以及仓储设施等方面的条件和状况分析。

（3）燃料和动力供应条件分析。如煤、石油和天然气等燃料，电、水、压缩空气、蒸汽、氧气等动力供应条件分析。

（4）交通运输条件分析。交通运输是项目建设和生产正常进行的关键环节，大量的物资供应和产品销售都靠交通运输来完成，是项目建设和生产经营活动的"先行官"、"大动脉"。

（5）工程地质和水文地质分析。工程地质和水文地质是厂址选择、大型工程项目施工以及建成后长期生产的重要影响因素。

（6）厂址选择分析。厂址选择也称厂址布局，是在地区布局与地点布局已确定基础上具体选择和确定建设项目厂址的坐落位置。

（7）工厂布置分析。工厂布置就是合理布置厂区内的车间、建筑物、构筑物、堆场、栈桥、管线、仓库、动力及运输设施等，妥善处理地上与地下、厂内与厂外设施配置，寻求相互协调、有机结合的建筑群体的规划工作。

（8）项目建设规模分析。包括建设规模（又称企业规模）和生产规模（又称经济规模）分析。分析时应考虑社会需求量、技术经济可能条件、企业技术经济特点、专业化协作与生产联合化水平、综合经济效益等制约因素的影响。

(9) 生产工艺分析。生产工艺是项目技术设计的重要组成部分。生产工艺流程是指原材料投入生产到产出产成品的全部生产加工过程。先进的生产工艺，就是采用先进的生产技术流程、加工设备和制造方法，生产出性能好、质量优、消耗少、成本低的产品或零部件。

(10) 设备选型分析。设备是项目生产产品、实现生产目的的基本手段和工具。设备选型与生产工艺、加工方法有密切的联系，也与产品种类、生产规模等相关。

（三）经济评价

建设项目的经济评价，是项目可行性研究的重要组成部分和核心内容，是建设项目决策科学化的重要手段和有效工具。经济评价的目的是根据国民经济和社会发展战略以及行业和地区发展规划的要求，在完成市场预测、生产与建设条件分析、建设项目规模与产品纲要确定、厂址选择、工艺技术方案选择、工厂布置等工程技术研究的基础上，计算项目的效益和费用，通过多方案的比较，对拟建项目的财务可行性和经济合理性进行分析论证，做出全面的经济评价，并比选和推荐最佳方案，为建设项目的决策提供科学的、可靠的依据。

在建设项目决策的实际工作中，为了确保投资决策的科学性和可靠性，根据评价的目的和要求不同，建设项目的评价可分为四种类型：

1. 基础性评价

这是由设计单位、工程咨询公司在项目建议书和设计任务书（或可行性研究报告）中对建设项目从技术上和经济上论证其可行性的一种评价。这是在建设前期为项目的成立即"立项"，或做项目投资决策准备而开展的一种基础性评价工作，故称基础性评价。

2. 项目审计

由审计部门或中国国际工程咨询公司，对设计单位所做建设项目可行性研究的基础性评价进行的再评价和审查分析工作，叫做项目审计或效益审计。

项目审计的任务，就是对基础性评价的可行性研究的程序、内容、方法、参数、结论等进行系统的审查，从而对基础性评价内容的真实性、完整性和可靠性作出评价，以保证项目评价和投资决策的正确性和科学性。

3. 项目评估

这是由建设银行或中国投资公司等单位为做出正确的贷款决策而从银行或投资公司角度，对建设项目的可行性研究所做的再次评价，也叫项目评估。如果项目是属于乡镇企业的建设项目，其所需建设投资由农业银行贷款时，则由农业银行做项目评估。

银行或投资公司对建设项目进行再评价或评估，有其专门的评估目的和评价角度。银行或投资公司进行的项目评估，不仅要考察和评估拟建项目的财务盈利能力，而且还要考察和评估项目的国民经济效益，特别是要着重审查和评估项目的清偿能力，即在规定时期内对贷款本金和利息的偿还能力。如果银行经过再次评估后,认为建设项目有足够的清偿贷款本金和利息的能力,才予以贷款,否则将拒绝贷款。

4. 项目决策

这是由计划部门或主管部门所做的关于建设项目投资的最终决策。这种对项目投资的最终决策,是在可行性研究的基础性评价和项目审计、项目评估的基础上,对建设项目所做出的最后评价和投资决策的审批。

三、可行性研究的经济评价方法

可行性研究的核心就是评价工程项目的经济效益,因此经济评价贯穿整个可行性研究工作的始终,反映了工程项目研究的最终成果,并以此作为最终决策的最主要依据。

工程项目经济评价是指采用现代经济分析方法,对拟建项目计算期内投入产出诸多经济因素进行调查、预测、分析、计算和论证,并比选推荐最佳方案的一系列过程。在比选项目和方案时,一般需要对项目的工程技术、工艺以及资源等因素和条件进行综合分析和评价。但归根结底是把各种因素都尽可能转化为投入产出的代价和收益,即计算分析工程项目和方案的经济效益。

工程项目经济评价方法主要包括以下三类:

1. 静态分析与动态分析

对项目进行经济评价,按其是否考虑时间因素,可分为静态分析与动态分析两种方法。

(1) 静态分析,是指在投资效益分析中不考虑资金的时间因素,直接把历年投入的资金与历年产生的收益分别汇总并比较,以判断方案的优劣和取舍。静态分析法计算简便、直观,容易掌握。建设周期很短的中小型项目,在初步可行性研究阶段,为了节约人力、物力、时间,可以先作静态分析,以考察项目的经济效益,决定有无必要作进一步深入分析。

静态分析的主要方法有投资回收期法、投资效果系数法、追加投资回收期法、追加投资效果系数法、年折算费用法等,详见第四章。

(2) 动态分析,是指在投资效益分析中考虑了资金的时间因素,把不同时点的投资额、成本、销售收入等经济要素均按一定的折现率折算成同一基准时间的价值进行计算和比较,以正确地反映项目整个寿命期资金使用的实际情况及其经济效益。对于重点工程、大型复杂的建设项目、引进外资的项目、合资经营项目等必须采用动态分析法进行投资决策和资金与效益分析。

动态分析的主要方法有净现值法、净现值指数法、内部收益率法、外部收益率法、投资回收期法、年等值法、差额投资净现值法、差额投资内部收益率法、费用现值法等,详见

第四章、第五章。

2. 企业财务评价与国民经济评价

建设项目的经济评价,按评价的角度和范围的不同,可分为企业财务评价和国民经济评价。

(1) 企业财务评价,又称企业经济评价,是在国家现行财税制度和价格体系条件下,从项目财务角度分析、计算项目的财务盈利能力和清偿能力,以判别项目财务可行性。

(2) 国民经济评价,是在合理配置国家资源的前提下,从国家整体的角度分析、计算项目对国民经济的净贡献,以判别项目的经济合理性。

一般地讲,财务评价与国民经济评价的结论均可行的项目,应予通过,反之,应予否定。财务评价结论可行,而国民经济评价结论不可行的项目,一般应予否定。某些国计民生急需的项目,如果国民经济评价可行,而财务评价不可行,应重新设计方案,必要时也可向主管部门提出采取相应经济优惠措施的建议,使项目具有财务上的生存能力。

企业财务评价与国民经济评价的相互关系及其具体计算分析方法见第七章。

3. 不确定性分析

不确定性分析是工程项目可行性研究的一个重要组成部分,是目前发达国家及许多发展中国家在项目评价中广泛采用的分析方法。

一个建设项目,特别是重大建设项目,在决策过程中,必须要考虑到政治、经济、国防、社会、资源、技术等各方面因素的影响。这些因素会随着时间、地点、条件的改变而不断变化,这些变化着的各种因素就是不确定性因素,这些不确定性因素就造成了项目决策过程中的不确定性。

不确定性分析就是要计算投资、投产期、生产规模、成本、产品价格、折现率等各个因素变化对项目盈利大小的影响,要找出对经济效果指标有重大影响的敏感因素,估算这些因素的变化范围和出现在此范围的概率,并制定相应的对策加以防范,以回避或减少投资风险。

不确定性分析方法主要有盈亏平衡分析法、敏感性分析法、概率分析法等,详见第六章。

第四节 我国开展可行性研究的基本做法

一、我国可行性研究的依据

开展投资项目的可行性研究必须遵循国家各项方针、政策与法律,必须依据国家计委颁布的《建设项目经济评价方法与参数》、各种有效的文件、合同协议数据等。目前我国投资项目可行性研究的主要依据有以下几个方面：

(1) 国家经济建设的方针、政策和国民经济长远规划、地区规划、行业规划；

(2) 项目建议书和委托单位就拟建项目提出的目标、要求、工作范围等设想说明；

(3) 经过国家正式批准的资源报告、国土开发整治规划、河流、流域规划、路网规划、工业基地规划等；

(4) 可靠的自然、地理、地质、气象、基础设施、交通运输、经济、社会等基础资料；

(5) 有关"三废"治理和环境保护的文件；

(6) 有关的工程技术方面的标准、规范、指标等；

(7) 国家公布的用于进行项目评价的有关参数、数据和指标等。

二、我国现行的工程项目建设程序

20世纪50年代我国曾制订过工业项目建设程序，但1958年以后被取消。就目前我国的工程建设项目来说，在投资规模、技术水平、管理水平及外部条件等方面都已有很大变化，因而不能照搬第一个五年计划的做法，也不能照抄国外的经验。随着管理体制改革的深入，各有关方面开始重视经济效益，对开展可行性研究提出了要求，如国务院在1981年《关于加强基本建设体制管理、控制基本建设规模的若干规定》中明确规定："所有新建、扩建大中型项目以及所有利用外资进行基本建设的项目都需有可行性研究报告。"1983年初，国家计委正式颁布了《关于建设项目进行可行性研究的试行管理办法》，且在1993年和2006年国家发改委又进行了两次修订，这些都将可行性研究正式定为工程项目建设程序的主要组成部分，修订后的工程项目建设程序如图8-3所示。

三、我国建设项目的建设步骤和内容

经过多年实践的不断总结和改进，目前已基本形成了具有我国特点的建设项目的建设程序，其步骤和内容如下：

1. 编制项目建议书

项目建议书，即项目要求立项建设的建议书。它是由承办企业、单位，或各地区、各部门向国家或主管部门提出的。

也就是说，项目建议书是根据国民经济与社会发展长远规划和行业、地区发展规划以及国家经济建设方针、技术经济政策和市场需求，结合资源与建设布局等条件，在调查研究、资料收集和初步分析投资效益的基础上，由承办单位向国家或主管部门提出的需要立项进行可行性研究的项目建设的建议书或项目设想。

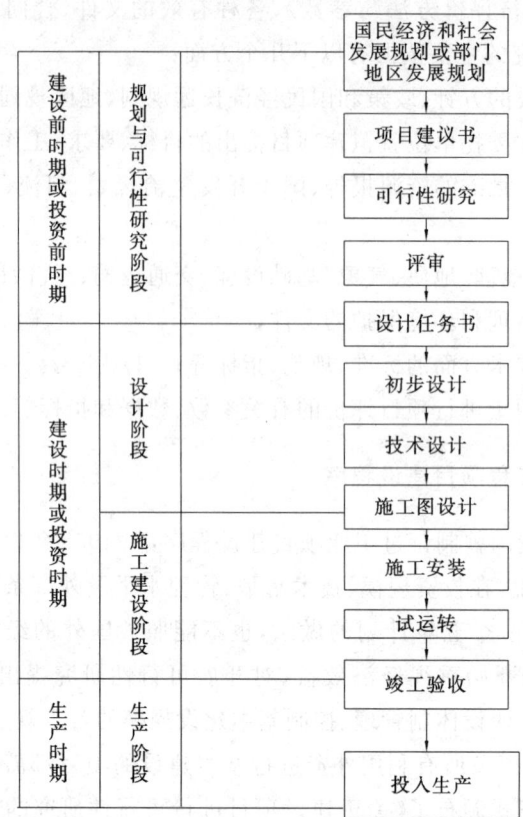

图 8-3 项目建设程序

在项目建议书中要说明：项目名称和承办单位、项目内容与申请理由、承办单位的基本情况等，并着重论述项目建设的必要性、可能性、社会需求状况以及项目建设的依据；产品方案、拟建规模和建设地点的设想；资源状况、建设条件和协作关系的初步分析；投资估算、资金来源和筹措设想；建设进度安排和预计建成投产时间；项目经济效益和社会效益的初步分析等。

我国编制的项目建议书相当于外国的投资机会研究，是属于概略性研究，其投资额和成本费用是通过类比法或经验估算而得到，故精确度较低。项目建议书经有关部门审查批准后就可纳入项目建设前期的工作计划，即纳入可行性研究工作计划。

2. 建设项目可行性研究

项目建议书经审查批准后，就可开展项目的可行性研究工作。建设项目的可行性研究论证工作，要由通过资格审定的设计单位或咨询机构来进行。未经资格审定的单位所做的可行性研究报告不能作为审批的依据。可行性研究工作结束后要提出正式的可行性研究报告和有关文件,并对可行性研究结果的可靠性、准确性承担责任。

3. 可行性研究报告的评估和审批

大中型项目及限额以上建设项目的可行性研究报告,要由各部门、各地区主管单位负责预审,然后报国家计委审批,或由国家计委委托有关单位审批;重大项目或特殊项目的可行性研究报告,由国家计委会同有关部门或地区预审,然后报国务院审批;特殊重大项目的可行性研究报告,经国务院审查后报全国人民代表大会审批,比如长江三峡工程等;小型项目的可行性研究报告则由各部门、各地区或主管部门审批。

为了加强和改善建设项目可行性研究工作和做出正确的投资决策,1986年国家成立了中国国际工程咨询公司,并决定国家预算内安排的建设项目或重大技术改造项目,都必须经过中国国际工程咨询公司对项目的可行性研究进行评估后才予以审批,即所谓先评估后决策。

4. 编制和审批设计任务书

可行性研究报告经审查批准后,项目主管部门或建设单位依据可行性研究报告的结论编制建设项目的设计任务书,经主管部门批准后可列入经济建设中长期计划,并作为设计单位开展工程项目设计的依据。

设计任务书,过去称计划任务书,是项目建设的决策性文件。它是根据择优审批的建设项目可行性研究报告编制的工程项目开展设计工作的指导性文件。设计任务书的主要内容包括:根据经济预测、市场需求预测确定的项目建设规模和产品方案;资源、原材料、燃料及动力条件;基础设施和公共设施状况;建设条件及厂址选择方案;生产工艺方案选择与设备选型;建设标准和技术经济指标;单项工程、辅助设施及协作配套项目的构成;环境保护与城市建设规划;建设工期与施工进度;成本、投资估算及资金筹措;经济效益和社会效益评价等。

5. 设计、施工、试运转、验收和投产

设计单位根据批准的设计任务书开展工程项目设计。工程项目的设计通常采用三段设计或两段设计。工程项目的设计必须严格按照已批准的设计任务书规定的内容、要求和标准进行,不得随意修改或变更。

施工建设单位,根据批准的工程项目设计文件与施工图,按规定的建设进度进行施工建设;建成后经试运转及验收即可正式投入生产。

思 考 题

1. 什么是工业项目可行性研究?为什么要对工业项目进行可行性研究?
2. 工业项目可行性研究有哪些特点?
3. 工业项目可行性研究一般分为哪几个阶段?各阶段的主要任务是什么?

4. 工业项目可行性研究的主要内容包括哪些？
5. 工程项目的技术经济评价与可行性研究有何关系？
6. 在我国开展工业项目可行性研究的依据是什么？
7. 对工业项目进行可行性研究的作用有哪些？
8. 结合实际，阐述工业项目可行性研究的重要性。

第九章 设备更新及现代化改装的技术经济分析

第一节 设备的磨损

机器设备的质量和技术水平是衡量一个企业技术能力、开发能力和创新能力的重要标准,而企业设备管理则对促进生产正常进行和取得较好经济效益起着举足轻重的作用,设备大修理和设备更新是保持设备性能和促进其技术进步的重要管理手段。

设备在使用或闲置过程中,会发生有形磨损和无形磨损。这两种磨损形式都会造成经济损失。

一、设备的有形磨损

1. 设备有形磨损的概念和成因

机器设备在使用(或闲置)过程中所发生的实体的磨损称为有形磨损,亦称物质磨损。

引起设备有形磨损的主要原因是在生产过程中对设备的使用。运转中的机器设备,在外力的作用下,其零部件会发生摩擦、振动和疲劳,以致机器设备的实体发生磨损,这种磨损叫做第Ⅰ种有形磨损。它通常表现为:

(1) 机器设备零部件的原始尺寸发生改变,甚至形状也会发生变化;
(2) 公差配合性质发生改变,精度降低;
(3) 零部件损坏。

第Ⅰ种有形磨损产生的后果可以使产品合格率下降,劳动生产率降低;设备的部分功能下降或者消失,无法继续运转;严重时可使关键核心部件彻底损坏,导致设备丧失使用价值。

引起设备有形磨损的另一个原因是设备在闲置过程中,由自然力的作用而发生,或由管理不善和缺少必要维护而产生的实体磨损,这种磨损叫做第Ⅱ种有形磨损。它的一般表现是:金属件的生锈、腐蚀,化学器件的老化变质等。

机器设备使用价值的降低或丧失,会使设备的原始价值贬值或基本丧失。要消除设备的有形磨损,必须支出一定的补偿费用,去抵补设备价值的损失。

2. 设备有形磨损的度量

度量设备的有形磨损程度,借用的是经济指标。整机的平均磨损程度 α_p 是在综合单个零件磨损程度的基础上确定的。即:

$$\alpha_p = \frac{\sum_{i=1}^{n} \alpha_i k_i}{\sum_{i=1}^{n} k_i} \tag{9-1}$$

式中　α_p——设备有形磨损程度;

k_i——零件 i 的价值;

n——设备零件总数;

α_i——零件 i 的实体磨损程度。

也可用下式表示:

$$\alpha_p = \frac{R}{K_1} \tag{9-2}$$

式中　R——修复全部磨损零件所用的修理费用;

K_1——在确定磨损时该种设备的再生产价值。

二、设备的无形磨损

1. 设备无形磨损的概念和成因

机器设备除遭受有形磨损之外,还遭受无形磨损(亦称经济磨损)。无形磨损不是由在生产过程中的使用或自然力的作用造成的,所以它不表现为设备实体的变化,而表现为设备原始价值的贬值。

无形磨损按形成原因也可以分为两种。第Ⅰ种无形磨损是由于设备制造工艺不断改进,成本不断降低,劳动生产率不断提高,使得生产同种机器设备所需的社会必要劳动减少,因而机器设备的市场价格降低,这样就使原来购买的设备价值相应贬值。

这种无形磨损的后果只是现有设备的原始价值部分贬值,设备本身的技术特性和功能即使用价值并未发生变化,故不会影响现有设备的使用。

由于科学技术的进步,产生了性能更完善、生产效率更高、材料和能源消耗更少的新型设备,而使原有设备在技术上显得陈旧落后,导致原有设备价值的贬值,叫做第Ⅱ种无形磨损。这种无形磨损的后果不仅使原有设备的价值降低,而且会使原设备部分或全部丧失其使用价值。这是因为即使原设备还未达到其物理寿命，能够正常工作，但如继续使用会降低生产的经济效益，增加生产成本。这就有可能产生用新设备代替旧设备的必要性。当然这种代替的经济合理性取决于现有设备贬值的程度以及在生产中继续使用旧设备导致经济效益降低的幅度。

2. 设备无形磨损的度量

设备的无形磨损程度可用下式表示：

$$\alpha_1 = \frac{K_0 - K_1}{K_0} = 1 - \frac{K_1}{K_0} \quad (9\text{-}3)$$

式中 α_1——设备无形磨损程度；

K_0——设备原始价值；

K_1——考虑到第Ⅰ、Ⅱ种无形磨损时设备的重置价值。

在计算无形磨损程度时，K_1 必须反映技术进步两个方面的影响：一是相同设备重置价值的降低；二是具有更好性能、更高效率和更好功能的新设备出现。K_1 可用下式表示：

$$K_1 = K_n \left(\frac{q_0}{q_n}\right)^\alpha \left(\frac{C_0}{C_n}\right)^\beta \quad (9\text{-}4)$$

式中 K_n——新设备价值；

q_0、q_n——分别为使用旧设备、新设备时的年生产率；

C_0、C_n——分别为使用旧设备、新设备时的单位生产成本；

α、β——分别为设备生产率提高指数和成本降低指数，指数的取值范围均在 $0\sim1$ 之间，其值可根据具体设备的实际数据而定。

三、设备的综合磨损

机器设备在使用期内，既要遭受有形磨损，又要遭受无形磨损，所以机器设备所受的磨损是双重的、综合的。两种磨损都引起机器设备原始价值的贬低，这一点两者是相同的。不同的是，遭受有形磨损的设备，特别是有形磨损严重的设备，在修理之前，常常不能工作，而遭受无形磨损的设备，即使无形磨损很严重，仍然可以使用，只不过继续使用它在经济上是否合算需要分析研究。

有了设备有形磨损程度指标和无形磨损程度指标，就可以计算同时发生两种磨损的综合指标。

设备综合磨损程度的计算公式为：

$$\alpha = 1 - (1 - \alpha_p)(1 - \alpha_1) \quad (9\text{-}5)$$

式中 α——设备综合磨损程度（用占设备原始价值的比率表示）；

α_p——设备有形磨损程度；

α_1——设备无形磨损程度。

设备在遭受综合磨损后的剩余价值 K 可表示为：
$$K = (1-\alpha)K_0$$
展开并整理得：
$$K = (1-\alpha)K_0 = [1-1+(1-\alpha_p)(1-\alpha_1)]K_0$$
$$= \left(1 - \frac{R}{K_1}\right)\left(1 - \frac{K_0 - K_1}{K_0}\right)K_0 = K_1 - R \qquad (9-6)$$

从上式可以看出，设备遭受综合磨损后的净值等于等效设备的再生产价值减去修理费用。

四、设备磨损的经济效果及其补偿

设备的有形磨损和无形磨损都会导致其原始价值降低，但有形磨损与无形磨损对设备使用价值的影响以及对经济效益的影响要具体分析。

有形磨损一定会影响设备的使用价值，如精度降低、功能下降等，有些严重的有形磨损会成为不可消除性有形磨损，导致设备丧失使用价值。使用价值的下降和丧失又必然影响设备运行的经济效益。在补偿有形磨损时，对可以消除性有形磨损采用局部补偿方式，即修理；对不可消除性有形磨损采用完全补偿方式，即更新。

第 I 种无形磨损并没有降低设备的使用价值，不需要进行补偿，但它导致设备贬值的状况会影响到设备是修理还是更新的决策，例如设备贬值速度快，贬值后设备的价格低于修理费用，那就会更新设备而不去修理。

第 II 种无形磨损使旧设备相对于新设备的性能、功能、生产率显著降低，从而使使用价值下降，使用旧设备的经济效果也远不如新设备。对此种磨损的补偿方式可以是局部补偿即技术改造，也可以是完全补偿即更新。究竟采用什么方式取决于现有设备贬值的程度以及生产中继续使用旧设备使经济效益下降的幅度。见图 9-1。

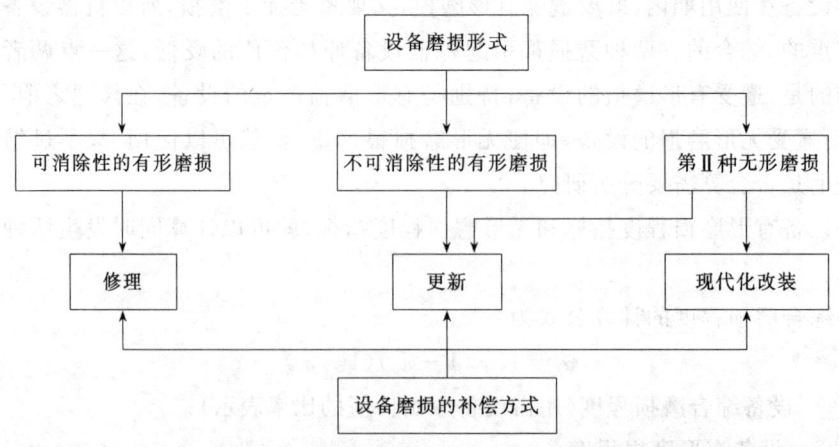

图 9-1　设备磨损形式与其补偿方式的相互关系

第二节 设备大修理的技术经济分析

一、设备大修理概述

设备是由不同材料的许多零部件组成的,这些零部件在设备运行中发挥着不同的功能,工作条件也各不相同,因此设备的零部件有着不同的耐久性和服务期限。同一台设备中各种零部件的耐久性不同,在设备运行一段时间后,有些零部件发生磨损,妨碍其功能的发挥,必须修复或更换;另一些零部件仍然完好,还可以长时间使用;还有部分零部件在整个设备使用期间内均不需要修理和更换。因此,在设备运行使用过程中,零部件发生的有形磨损是非均匀性的。

对设备发生有形磨损和无形磨损进行综合分析和测算之后,设备的管理者可以确定设备的平均寿命期限,在这个寿命期限内对设备的已损零部件进行更换或修复。通常把保持设备在平均寿命期限内的完好使用状态而进行的局部更换和修复工作叫做维修。

按照维修的工作内容,可以将维修划分为日常维护、小修理、中修理和大修理几种形式。

日常维护是指与拆除和更换设备中被磨损的零部件无关的一些维修内容,如设备的润滑和清洁、定期检验与调整、消除部分零部件的磨损等。

小修理是工作量最小的计划修理,指设备使用过程中为保证设备工作能力而调整、修复或更换个别零部件的修理工作。

中修理是进行设备部分解体的计划修理,其内容是更换或修复部分不能用到下次计划修理的磨损零部件,通过修理、调整,使规定修理部分基本恢复到出厂时的功能水平,以满足工艺要求,修理后应保证设备在一个中修间隔内能正常使用。

大修理是一种最大的计划修理,它是在原有实物形态上的一种局部更新。它通过对设备全部解体,更换全部损坏的零部件,修复所有不符合要求的零部件,调整设备各部分相互配合,使设备恢复全部或接近全部的功能。

以上对维修的划分,既有工作量和周期性的标志,又有工作内容的标志。但这些划分是相对的,相互之间没有十分严格的界限,而且每种维修方式都可能包含共同的工作内容。

尽管维修方式的划分没有十分严格的界限,但大修理是维修工作中规模最大、耗费最多的一种维修方式。我们对维修工作的技术经济研究,主要是对大修理而言的。

设备大修理具有一定的优越性,它可以保留利用没有损坏的零部件和基础件(如床身、壳体、电动机、机座等),从而节约原材料和加工工时;设备大修理比制造新设备以及安装新设备的周期要短得多,因此,它是保持企业生产能力的措施,还可延长设备的使用期限;通常每次设备大修理费用都比设备原值要小。

正是基于上述的优越性,为保证设备正常运转和良好的技术状态,进行设备大修理是必要的。即便是高度发达的西方国家,以恢复设备原有性能为目的的大修理仍然是企业设备管理工作的重要任务。

但是,随着科学技术的进步,设备的无形磨损必然加快,随着设备使用时间的延长,有形磨损也会增加,设备的剩余价值越来越少,而修理的费用又越来越高。这样,大修理的优越性有可能不复存在,而应该更新设备。

以上分析说明,大修理作为设备再生产的方式之一,在做出修理决策之前,必须进行技术经济分析,评价修理工作的经济合理性。

二、大修理中的规律性

1. 设备的物理性能随着使用和修理的不断交替而呈劣化趋势

如图 9-2 所示,图中 OA 表示设备标准性能(初期效率)线。

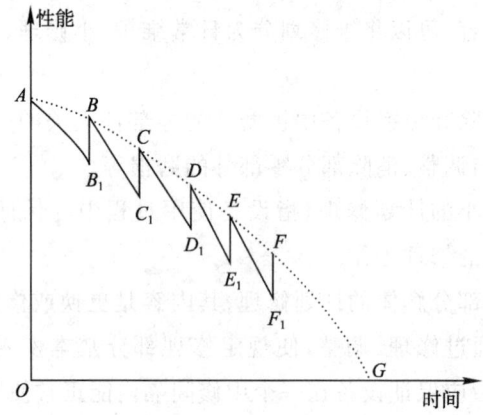

图 9-2 大修理后设备综合质量劣化图

由于有形磨损,设备在使用过程中其性能或效率是沿 AB_1 线下降的。如不及时修理,设备性能会急剧恶化,而无法使用,如在 B_1 点(即到第一个大修期限)时就及时大修,其性能可恢复到 B 点;在继续使用过程中,其性能又继续劣化到 C_1 点(第二次大修期限到达时),再进行第二次大修,其性能可恢复到 C 点。这样,经过一次次的大修,其性能虽能恢复一定程度,但很难恢复到原来(标准)的性能。把每次大修后设备性能所达到的水平点连接起来,就形成一条曲线 $ABCDEF$,这条线反映出设备的综合质量不断劣化的趋势,当到达 G 点时,设备就不存在修理的必要性了。所以说,设备物理性能的劣化随着使用时间的延长而增加,设备的大修费用又随设备劣化程度的增加而增大,设备大修理无论在经济上还是在物理上都是有限度的。

正因为如此,有些国家规定设备一次大修理费用超过原值的一定比例就要停止大修。

2. 设备大修理的周期会随着使用时间延长而缩短

假如将新设备投入使用到第一次大修的间隔期定为 10～12 年,那么第二次大修理的间隔期就可能为 8～10 年,而第三次大修理的间隔期有可能为 6～8 年。大修理的间隔期越来越短,从而也使大修理的经济性逐步降低。

三、设备大修理经济界限的条件

如果一次设备大修费用超过同种设备的重置价值,显然这种大修理在经济上是不合理的,设备不应大修。我们把这一标准看作是大修经济合理性的起码条件,或称大修理的最低经济界限。用下式表示:

$$R \leqslant K_n - L \tag{9-7}$$

式中 R——该次大修理费用;

K_n——同种设备的重置价值(即同一种新设备在大修理时刻的市场价格);

L——设备残值。

符合上式条件的大修理是必要的,但还不是充分的,充分的条件是在任何情况下,原设备生产的单位产品成本都不超过用相同新设备生产的单位产品成本。所以,这里引出另一个条件,即如果用大修过的原设备生产单位产品成本高于采用相同用途的新设备生产单位产品成本,则这种大修理是不经济的,特别是当今科技水平发展迅速,设备无形磨损加快,这一条件更显得重要。

第二种经济界限可用下式表示:

$$C < C_i \tag{9-8}$$

式中 C——大修理后的旧设备加工的单位产品成本;

C_i——相同新设备加工的单位产品成本。

要注意的是,在不同的大修理周期,C 的值可能是不等的,例如,在第一个大修理周期后的 C 可能小于 C_i,但以后的 C 值不一定小于 C_i,因此在进行大修理经济评价时,必须注意修理的周期数。

因此,设备大修理界限应同时满足上述两式表达的基本条件。在不满足两个基本条件情况下进行大修理,或者继续延长使用寿命都是不经济的。

一般来说,第一次大修理都是比较合理的,满足大修理的经济界限条件。第二次、第三次及以后各次大修理的经济合理性如何?是修理好还是更新好,或者是改造好,都要通过经济分析来判断。

大修理允许费用界限是由以下因素决定的：

（1）投资费用。投资费用包括旧设备投资、新设备的购置费和设备改造的追加投资等。

（2）固定资产占用费。包括因投资不同引起占用费的变化，以及由固定资产变化引起税金的变化。

（3）设备的使用费。设备使用费包括能源、维修费和培训费等。

（4）设备的生产率。因生产率不同而引起的成本变化。

（5）设备折旧余额。包括沉没成本的变化。

（6）设备报废时可回收的残值。

（7）大修后周期和费用的变化。

以上这些因素都会影响决策效果，因此必须充分考虑这些因素（费用）的变化情况。

第三节 设备更新技术经济分析

一、设备更新的概念

设备更新是修理以外的另一种设备综合磨损的补偿方式，是维护和扩大社会再生产的必要条件。设备更新有两种形式：一种是用相同的设备去更新有形磨损严重、不能继续使用的旧设备。这种更新只是解决设备的损坏问题，不具有更新技术的性质，不能促进技术进步。另一种是用较经济和较完善的新设备，即用技术更先进、结构更完善、效率更高、性能更好、耗费能源和原材料更少的新型设备来更换那些技术上不能继续使用或经济上不宜继续使用的旧设备。这种更新不仅能解决设备的损坏问题，而且能解决设备技术落后的问题。在当今技术进步很快的条件下设备更新主要是后一种。

二、设备的物理寿命、技术寿命和经济寿命

设备在使用（或闲置）过程中，由于受有形磨损和无形磨损的影响，呈现三重寿命形态，它们是决定设备补偿时间的依据。

1. 设备的物理寿命（Physical Life of Equipment）

设备的物理寿命又称设备的自然寿命、设备使用寿命，指设备以全新状态投入使用开始到技术性能不能按原有用途继续使用为止所延续的时间。它是由有形磨损决定的，并与设备的维护和保养状况有关，且可通过维护和保养延长设备的自然寿命，但不能从

根本上避免设备的磨损。任何一台机器设备磨损到一定程度,都必须进行更新或修理。

2. 设备的技术寿命(Technical Life of Equipment)

设备的技术寿命又称设备有效寿命,指设备以全新状态投入使用开始到由于新技术出现使原有设备因技术落后丧失其使用价值为止所经历的时间。它是由无形磨损决定的,一般比自然寿命要短。科学技术进步越快,设备技术寿命越短。

3. 设备的经济寿命(Economic Life of Equipment)

它是由有形磨损和无形磨损共同决定的。指设备以全新状态投入使用开始到因继续使用不经济而提前更新所经历的时间。设备在其自然寿命的后期,由于设备老化,而必须支出过多的维修费用来维持设备的寿命,此时就需要计算设备的经济寿命,以便确定设备的"最佳更新期"。过了经济寿命期而勉强继续使用,在经济上是不合算的,称为"恶性使用阶段"。设备的经济寿命一般是根据设备每年平均总费用的最低额来确定。设备的年平均总费用由两部分组成,一是设备购置费的年分摊额(折旧费);二是设备的操作费、材料及能源耗费等年运行费用,这部分费用是随着设备使用年限的延长而增加的。例如一辆汽车,随着使用时间的延长,每年分摊的购置投资会减少,但每年支出的汽车修理保养费和燃料费用都会增加。因此,投资分摊额的减少会被使用费用的增高所抵消。这就是说,设备在整个使用过程中,其年平均总费用是随着使用时间而分化的,在最适宜的使用年限内会出现年平均总费用的最低值。而能使平均总费用最低的年数,就是设备的经济寿命。

设备更新的时机,一般取决于设备的技术寿命和经济寿命。适时地更换设备,既能促进技术进步、加速经济增长,又能节约资源、提高经济效益。下面介绍几种设备更新的决策方法。

三、设备原型更新的决策方法

有些设备在其整个使用期内并不过时,也就是在一定时期内还没有更先进的设备出现。在这种情况下,设备在使用过程中,同样避免不了有形磨损的作用,结果将引起维修费用,特别是大修理费用以及其他运行费用不断增加。这时即使进行原型设备替换,在经济上往往也是合算的。这就是原型更新问题,在这种情况下,可以通过分析设备的经济寿命进行更新决策。

机器设备在使用过程中发生的费用叫做运行成本,也称维持费。运行成本包括:能源费、保养费、修理费(包括大修理费)、停工损失、废次品损失等等。一般情况下,随着设备使用期的增加,运行成本每年以某种速度在递增,这种状况称为设备的劣化。

为简单起见,首先假定每年运行成本的劣化增量是均等的,即运行成本呈线性增长。设每年运行成本增加额为 λ,若设备使用 T 年,则第 T 年时的运行成本为:

$$C_T = C_1 + (T-1)\lambda \tag{9-9}$$

式中　C_1——运行成本的初始值,即第一年的运行成本;

　　　T——设备使用年数。

那么 T 年内运行成本的年平均值将为:

$$\overline{C_T} = C_1 + \frac{T-1}{2}\lambda \tag{9-10}$$

除运行成本外,在使用设备的年总费用中还有每年分摊的设备购置费用,其金额 M 为:

$$M = \frac{K_0 - V_L}{T}$$

式中　K_0——设备的原始价值;

　　　V_L——设备处理时的残值。

随着设备使用时间的延长,每年分摊的设备费用是逐年下降的,而年平均运行成本却逐年线性上升。综合考虑这两个方面的因素,一般来说,随着使用时间的延长,设备使用的年均总费用的变化规律是先降后升,呈"U"型曲线。年均总费用的计算公式为:

$$AC = \frac{K_0 - V_L}{T} + C_1 + \frac{T-1}{2}\lambda \tag{9-11}$$

可用求极值的方法,找出设备的经济寿命,亦即设备原型更新的最佳时期。设 V_L 为一常数,令:

$$\frac{\mathrm{d}(AC)}{\mathrm{d}T} = 0$$

则经济寿命为:

$$T_E = \sqrt{\frac{2(K_0 - V_L)}{\lambda}} \tag{9-12}$$

四、出现新型设备条件下的更新决策方法

前面讨论的是设备在使用期内不发生技术过时和陈旧,没有更好的新型设备出现的情况。在技术不断进步的条件下,由于第Ⅱ种无形磨损的作用,很可能在设备运行成本尚未升高到该用原型设备替代之前,就已出现工作效率更高和经济效果更好的设备。这时,就要比较在继续使用旧设备和购置新设备这两种方案中,哪一种方案在经济上更为有利。

在有新型设备出现的情况下,常用的设备更新决策方法有:年费用比较法和更新收益率法。

(一) 年费用比较法

年费用比较法是通过分别计算原有旧设备和备选新设备对应于各自的经济寿命期

内的年均总费用,并进行比较,根据年费用最小原则决定是否应该更新设备。如果使用新型设备的年均总费用小于继续使用旧设备的年均总费用,则应当立即进行更新,反之,则应继续使用旧设备。

这里讲的旧设备的经济寿命已不是原来意义上的经济寿命了,它是指从决策时刻算起,直到应该报废时为止的期限,在这段期限自然也存在年均总费用的问题。

年费用比较法分两种情况:一种是设备各年的运行费用完全相同;另一种是设备各年的运行费用逐年递增,即旧设备已处于"U"型曲线谷底以后的时期。

1. 旧设备年总费用的计算

旧设备再使用一年的总费用可由下式求得:

$$AC_0 = V_{00} - V_{01} + \frac{V_{00} + V_{01}}{2}i + \Delta C \tag{9-13}$$

式中 AC_0 ——旧设备下一年运行的总费用;

V_{00} ——旧设备在决策时可出售的价值;

V_{01} ——旧设备一年后可出售的价值;

ΔC ——旧设备继续使用一年在运行费用方面的损失(即使用新设备相对使用旧设备的运行成本的节约额和销售收入的增加额);

i ——最低希望收益率;

$\frac{V_{00} + V_{01}}{2}i$ ——因继续使用旧设备而占用资金的时间价值损失,资金占用额取旧设备现在可售价值和一年后可售价值的平均值。

2. 新设备年均总费用的计算

用于同旧设备年总费用比较的新设备年均总费用,主要包括以下几个方面:

(1) 运行劣化损失。新设备随着使用时间的延长,同样也存在设备劣化问题,劣化程度也将随着使用年数的增多而增加。具体的劣化值取决于设备的性质和使用条件。为了简化计算,假定劣化值逐年按同等数额增加,如果设备使用年限为 T, T 年间劣化值的平均值为: $\frac{\lambda(T-1)}{2}$。其中,λ 为设备年劣化值增量。

新设备的 λ 值往往是难以确定的。一般可根据旧设备的耐用年数和相应的劣化程度来估算新设备的年劣化值增量。

(2) 设备价值损耗。新设备在使用过程中,其价值会逐渐损耗,表现为设备残值逐年减少。假定设备残值每年以同等的数额递减,则 T 年内每年的设备价值损耗为:$\frac{K_n - V_L}{T}$。其中,K_n 为新设备的原始价值;V_L 为新设备使用 T 年后的残值。

(3) 资金时间价值损失。新设备在使用期内平均资金占用额为:$\frac{K_n + V_L}{2}$。故因使用新设备而占用资金的时间价值损失为：$\dfrac{(K_n+V_L)i}{2}$。

总计以上三项费用,则得新设备年均总费用为：

$$AC_n = \dfrac{\lambda(T-1)}{2} + \dfrac{K_n - V_L}{T} + \dfrac{(K_n + V_L)i}{2} \qquad (9-14)$$

对上式进行微分,并令

$$\dfrac{d(AC_n)}{dT} = 0$$

则

$$T = \sqrt{\dfrac{2(K_n - V_L)}{\lambda}} \qquad (9-15)$$

式中 T——新设备的经济寿命。

按经济寿命计算的新设备年均总费用为：

$$AC_n = \sqrt{2(K_n - V_L)\lambda} + \dfrac{(K_n + V_L)i - \lambda}{2} \qquad (9-16)$$

若残值 $V_L = 0$,则可简化为：

$$AC_n = \sqrt{2K_n\lambda} + \dfrac{K_n i - \lambda}{2} \qquad (9-17)$$

当年劣化值增量 λ 不易求得时,可根据经验决定新设备的合理使用年数 T,然后再求年劣化值增量 λ。这时新设备的年均总费用为：

$$AC_n = \dfrac{2(K_n - V_L)}{T} + \dfrac{(K_n + V_L)i}{2} - \dfrac{K_n - V_L}{T^2} \qquad (9-18)$$

（二）更新收益率法

更新收益率法是通过计算更新与不更新两种方案的差额投资的收益率判别是否应该进行设备更新。由于这种方法给出的是一个收益率指标,可以用于同其他各种方案进行比较以寻找最有利的方案,因此它有更广泛的适用性。

假定设备更新净投资为 K,新设备的使用年限为 n,更新后第 t 年由设备更新带来的净收益为 $B_t(t=1,2,\cdots,n)$,n 年末新设备残值为 V_L,设备更新净投资的内部收益率为 i^*,则下式成立：

$$K = \sum_{t=1}^{n} B_t(1+i^*)^{-t} + V_L(1+i^*)^{-n} \qquad (9-19)$$

也可写成：

$$K - B_1(1+i^*)^{-1} = \left[\sum_{t=2}^{n} B_t(1+i^*)^{-t+1} + V_L(1+i^*)^{-n+1}\right](1+i^*)^{-1} \qquad (9-20)$$

设：

$$V_1 = \sum_{t=2}^{n} B_t(1+i^*)^{-t+1} + V_L(1+i^*)^{-n+1} \tag{9-21}$$

则

$$K - B_1(1+i^*)^{-1} = V_1(1+i^*)^{-1} \tag{9-22}$$

也可写成：

$$i^* = \frac{B_1 - (K - V_1)}{K} \tag{9-23}$$

上式中，B_1 是设备更新后一年内使用新设备相对于使用旧设备的收入增加额与费用节约额的合计。若将 B_1 视为设备更新后第一年对更新净投资 K 的回收，则 V_1 可视为到第一年末更新净投资的未回收部分。更新净投资 K 是更新与不更新两种方案的投资差额，计算公式为：

$$K = K_n - (K_0 + M) \tag{9-24}$$

式中　K——购置安装新设备所需投资；

　　　K_0——旧设备的可售价值；

　　　M——若继续使用旧设备当年必须追加的投资。

更新净投资到第一年末未被收回的部分 V_1 也应看成更新方案到第一年末新设备的保留价值与不更新方案到第一年末旧设备的保留价值之差额，计算公式为：

$$V_1 = K_1 - (K_0 + M - \Delta V_0 - m) \tag{9-25}$$

式中　K_1——新设备到第一年末的保留价值；

　　　m——继续使用旧设备的追加投资 M 在第一年的分摊额；

　　　ΔV_0——旧设备使用一年的价值损耗，即旧设备年初可售价值与年末可售价值的
　　　　　　差额，年末可售价值中含追加投资的未收回部分$(M-m)$。

由式(9-23)、(9-24)及(9-25)可导出：

$$i^* = \frac{B_1 + \Delta V_0 + m - K_n\left(1 - \frac{K_1}{K_n}\right)}{K_n - (K_0 + M)} \tag{9-26}$$

式(9-26)就是更新收益率法的原理公式。

式(9-26)没有考虑所得税的影响，若考虑所得税则有：

$$i^* = \frac{(B_1 + \Delta V_0 + m)(1-b) + Db - K_n\left(1 - \frac{K_1}{K_n}\right)}{K_n - (K_0 + M)} \tag{9-27}$$

式中　b——所得税税率；

　　　D——新设备年折旧额。

这里假定旧设备已折旧完。若旧设备未折旧完，则 D 应为新旧设备折旧额之差额，以下的公式推导也应作相应改动。

设新设备投资 K_n 各年带来的净收益为 $S_t(t=1,2,\cdots,n)$，由于设备使用过程中存在着有形磨损与无形磨损，S_t 一般是逐年递减的。据有关研究，收益递减模式可以简化归纳为三种：第一种称为普通标准型，收益随新设备使用年限的延长呈线性递减，到新设备经济寿命结束时净收益为零；第二种和第三种为非标准型，收益随使用年限延长呈非线性递减，到新设备经济寿命结束时净收益为零。因篇幅所限，本书仅就第一种模式进行讨论。

当新设备收益线性递减时，若第一年的净收益为 S_1，则第 t 年的净收益为：

$$S_t = S_1\left(1 - \frac{t-1}{n}\right) \quad (t=1,2,\cdots,n) \tag{9-28}$$

缴纳所得税后，第 t 年的税后净收益为：

$$S'_t = S_1(1-b)\left(1 - \frac{t-1}{n}\right) + Db \tag{9-29}$$

新设备的年折旧额 D 可表示为：

$$D = \frac{1}{n}(K_n - V_L) \tag{9-30}$$

当新设备投资的内部收益率恰恰等于基准收益率 i_c 时，K_n 与 K_1 可分别表示为：

$$K_n = S_1(1-b)\sum_{t=1}^{n}\left(1-\frac{t-1}{n}\right)(1+i_c)^{-t} + \frac{b(K_n - V_L)}{n}\sum_{t=1}^{n}(1+i_c)^{-t} + V_L(1+i_c)^{-n} \tag{9-31}$$

$$K_1 = S_1(1-b)\sum_{t=2}^{n}\left(1-\frac{t-1}{n}\right)(1+i_c)^{-t+1} + \frac{b(K_n - V_L)}{n}\sum_{t=2}^{n}(i+i_c)^{-t+1} + V_L(1+i_c)^{-n+1} \tag{9-32}$$

设：

$$Q = 1 + i_c, \quad W = \frac{V_L}{K_n}$$

由式(9-30)、(9-31)、(9-32)可导出：

$$F = 1 - \frac{K_1 + Db}{K_n} = \frac{n(Q^n - W)\cdot i_c^2 - bi_c(1-W)(Q^n - 1)}{nQ^n i_c - Q^n + 1} - i_c \tag{9-33}$$

式中，F 称为新设备价值损耗系数，W 称为新设备期末残值率。将式(9-33)代入式(9-27)可得出更新收益率的实用计算式：

$$i_p = \frac{(B_1 + \Delta V_0 + m)(1-b) - FK_n}{K_n - (K_0 + M)} \tag{9-34}$$

式中，i_p 称为更新收益率。由于新设备价值损耗系数 F 是根据基准收益率 i_c 求得的，i_p 不同于更新净投资的内部收益率 i^*，但只要 $i^* > i_c$，就有 $i_p > i_c$；只要 $i^* < i_c$，就有 $i_p < i_c$；

若 $i^* = i_c$，就有 $i_p = i^* = i_c$。

用更新收益率法进行设备更新决策的判别准则是：若 $i_p \geq i_c$，应立即进行设备更新；若 $i_p < i_c$，则不必立即更新设备。

第四节　设备现代化改装及设备租赁分析

一、设备现代化改装的概念和意义

设备超过最佳使用期限后，就存在更换问题。但是，这里有两个问题尚需研究：第一，国家能否及时提供国民经济各部门更换所需的新设备？第二，陈旧设备一律更换是否必要或是否为最佳的选择？

一种设备从构思、设计、研制到成批生产，一般要经历较长的时间。随着技术进步的加快，这个周期在不断地缩短。例如，在发达的工业国家，从构思、设计、试制到商业性生产，二次世界大战前需 40 年左右，战后 60 年代中期缩短到 20 年，70 年代缩短到 10 年，最快的仅 5 年，要按这个周期更换掉所有陈旧设备那是不可能的。

解决这个矛盾的有效途径是对现有设备进行现代化改装。所谓设备的现代化改装，是指应用现代的技术成就和先进经验，适应生产的具体需要，改变现有设备的结构（给旧设备换新部件、新装置、新附件），改善现有设备的技术性能，使之全部达到或局部达到新设备的水平。设备现代化改装是克服现有设备的技术陈旧状态，消除第Ⅱ种无形磨损，促进技术进步的方法之一，也是扩大设备的生产能力，提高设备质量的重要途径。

现有设备通过现代化改装在技术上可能做到：

（1）提高设备所有技术特性，使之达到现代新设备的水平；

（2）改善设备某些技术特性，使之局部达到现代新设备的水平；

（3）使设备的技术特性得到某些改善。

在多数情况下，通过设备现代化改装使陈旧设备达到需要的水平，所需的投资往往比用新设备更换少。因此，在不少情况下，设备现代化改装在经济上有很大的优越性。

设备现代化改装具有很强的针对性和适应性。经过现代化改装的设备更能适应生产的具体要求，在某些情况下，其适应具体生产需要的程度，甚至可以超过新设备。有时设备经过现代化改装，其技术性能比新设备水平还高。所以，在个别情况下，对新设备也可以进行改装。在我国产品更新换代缓慢的特定情况下，设备现代化改装有着特别重要的意义。

设备现代化改装是现有企业进行技术改造，提高老企业的经济效益，节约基本建设投资的有效措施。

二、设备现代化改装的技术经济分析

设备现代化改装是广义设备更新的一种方式,因此,研究现代化改装的经济性应与设备更新的其他方法相比较。在一般情况下,与现代化改装并存的可行方案有:旧设备原封不动地继续使用;对旧设备进行大修理;用相同结构的新设备更换旧设备或用效率更高、结构更好的新设备更新旧设备。决策的任务就在于从中选择总费用最小的方案。这时除参考前两节介绍的方法外,还可用下列方法进行决策。

（一）最低总费用法

最低总费用法是通过分别计算各种方案在不同服务年限内的总费用,并加以比较,根据所需要的服务年限,按照总费用最低的原则,进行方案选择的一种方法。各种方案总费用的计算公式如下：

$$TC_0 = \frac{1}{\beta_0}\left(\sum_{j=1}^{n} C_{0j} r_j - V_{0j} r_n\right) \tag{9-35}$$

$$TC_n = \frac{1}{\beta_n}\left[\left(K_n + \sum_{j=1}^{n} C_{nj} r_j\right) - V_{00} - V_{nL} r_n\right] \tag{9-36}$$

$$TC_h = \frac{1}{\beta_h}\left[\left(K_h + \sum_{j=1}^{n} C_{hj} r_j\right) - V_{00} - V_{hL} r_n\right] \tag{9-37}$$

$$TC_m = \frac{1}{\beta_m}\left[\left(K_m + \sum_{j=1}^{n} C_{mj} r_j\right) - V_{mL} r_n\right] \tag{9-38}$$

$$TC_r = \frac{1}{\beta_r}\left[\left(K_r + \sum_{j=1}^{n} C_{rj} r_j\right) - V_{rL} r_n\right] \tag{9-39}$$

式中 TC_0、TC_n、TC_h、TC_m、TC_r——分别为继续使用旧设备、用原型设备更新、用新型高效设备更新、进行现代化改装和进行大修理各种方案 n 年内的总费用；

         K_n、K_h、K_m、K_r——分别为用原型设备更新、用新型高效设备更新、进行现代化改装、进行大修理等各种方案所需的投资；

         C_{0j}、C_{nj}、C_{hj}、C_{mj}、C_{rj}——分别为继续使用旧设备、用原型设备更新、用新型高效设备更新、进行现代化改装和进行大修理等各种方案在第 j 年的运行成本；

         V_{0L}、V_{nL}、V_{hL}、V_{mL}、V_{rL}——分别为旧设备、原型设备更新、新型高效设备更新、现代化改装后的设备及大修理后的设备到第 n 年的残值；

         V_{00}——原有旧设备在决策年份的可售价值；

         β_0、β_n、β_h、β_m、β_r——分别为继续使用旧设备、用原型设备更新、用新型高效设备更

新、进行现代化改装和进行大修理等各种方案的生产效率系数,可将 β_n 作为基准参数取 $\beta_n = 1$;

r_j, r_n——分别为第 j 年、第 n 年的现值系数,即:

$$r_j = \frac{1}{(1+i_c)^j}, \quad r_n = \frac{1}{(1+i_c)^n}$$

其中,i_c 是折现率。

(二)追加投资回收期法

设备现代化改装与更新、大修理的经济性比较还可以用计算投资回收期指标的方法来进行。各方案的投资、成本及年生产率等参数的代表符号如表 9-1 所示。

表 9-1 比较设备现代化改装经济性所用参数及符号

指标名称	方案		
	大修理	现代化改装	更换
基本投资	K_r	K_m	K_n
设备年生产率/件·年$^{-1}$	q_r	q_m	q_n
单位产品成本/元·件$^{-1}$	C_r	C_m	C_n

在多数情况下,设备现代化改装与更换、大修理之间有下列关系:

$$K_r < K_m < K_n$$
$$C_r > C_m > C_n$$
$$q_r < q_m < q_n$$

因此,在考虑设备更新方案时,可根据下列标准进行决策:

(1) 当 $K_r/q_r > K_m/q_m$ 且 $C_r > C_m$ 时,现代化改装具有较好的经济效果,不仅经营费用有节约,基本投资也有节约。但这种情况较少。

(2) 当 $K_r/q_r < K_m/q_m$ 且 $C_r > C_m$ 时,可用追加投资回收期指标进行决策。

$$T = \frac{K_m/q_m - K_r/q_r}{C_r - C_m} \tag{9-40}$$

式中 T——投资回收期,年。

如果 T 小于企业或部门规定的年数,则选择现代化改装方案。

(3) 当 $K_m/q_m > K_n/q_n$ 且 $C_m > C_n$ 时,设备更换优于现代化改装方案。

(4) 当 $K_m/q_m < K_n/q_n$ 且 $C_m > C_n$ 时,同样可用追加投资回收期标准进行判断。此时,当 T 小于或等于企业或部门规定的回收期标准时,更换的方案是合理的。如果超过了回收期标准,则应选择现代化改装方案。

三、设备租赁的概念及利弊分析

一些生产性、经营性设备具有大型、精密、专用的特点,设备的价格又特别高。而当企业的资金缺乏或者使用某设备的时间较少时,采用设备租赁方式是一个解决企业需要的途径。同时,由于科学技术迅速发展,设备无形磨损速度加快,为了减小企业技术落后的风险,也可以采用设备租赁的方式。

设备租赁是设备的使用单位向设备的所有单位(如租赁公司)租借设备,并付给一定的租金,在租借期内享有使用权,而不变更设备所有权的一种交换形式。

对使用单位而言,设备租赁有利有弊。有利方面有以下几点:

1. 减小设备投资和固定资金的占用

改变"大而全"、"小而全"的不正常状况。对季节性产品,临时性使用的设备,采用租赁方式更为有利。

2. 避免技术落后的风险

当今科学技术发展日新月异,设备更新换代加快,设备的技术寿命缩短,若自购设备的利用率不高,将面临技术落后的风险。设备租赁可以避免这种风险,一旦出现新型设备,立即解除租赁旧设备的合同,而租赁新型设备使用。

3. 减少维修使用人员的配备和维修费用支出

通常,租赁合同规定设备的维修工作由出租单位负责,当然维修费用包括在租金中,但远远小于自购设备的维修开支,而且用户可以得到良好的技术服务。

4. 可缩短企业建设时间,争取早日投产

租赁方式可以争取时间,而时间价值带来的经济效益可能比自购方式的效益多几倍,甚至十几倍。例如,购买一架高级客机,若每年积累的资金只相当于飞机价款的20%,这样要等5年才能购买一架。而采用租赁方式,每年积累的资金就可能租用1架,5年可租用5架。

5. 租赁方式手续简便,到货迅速,有利于经济核算

租赁单台设备的费用可列入成本费用。由于租赁设备到货快,但支付租金又较迟,通常是使用6个月才支付第一次租金,所以,有利于企业经营和经济核算。

6. 不受价格波动影响

采用租赁方式,租金在租期内固定不变,使用户经营成本相对固定,不受市场设备价格波动的影响。

租赁方式也有它的不利方面,主要是设备租赁的累计费用比购买时所花费用要高,特别是使用设备效果不佳的情况下,支付租金可能成为企业的沉重负担。

设备租赁是一项有发展前景的行业,国外已发展多年,我国起步较晚。据统计,1985年,美国设备租赁总额达946亿美元,相当于美国当年设备投资总额的18%;全世界设备租赁成交额达1 670亿美元,其中发达国家占95%;设备租赁的主要对象是生产设备,另外也包括运输设备、建筑机械、采油和矿山设备、电站电信设备、办公设备甚至成套的服

务设施等。

四、设备租赁方式及经济分析

设备租赁的方式主要有两种,一种是运行租赁,即任何一方可以随时通知对方,在规定的时间内取费或中止租约。临时使用的设备(如车辆、建筑设备等)通常采用这种方式。另一种是财务租赁,即双方承担确定时期的租借和付费义务,而不得任意中止或取消租约。贵重的设备(如飞机、电站电讯设备等)通常采用这种方式。

由于采用租赁设备的方式进行生产经营活动时,租赁费可以直接进入成本,所以现金流量可用下式计算:

$$现金流量 = (销售收入 - 作业成本 - 租赁费) \times (1 - 税率) \qquad (9-41)$$

在相同条件下,购置设备方案的现金流量可用下式计算:

$$现金流量 = \left(\begin{matrix}销售\\收入\end{matrix} - \begin{matrix}作业\\成本\end{matrix} - \begin{matrix}已发生的设\\备购置费\end{matrix}\right) - \left(\begin{matrix}销售\\收入\end{matrix} - \begin{matrix}作业\\成本\end{matrix} - 折旧费\right) \times 税率 \qquad (9-42)$$

比较上面两计算公式,可以看出:① 当租赁费 b 等于投资回收费用(即年等额费用) A,即 $b = A = P(A/P, i, n)$ 时,区别仅在于税金的大小;② 当采用直线折旧时,租赁费高于折旧费,因此所缴纳的税金较少,对使用者有利。

[**例 9-1**] 某企业需要某设备,其购置费为 10 000 元,打算使用 10 年,残值为零,采用直线折旧法折旧,利率为 10%,这种设备如租赁,则年租赁费为 1 600 元。两种方案的年作业成本都为 1 200 元,税率都为 25%,试论采用哪种方案。

解:企业若采用购置方案,年折旧费 1 000 元计入总成本,而采用租赁方案,年租赁费 1 600 元也计入总成本。因此,后一种方案少付税金:

$$(1\,600 - 1\,000) \times 25\% = 150(元/年)$$

下面按年度费用比较。

购置方案:

$$10\,000(A/P, 0.1, 10) + 1\,200 = 10\,000 \times 0.162\,8 + 1\,200 = 2\,828(元/年)$$

租赁方案:

$$(1\,600 + 1\,200) - 150 = 2\,650(元/年)$$

所以企业应采用租赁方案。

思 考 题

1. 何谓设备的有形磨损、无形磨损?各有何特点?举例说明。对设备磨损的补偿形式有哪些?
2. 如何度量设备磨损的程度?试写出有关公式。
3. 设备大修理的规律性是什么?设备大修理的经济界限是怎样规定的?

4. 什么是设备更新?什么是设备的技术寿命和经济寿命?设备更新有哪些决策方法?

5. 什么是设备的现代化改装?现代化改装有何重要意义?如何对设备的现代化改装进行技术经济分析?

6. 设备租赁有哪些有利方面?如何对设备的租赁进行技术经济分析?

7. 若某设备原始价值为 12 000 元,再生产价值为 8 000 元,此时大修理需要费用 2 000 元。试问该设备遭受何种磨损,磨损度是多少?

8. 某设备原始价值为 8 000 元,可用 5 年,其他数据如表 9-2 所示。试求:① 不考虑资金时间价值时设备的经济寿命。② 考虑资金时间价值($i_c=12\%$)时,其经济寿命变化如何?

表 9-2　某设备各年发生的费用　　　　　　　　　　　单位:元

设备使用年限	1	2	3	4	5
运行成本初始值	600	600	600	600	600
运行成本劣化值		200	400	600	800
年末残值	5 500	4 500	3 500	2 500	1 000

9. 有一台设备已经用了两年,现在转卖可得到 2 000 元,如果明年转卖只能得到 1 200 元。现有一台新设备需 3 500 元,使用一年后转卖只能得到 2 500 元,新设备和旧设备比,每年的收益是 450 元。如利率为 10%,问现在是否应该进行更新?

10. 设在 4 年前用 2 200 元购置了机器 A,估计其寿命期为 10 年,寿命终了时残值为 200 元,年运行费用为 700 元。现在有一种价值 2 400 元的机器 B,年运行费用为 400 元,寿命期为 10 年,残值为 300 元。如果现在将机器 A 出售可得到 800 元,当年利率为 15% 时,问是否可以用机器 B 进行更新?

11. 有一家饮料工厂,两年以前以 16 800 元购置了一套自动装瓶机。当时估计可用 7 年,届时无残值,此机器每年运行成本为 4 400 元。现有一代理商前来介绍一种新机器,其购置费为 20 000 元,如果每年的产量不变,每年操作费用只要 1 800 元。预计新机器可用 5 年,届时残值为零。代理商又表示,如购买其新机器,他愿意以 4 000 元承受旧机器。试计算:① 若不计资金时间价值,现在是否应该更新? ② 若考虑资金时间价值,年利率为 10%,现在是否应该更新?

12. 某工厂拟更换一台新设备。新设备可使产量增加、成本节约。更新后第一年收入增加额为 2 000 元,直接工资的节约为 9 000 元,间接工资的节约为 1 300 元,材料损耗减少为 280 元,维修费节约为 400 元,但使用新设备动力消耗比旧设备多 330 元。假设新设备的预计使用年数为 15 年,使用过程中线性劣化,新设备价值 76 000 元,估计 15 年后处理价为 3 000 元。旧设备现在出售价格为 2 500 元,旧设备一年后出售价格为 2 000

元。当基准折现率 $i_c=12\%$ 时,试判断用新设备更换旧设备是否经济。

13. 某设备现在处理尚可得 3 000 元,但仍可继续使用 3 年,届时残值为 2 000 元,且 3 年中各年的运行成本将分别为 1 000 元、1 500 元、2 000 元。现在考虑对该设备采取更新措施,提出大修理、现代化改装和更换 3 种方案,具体数据如表 9-3 所示,试计算该项业务尚须服务 3、4、5、6、7、8 年时,各应选择哪种方案?试用不计资金时间价值和计资金时间价值方法分别计算之(设 $i_c=12\%$)。

表 9-3 数据表　　　　　　　　　　　　　　　　　　　　单位:元

方案	投资	效率系数	运行成本初始值	运行成本递增值	各 年 末 残 值					
					3	4	5	6	7	8~10
大修理	7 000	1	500	250	6 000	5 000	4 000	3 000	2 000	1 000
现代化改装	10 300	1.1	400	120	7 000	6 000	5 000	4 000	3 000	2 000
更换	15 650	1.15	320	80	8 000	7 000	6 000	5 000	4 000	3 000

14. 某企业有一台客车,已使用多年需进行大修,估计大修费为 9 000 元,预计大修后又可使用 5 年,每年维修费为 1 500 元。另一方案是把原客车更新,购置一辆新客车可使用 15 年,每年维修费为 180 元。该行业规定的基准利率为 12%,试比较两方案的优劣。

第十章 技术引进的技术经济分析

第一节 技术引进概述

一、技术引进的概念

技术引进,又称技术输入、技术进口,是指一个国家或地区的企业、研究单位为获得先进技术和发展经济而有计划地通过各种渠道或方式引进国外先进的技术、知识和经验。包括引进产品的设计、制造工艺、配方、测试方法和管理技术,以及从国外聘请专家、培训人员、考察技术和交流情报等。

自古以来,由于客观环境和科学文化及技术发展的不平衡性,各国、各地区有着不同的地理条件和物质资源,由之形成的劳动技能各有所长和所短。对一个国家或一个地区来说在某些技术方面是薄弱的环节,而对别的国家或地区来说,可能就是其所擅长的技术。在另外一些技术方面,两者可能又完全相反。这种情况,即使到了技术高度发达的现代社会,任何国家,不管技术如何先进,都无法保证自己能高效生产所需的一切,也不可能在一切技术领域都能超过所有别的国家。这说明通过技术交流或技术转让,实现技术转移,无论过去、现在,还是将来,都是不可避免的。

二、技术引进的重要意义

我国经过 60 年的建设,特别是改革开放 30 多年的发展,已使一些领域的技术指标达到或接近国际先进水平。但由于我国建国时技术经济基础很差、人口很多,目前的综合国力仍然较弱,与发达国家相比,很多技术要落后几年,甚至几十年。为了迅速改变这种落后状况,赶上发达国家水平,有计划、有重点、有步骤地引进外资和技术,是我国提高技术水平,发展国民经济的现实选择和重要途径。技术引进的重要意义主要表现在:

1. 引进先进技术是节省时间与科研费用,快速掌握新技术的有效方式

据以往的统计资料显示,一项科研技术成果的取得,从基础研究到研制,一般在实验科学兴起的初期,要花费几十年甚至上百年的时间。有的技术成果成功之后到技术成熟定型为生产应用,有时也需要几十年才能见效。但随着现代科学技术的飞速发展,这一时间已大大减少。例如,蒸汽机即使不考虑基础研究时间,从17世纪90年代巴本、塞维利,到18世纪80年代瓦特将其定型为多功能蒸汽机,前后历经了90多年才完成。汽车从19世纪60年代研制成功到19世纪90年代中叶为生产所应用,其周期虽然比蒸汽机要短,但前后也花去了近30年时间。进入20世纪以后,这一时间进一步缩短,但仍长于采用引进技术出成效的时间。以电子产品中的集成电路来说,是美国1958年发明的,1961年投产,周期为三年。而日本1965年从美国引进,次年投产,周期缩短了一半。大规模集成电路1966年仍由美国发明,1968年投产,周期是两年,而日本1971年正式引进,当年就投产,周期仅为半年。

从技术研制费用和引进费用的对比来看,二者相差也很大。例如,日本在1950～1975年的26年间引进了26 000项国外先进技术,支付引进费用达58亿美元。如果这些项目都由日本自己从头搞起,大约要花四倍的时间和二三十倍的科研发展投资。日本采取的做法,不仅节约了资金,赢得了速度,增强了国力,而且使日本迅速走在了世界发达国家的前列。

2. 引进先进技术是发展中国家增强自力更生能力的重要手段

自力更生和技术引进,并非相互对立、相互排斥,而是相辅相成、相互促进的。独立自主、自力更生是我国建设社会主义的立足点和长期方针,但独立自主、自力更生决不等于闭关自守、盲目排外。一个国家无论科学技术多么发达,都不可能在一切领域时时处处领先,因此,引进外国的先进技术可以较快地增强现代化的能力,使本国的科技人员尽快地掌握世界先进的科学知识,提高自己的设计制造能力,并在此基础上革新创造,攀登世界科技高峰。

社会经济发展表明,增强自力更生的能力同开展科学技术交流十分密切。当今世界,人类社会生产力日益社会化,导致国际市场的形成与扩大,使各个国家的技术、经济和生产都向着国际性方向发展。科技交流、技术转让、信息交换、产品换代,在规模和速度上都达到了空前程度。

3. 引进先进技术是加速我国现代化建设的客观要求

我国国民经济发展的主要目标是加速科技进步,不断满足人民日益增长的物质生活和文化生活的需要,实现社会主义现代化。四个现代化,关键是科学技术现代化,没有科学技术的高速发展,就不可能有国民经济的高速发展。因此,面对我国技术经济基础仍然较弱的实际国情,我国要充分认识并高度重视技术引进,借鉴日本等国家在引进技术

方面的经验,借助国外先进技术的引进,尤其是一些我国目前尚未掌握,而发达国家已经成熟了的技术,或者对发展我国经济有利的现代先进水平的技术引进来促进我国科技现代化的进程。这样做,我们就可以节省许多宝贵的时间和技术力量,集中精力去解决那些国内急需而又难以引进的科技难题,从而不断提高我国技术发展的起点和水平。

4. 引进先进技术是落后国家迅速赶超世界发达国家的重要途径

在当今社会,世界经济一体化、竞争全球化的大环境下,国际交往日益密切,相互引进技术已成为各国经济发展必不可少的重要途径。科学技术的发展具有连续性,要实现科学技术的新突破,必须要学会继承与创新。任何国家要想取得科技领先地位,都应首先学习、借鉴别国已有的先进技术,在此基础上再实现技术的创新。这是发展中国家迅速赶超世界发达国家的重要途径。发展中国家要学会"站在巨人肩上"的本领,制定"跃迁"式的发展战略。这一点极为重要,为我国及其他发展中国家在技术引进过程中的经验教训所证明。要做好技术引进工作,首先必须设立专门的机构来系统研究世界上新技术的现状及发展动态,制定适合国情的可行的技术引进战略,颁布相关的政策与规定,用较少的费用引进国内急需的先进而又适宜的技术,做好对引进技术的消化、吸收、改进与创新,变引进技术为自己的专有技术,从而不断提升技术水平,赶超世界发达国家。

由此可见,技术引进是促进技术与经济之间矛盾转化的重要手段。只要思路正确,政策对路,方法适宜,不但可以赢得时间,节省费用,而且可以提高技术水平,获取经济效益。

三、技术引进的基本原则

技术引进是一项复杂的工作,它涉及政治、经济、外交、外贸、生产、技术和法律等多门学科。因此,为搞好技术引进,必须掌握以下基本原则:

1. 立足国情的原则

技术引进要考虑本国的社会环境和经济条件,一定要结合本国具体实情。因为技术引进受多方面因素的影响,既有资金、物资方面的要求,又有生产、建设方面的限制,所以,在技术引进时,要弄清引进技术的先进性和局限性,要立足于本国国情。引进什么,不引进什么,先引进什么,后引进什么,都要从本国实际出发,统筹规划,全盘考虑,各部门各单位协同配合,讲求技术引进的整体效果。

发展中国家针对资金不足,技术落后,劳动力过剩的状况,一般应注意引进那些劳动密集型的、中等规模的、需要少量资金便可更换生产手段的适宜技术。

2. 学创结合的原则

引进国外先进技术为我所用,必须坚持洋为中用,学创结合。把引进技术与提高国内技术水平结合起来,博采各国技术所长,以现代最新技术改造本国的技术,提高本国的技术水平,并根据本国的特点加以改进与创新,走自己技术经济发展的道路。

当今世界科学技术的发展日新月异,如果一国的技术发展只注重引进,而忽视技术改进与创新,则其发展只能永远落后于他国。

3. 可行性研究的原则

引进技术不仅要先进适用,而且要经济合理,可行性研究是技术引进的必要步骤。在确定引进项目时,要运用技术经济分析的方法,从调查研究、分析预测,到综合论证、系统评价与决策,为引进项目提供技术、经济、商业、财务、环保和管理等方面是否可行的科学依据,以确保引进项目技术上的可行性、经济上的合理性。

4. 突出重点的原则

从国内外的经验及发展的趋势来看,技术引进的规模越来越大,投资越来越多。发展中国家在技术引进时要避免盲目投资、重复引进,要突出重点工程、重点技术,把有限的资金运用在关键设备、核心技术上,特别是软技术的引进更为重要。目前,许多国家都把设备的引进加以分解,只进口其关键部分,而不是全部进口。这些国家明文规定进口成套设备必须分解,国内制造比重必须超过50%,否则政府不予批准进口。日本政府对进口设备审批更是严格,一般买进一套设备以后,即要求翻版制造,不允许重复引进。我国在技术引进方面,也应当注重软技术的引进,要有重点、有步骤地进行,能自己制造的设备坚决不引进,能翻版制造的设备坚决不重复引进,真正发挥出技术引进的应有效益。

第二节 技术引进的重要方式

国际上技术引进的方式很多,但大致可以划分为三种类型:一是单纯的技术输入,如许可证贸易、咨询服务等;二是技术输入与资金借贷相结合,如工程项目承包、补偿贸易等;三是技术输入与资本输入相结合,如合资经营、合作生产等。目前,世界各国广泛采用的主要有以下几种形式:① 产品贸易;② 项目包建;③ 许可证贸易;④ 合作研究、共同设计、合作生产;⑤ 技术咨询、产品工艺评价、技术服务;⑥ 派遣专家、培训人员、考察及学术交流。

具体采用哪种形式或哪几种形式,同本国的工业技术水平和经济水平有关。一般来说,工业基础薄弱、技术落后的国家,多采用引进成套设备的做法;工业发达国家则以引进单项技术为主。总之,引进"软件"范围内的技术为多,其中以许可证贸易这种形式用得最多。

一、许可证贸易

许可证贸易是国际技术贸易的一种基本形式。它主要解决产品制造权和制造技术的转让问题,即技术引进一方从输出一方取得制造或销售某种产品的权利并得到相应的技术,引进一方要支付一笔款项或在协议规定期间内提成支付使用费用给输出一方作为代价。这是最常见的一种。实际上,许可证贸易的内容和方式也是多种多样的。

(1) 专利使用权。单独买专利使用权,代价较低,但一般拿不到详细的技术资料,所以国际上较少使用这种方式。

(2) 专有技术(秘密)。国际上通称 Know-How,类似中国的"祖传秘方",也有人称之为技术诀窍。专有技术是既不申请专利,也不公开的技术文件、工艺、配方及管理方法等。其中,还包括一部分不便于用书面形式表达的工艺诀窍、经营秘诀等。

(3) 商标。商标是一种工业产权,一经在有关国家或地区注册后,便受到有关国家或地区的法律保护。在技术引进中,如果要取得卖方的商标使用权,除了产品必须符合卖方的质量标准外,还要支付商标使用费。引进商标虽然有利于本国产品进入国际市场,但从长远观点看,还是应争创自己的名牌打进国际市场。

二、合作生产或经营

合作生产或经营也是一种常见的技术引进方式。具体又可分为五种形式:

(1) 来料或来样加工。甲方提供原料(全部或部分)或来样,以及部分设备、仪器与工艺装备。乙方按甲方规定的质量标准或商标,加工后交甲方销售。甲方付给乙方加工费。合同期满后,设备等归还甲方或折价出售给乙方。这种方式一般多在劳动密集型产品中采用,能充分利用富余的劳动力和机器设备,并促进生产和出口贸易的发展。

(2) 来件装配。这也是来料加工的一种特殊形式,其不同之处在于产品销售由甲乙双方各承担一定比例。如果乙方外销少、内销多,则外汇支出较大,仅靠加工费难以实现外汇收支平衡。

(3) 合作生产。合作双方按各自的设计,生产一部分零部件,或者由技术输出方负责技术设计,双方分别加工,最后进行总装。这类产品多是大型产品或成套设备,要求双方密切配合。合作生产有利于引进国利用外资,引进先进技术,外汇支出少,上马快,收效也快。

(4) 补偿贸易。由输出国(甲方)向输入国(乙方)提供一笔贷款,用于购买输出国的设备或建厂。投产后,输入国用该厂的直接产品或其他产品偿还贷款的本金和利息。

补偿贸易对贸易双方均有利。输出国可通过签订长期的贸易协定,输出过剩的资本和技术,并得到技术转让费和一定的利息。输入国则可利用外贸与引进技术的结合,实现进口与出口的双重目标,同时还可解决外汇来源问题。

(5) 合资经营。这是发展中国家技术引进的一种重要方式。合资经营有利于发展中国家利用外资引进先进技术和设备,增加新建项目,填补国家空白,学习发达国家的技术与管理经验,增强产品在国际上的竞争力。

合资企业以引进技术为基础,双方优势互补,共同投资,共同经营,共享利润,共担风险。通过生产与销售,双方按投资比例分配利润。

合资经营企业主要有三种形式:① 与外资合作在本国建立合营企业;② 与外资合作在对方国内建立合营公司;③ 与外资合作在第三国兴建项目。

三、通过产品贸易或成套项目包建

由于产品中包含着一定的技术，通过产品贸易可以起到引进技术的作用。对于一些新建项目，当其建设中涉及较多先进技术而我国又不能承担时，采用包建的办法将项目承包出去，这样做既可以保证建设项目的先进性，也可以实现技术引进的目的。

四、学术与技术交流

学术与技术交流包括各种学术会议、讲座、座谈以及科学技术考察等。其内容以科技学术或管理理论等的交流为主，一般不涉及工艺技术细节。公开发行的各种科技文献、刊物等，也起着学术与科技交流作用，有时还可能透露出一些工艺技术细节，所以对国外各种科技文献、刊物的订阅应看作是技术引进的一个方面。

五、技术咨询与技术服务

根据拟定的科学技术专题，邀请有关国家的专家帮助诊断或邀请专家进行技术指导，培训有关人员。这也是技术引进的一种重要方式。

第三节　技术引进的程序

一、技术引进的阶段划分

技术引进工作一般可划分为四个阶段：

1. 技术引进规划阶段

这一阶段主要是根据国家的技术经济发展政策和方针，特别是有关地区发展和行业发展的目标、各行业的技术状况、有关企业的自身条件等因素，结合国外可供选择的技术情况，确定所需技术的引进意向、引进方式、先进程度，从而初步选择供应渠道。在此基础上编制技术引进建议书。建议书的内容主要包括技术引进的内容及申请理由，拟探询的进口国别与厂商、产品、原材料、燃料、电力、交通运输及协作配套等情况，以及项目资金的估计与来源、项目的进度安排、初步技术经济分析等。

2. 技术引进准备阶段

这一阶段主要是深入地调查研究，多渠道广泛地收集信息，提出可行性研究报告，为技术引进提供决策依据。如果认为该项引进是可行的，就要组成强有力的谈判班子，通过谈判达成协议，然后签订合同，并制定具体实施计划。

3. 技术引进组织实施阶段

这一阶段主要是履行合同，完成引进技术的实务。具体是按计划兴建厂房，安排国内配套设备,组织人员出国培训,待技术资料和设备进口后,落实引进技术的消化吸收,测绘零部件和设备,组织安装和调试,试生产合格后即正式投产等。

4. 技术引进总结阶段

这一阶段主要是对引进技术的应用情况进行认真总结,并改进提高和推广应用。

二、技术引进的基本程序图

技术引进的基本程序如图 10-1 所示。

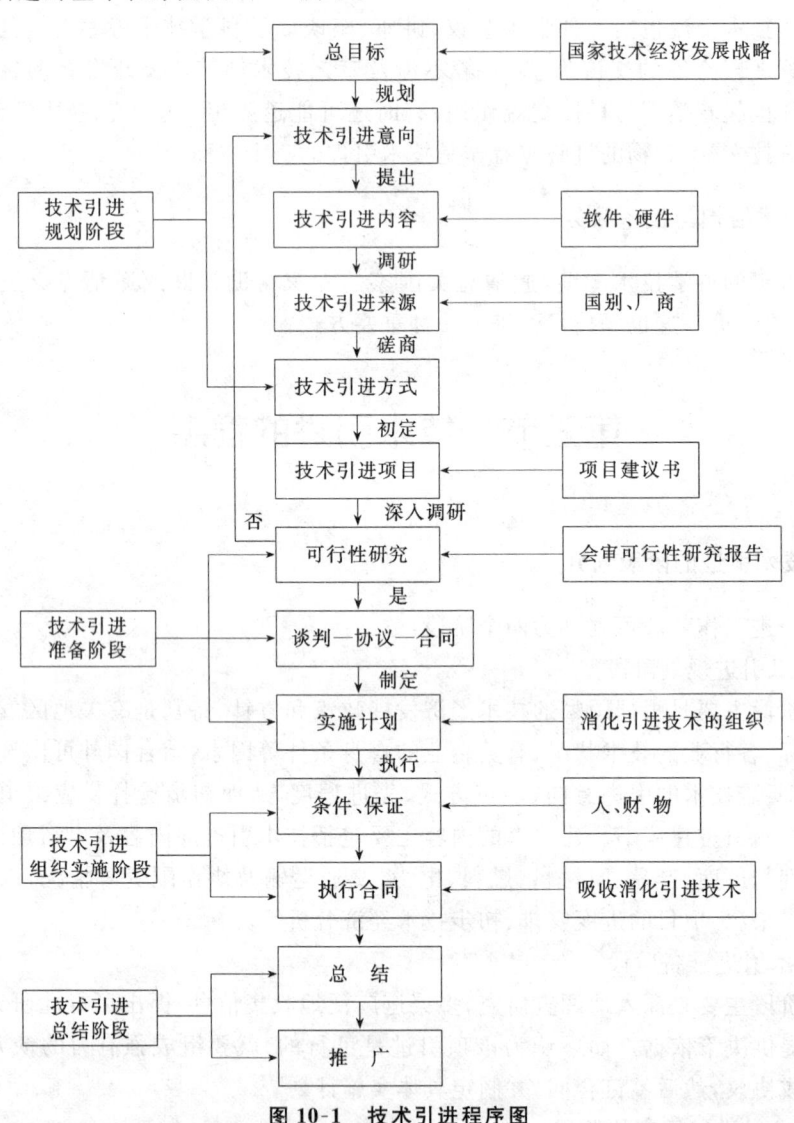

图 10-1 技术引进程序图

第四节　技术引进的技术经济分析

为确保技术引进的经济效果,必须对引进项目进行技术经济分析,编制可行性研究报告,为决策者提供科学的依据。

技术引进的技术经济分析一般包括引进项目的技术选择、市场研究、工程条件研究和经济效益评价等内容。

一、技术选择

技术引进可分为战略性引进和战术性引进。前者是指为了国民经济发展的长远计划,现在应通过局部的技术引进来推动全局的技术引进;而后者是指为了解决国民经济某一方面的需要,对全局无大影响的技术引进。尽管两种引进各有不同,其意义与作用也大有差异,但有一点是共同的,即在技术引进之前都要进行技术经济分析,既要考虑引进技术的先进性与适用性,又要考虑引进技术的经济合理性。

(1) 技术的先进性。一是要与技术引进国的同类技术比较,是超越引进国的,还是等同于引进国的;二是与国际同类技术比较,是最先进的,还是比较先进的,或者只是一般的。原则上,应以引进世界最先进或比较先进的技术为好;应以能生产出国内外市场竞争力较强且生命力较大的产品技术为佳;应以具有发展潜力和长远发展前景的技术为优。

(2) 技术的适用性。引进技术必须考虑国内具体的技术、经济、环保、资源、运输、社会等条件,不能一味追求技术的先进性,而不顾该引进技术能否为国内所消化、吸收,能否与国内相关技术与设备配套使用。因此,技术引进除了要考虑技术的先进性外,还要考虑技术的适用性,要引进使用价值大的技术,易于消化、翻版、改进、提高的技术,以及对国内技术改造、技术更新有指导作用和借鉴意义的技术。

(3) 经济的合理性。对引进技术要比较投入与产出,其比较准则一般有三条:一是要以最小的投入获得最大的产出,或以较小的投入获得较大的产出;二是成本效益达到同类技术最大;三是保持最佳经济效益的时间最长。

二、市场研究

技术引进后,产品能否销售出去,产品价格在市场上是否有利于竞争,市场上究竟需要多少产品,市场销售额能有多大,这些是直接关系着技术是否引进的重要因素。因此,必须进行市场研究。市场研究主要步骤如下:

(1) 先统计出历年市场实际销售量和主要销售地区。

(2) 根据实际销售量计算市场占有率：

$$M_i = \frac{Q_x}{Q_m} \times 100\% \tag{10-1}$$

式中 M_i——市场占有率，%；

Q_x——本企业产品销售量；

Q_m——整个市场该种产品的全部销售量。

(3) 分析主要销售国家和销售地区经济增长和消费增长的可能性。

(4) 根据本企业产品的质量、性能、特点、价格、服务等因素，分析产品在市场上的竞争能力和主要竞争对手的生产、销售情况。

三、工程条件研究

引进技术项目，必须研究工程条件是否具备。不具备工程条件的项目，是不允许上马的。工程条件研究的内容如下：

(1) 本国自然资源的储量，各种原材料、燃料、动力的来源；

(2) 国家生产力配置的原则和组织专业化协作的要求以及协作条件、工艺等协作配套的供应条件；

(3) 建厂地区的自然条件，例如水文、气象、地质等；

(4) 交通运输、公用设施和劳动力来源等社会条件；

(5) 厂址和建厂规模、厂区设计和工程建设进度。

四、经济效益评价

(一) 投资额的分析

引进项目所需要的资金投放主要包括：土地；技术，如专有技术费用、资料费、专家费、培训费等；设备，如生产设备、辅助设备、工具等；土建工程，如厂房建筑、配套工程等；项目投资前的可行性研究费用；项目实施费用；流动资金；借款利息，等等。

资金是引进技术的关键问题之一，在没有资金、缺乏偿还能力时决不能轻易引进。因此，在技术引进时应对资金的来源和筹措方式，国内外资金的配套，贷款的期限、利率、优惠条件以及偿还能力等进行认真分析。

(二) 利润的计算

利润指标是衡量引进项目经济效益的重要指标之一，其计算方法与国内投资项目的计算略有不同。

[例 10-1] 某企业从国外引进技术，投产后预计年销售收入 S 为 80 万美元。假设企业目标利润率为 15%，输出方要求提成率为 6%，问引进方的利润率（E_q）和输出方的提成率（E_n）多大该项引进技术才是可取的？

解：引进方的利润：
$$E_1 = S \cdot E_q = 800\,000 \times 0.15 = 120\,000\,(美元)$$

输出方与引进方利润指数：
$$r = \frac{E_n}{E_q} = \frac{0.06}{0.15} = 0.4$$

这说明若按6%提成，输出方获得利润为40%，远高于惯常的标准25%~30%，对引进方极为不利。

若引进方要求输出方利润提成比例不应超过28%，则提成率应降为：
$$E_n' \leqslant E_q \cdot r = 15\% \times 28\% = 4.2\%$$

如按4%提成，输出方利润为：
$$E_2' = S \cdot E_n' = 800\,000 \times 0.04 = 32\,000\,(美元)$$

引进方利润率为：
$$E_q' = \frac{E_1 + (E_2 - E_2')}{S} = \frac{120\,000 + (48\,000 - 32\,000)}{800\,000} \times 100\% = 17\%$$

输出方与引进方的利润指数为：
$$r' = \frac{E_n'}{E_q'} = \frac{4.2\%}{17\%} = 0.247$$

即输出方的利润提成率为24.7%，接近国际惯例，是较合理的。

（三）偿还期限的计算

技术引进项目通常涉及外资利用与偿还问题，对此必须高度重视。衡量外资偿还能力的大小一般用偿还期限指标来表示。

偿还期限的计算公式为：
$$T = \frac{I_F}{V_F - C_F} \tag{10-2}$$

式中　T——债务偿还期限，用年表示；

I_F——外资总投入，用美元表示；

V_F——年外汇收入，用美元表示；

C_F——年生产费用，用美元表示。

偿还期限越短，表示项目偿还能力越强。若偿还期限超过规定的外资使用期，则说明此项目不能靠自身的力量在外资使用期内偿还全部外资。若偿还期限超过进口设备的服务期限，则此项目对本国经济无效益。

偿还期限的计算方法如下：

1. 外资总投入的计算

外资总投入包括引进技术和进口设备的全部贷款、贷款利息及贷款延付的有关费用。外资总投入的计算,可在确定了贷款偿还期限和使用期限以及应归还时间的前提下,根据不同的偿还方式分别计算。

(1) 在规定期限内,本息累计一次偿还。其本利和计算公式为:
$$F = P(1+i)^n \tag{10-3}$$
式中 F——应偿还的外资总额,用美元表示;

P——外资全部贷款,用美元表示;

i——外资年利息率,%;

n——外资偿还期限,用年表示。

(2) 在规定期限内,每年只偿还利息,本金在期末一次偿还。其计算公式为:
$$F = P(1+ni) \tag{10-4}$$

(3) 在规定期限内,分期偿还,每期偿还金额相等。其计算公式为:
$$A = P\frac{i(1+i)^n}{(1+i)^n - 1} \tag{10-5}$$
式中 A——每年等额偿还的金额。

(4) 一次贷款,分期偿还,每期偿还金额不等,将每年应偿还金额逐年相加,累计求得偿还总金额。

(5) 分期偿还,等额偿本,并规定每期付清当年的全部利息。其计算公式为:
$$A_t = \frac{P}{n} + P\left(1 - \frac{t-1}{n}\right)i \tag{10-6}$$
式中 A_t——第 t 期的还本付息额。

2. 年外汇收入的计算

外汇收入取决于出口商品的数量和价格。出口商品的数量,可根据市场分析、预测来估定。出口商品的价格,是随各国在该产品方面的资源变化情况、生产情况、市场供需情况而变动的,通常根据市场预测其价格年递增率,以预测该产品未来的平均价格。其计算公式为:
$$P = P_0 \cdot \frac{(1+a)^{n+1} - (1+a)}{a} \cdot \frac{1}{n} \tag{10-7}$$
式中 P——产品的预测平均价格;

P_0——签订协议时国际市场价格;

a——偿还期间价格年平均递增率;

n——年限,用年表示。

平均年外汇收入为:
$$V = P \cdot Q \tag{10-8}$$
式中 V——年平均外汇收入;

Q——年出口量。

上式适用于出口商品价格年平均递增率 $a<0$ 的情况。若 $a=0$ 或每年价格波动很大,则应逐年计算年外汇收入。

3. 年生产费用的计算

引进技术或进口设备所花的成本及费用都要折合成外汇进行计算,有两种计算方法:

第一种,当企业在国内市场出售有关产品时,

$$C_F = C(P_F/P) \qquad (10\text{-}9)$$

式中　C_F——折合的外汇成本;

C——年生产成本及费用,用人民币表示;

P_F——国际市场价格;

P——国内市场价格。

第二种,当企业在国际市场出售有关产品时,

$$C_F = C(\$/¥) \qquad (10\text{-}10)$$

式中　$\$/¥$——人民币与美元的兑换率。

4. 投资收益率(投资利润率)的计算

投资收益率是年平均积累额(利润加存款)与投资总额的比率。

$$投资收益率(\%) = \frac{年平均积累额}{投资总额} \times 100\% \qquad (10\text{-}11)$$

[**例 10-2**]　某项目全部资金为 2 亿元,股本占 40%,技术卖方和买方各占股本的一半,其余 60% 资金为贷款,年利息率为 6%,一年盈利 2 000 万元。试分别计算投资收益率和股本利润率。

解:

股本 $= 20\,000 \times 0.4 = 8\,000$(万元)

贷款 $= 20\,000 \times 0.6 = 12\,000$(万元)

贷款利息 $= 12\,000 \times 0.06 = 720$(万元)

年净利润 $= 2\,000 - 720 = 1\,280$(万元)

投资收益率 $= \dfrac{2\,000}{20\,000} \times 100\% = 10\%$

股本利润率 $= \dfrac{1\,280}{8\,000} \times 100\% = 16\%$

从计算结果看,投资收益率为 10%,高于一般贷款的利息率,股本利润率为 16%,对外国投资者也有一定的刺激作用。当然,双方也必须各自承担可能亏损的一半。

对引进项目进行可行性研究时,一定要考虑收益情况。国际上外资的年利息率往往较高,有时高达百分之十几。此时,技术引进项目的年平均投资收益率必须超过年利息率水平,项目才合算。根据国际上的经验,10 年内还本付息时,收益率高达 30%;15 年内

还本付息时,收益率应达 25%。

5. 投资回收期的计算

项目投产后,如果将全部净利润用于偿还外资,则可偿还期等于投资回收期。

$$投资回收期 = \frac{投资总额}{年平均积累额}$$

计算的投资回收期应低于行业基准投资回收期,这样才会认为项目是可行的。如果超过基准投资回收期,则由于目前技术更新很快,会使项目失去竞争能力,该项目是不可取的。因此,应当加快引进项目的建设,按期投产交付使用,尽快达到设计能力,以发挥更大的经济效益。

(四)综合评价

为了对技术引进项目作出最后的决策,需要对有关的技术引进方案进行综合性的比较评价,从中选择出一种最佳方案及几种备用方案作为今后引进工作的实施计划。

技术引进方案综合评价的内容包括技术和经济两个主要方面,其评价方法应采用定量评价法。

下面着重介绍专家评分法,评分的具体步骤是:

(1) 根据评价对象列出具体评价项目。

(2) 对每个评价项目列出评价等级,并订出评价标准分数。对于评价项目的评定等级的划分以及每级标准分,可以根据主管部门的需要选定。

(3) 根据各种调查所得资料,聘请专家对每个项目的评价等级分别给出评价分数。

(4) 按有关计算规则进行计算,算出各种技术引进方案的评价总分,以此作为决策的依据。

技术引进方案综合评价表如表 10-1 所示。表中采用的是加法评分法,最高分数为 100 分,最低为 26 分。

表 10-1 技术引进方案综合评价表

评价项目		评 价 等 级	评价标准	评价分数
技术优势	产品性能	① 各方面都超过 ② 超过地方不多 ③ 不相上下 ④ 某些方面还超不过	14 10 6 3	
	用户反映	① 很满意 ② 满意 ③ 一般 ④ 不受欢迎	12 10 6 3	

与竞争产品相比

续表

评价项目		评价等级	评价标准	评价分数
技术消化掌握能力		① 用现有的人才、技术和设备就能消化掌握	12	
		② 要采取若干措施才能消化掌握	10	
		③ 要采取相当措施才能消化掌握	6	
		④ 采取措施后仍有困难	3	
销售能力	市场预测	① 在进入成长期之前市场规模就很大	14	
		② 在成长初期具有中等规模市场	10	
		③ 在成长期的市场规模很小	6	
		④ 竞争产品多,在成长末期市场迅速减少	3	
	销售措施	① 现有人员和销售网点可达销售目标	12	
		② 采取若干措施后才能达到销售目标	10	
		③ 采取相当措施后能达到销售目标	5	
生产能力	生产目标	① 不采取特殊措施就能达到	12	
		② 要增加人员后才能达到	10	
		③ 要增加流动资金、材料、人员才能达到	6	
		④ 需要增加一定生产能力后才能达到	3	
	设备投资	① 用现有设备基本可行	12	
		② 必须增加若干专用设备	10	
		③ 必须增加若干生产线	6	
		④ 需要大量增加设备	3	
经济效益		预计投资利润可达 ① 30%以上	12	
		② 25%以上	10	
		③ 20%以上	6	
		④ 15%以上	3	
合 计		(将每项评价分相加)	100～26	

思 考 题

1. 什么是技术引进？技术引进有何意义？
2. 我国在技术引进时应遵循哪些原则？
3. 技术引进有哪些重要方式？
4. 简述技术引进的程序。
5. 如何对技术引进进行技术经济分析？

附 表

1% 复利系数表

n	$(1+i)^n$	$\dfrac{1}{(1+i)^n}$	$\dfrac{(1+i)^n-1}{i}$	$\dfrac{i}{(1+i)^n-1}$	$\dfrac{(1+i)^n-1}{i(1+i)^n}$	$\dfrac{i(1+i)^n}{(1+i)^n-1}$
	$(F/P, i, n)$	$(P/F, i, n)$	$(F/A, i, n)$	$(A/F, i, n)$	$(P/A, i, n)$	$(A/P, i, n)$
1	1.010 0	0.990 1	1.000 0	1.000 0	0.990 1	1.010 0
2	1.020 1	0.980 3	2.010 0	0.497 5	1.970 4	0.507 5
3	1.030 3	0.970 6	3.030 1	0.330 0	2.941 0	0.340 0
4	1.040 6	0.961 0	4.060 4	0.246 3	3.902 0	0.256 3
5	1.051 0	0.951 5	5.101 0	0.196 0	4.853 4	0.206 0
6	1.061 5	0.942 0	6.152 0	0.162 5	5.795 5	0.172 5
7	1.072 1	0.932 7	7.213 5	0.138 6	6.728 2	0.148 6
8	1.082 9	0.923 5	8.285 7	0.120 7	7.651 7	0.130 7
9	1.093 7	0.914 3	9.368 5	0.106 7	8.566 0	0.116 7
10	1.104 6	0.905 3	10.462 2	0.095 6	9.471 3	0.105 6
11	1.115 7	0.896 3	11.566 8	0.086 5	10.367 6	0.096 5
12	1.126 8	0.887 4	12.682 5	0.078 8	11.255 1	0.088 8
13	1.138 1	0.878 7	13.809 3	0.072 4	12.133 7	0.082 4
14	1.149 5	0.870 0	14.947 4	0.066 9	13.003 7	0.076 9
15	1.161 0	0.861 3	16.096 9	0.062 1	13.865 1	0.072 1
16	1.172 6	0.852 8	17.257 9	0.057 9	14.717 9	0.067 9
17	1.184 3	0.844 4	18.430 4	0.054 3	15.562 3	0.064 3
18	1.196 1	0.836 0	19.614 7	0.051 0	16.398 3	0.061 0
19	1.208 1	0.827 7	20.810 9	0.048 1	17.226 0	0.058 1
20	1.220 2	0.819 5	22.019 0	0.045 4	18.045 6	0.055 4
25	1.282 4	0.779 8	28.243 2	0.035 4	22.023 2	0.045 4
30	1.347 8	0.741 9	34.784 9	0.028 7	25.807 7	0.038 7
35	1.416 6	0.705 9	41.660 3	0.024 0	29.408 6	0.034 0
40	1.488 9	0.671 7	48.886 4	0.020 5	32.834 7	0.030 5
45	1.564 8	0.639 1	56.481 1	0.017 7	36.094 5	0.027 7
50	1.644 6	0.608 0	64.463 2	0.015 5	39.196 1	0.025 5

2% 复利系数表

n	$(1+i)^n$	$\dfrac{1}{(1+i)^n}$	$\dfrac{(1+i)^n-1}{i}$	$\dfrac{i}{(1+i)^n-1}$	$\dfrac{(1+i)^n-1}{i(1+i)^n}$	$\dfrac{i(1+i)^n}{(1+i)^n-1}$
	$(F/P,i,n)$	$(P/F,i,n)$	$(F/A,i,n)$	$(A/F,i,n)$	$(P/A,i,n)$	$(A/P,i,n)$
1	1.020 0	0.980 4	1.000 0	1.000 0	0.980 4	1.020 0
2	1.040 4	0.961 2	2.020 0	0.495 0	1.941 6	0.515 0
3	1.061 2	0.942 3	3.060 4	0.326 8	2.883 9	0.346 8
4	1.082 4	0.923 8	4.121 6	0.242 6	3.807 7	0.262 6
5	1.104 1	0.905 7	5.204 0	0.192 2	4.713 5	0.212 2
6	1.126 2	0.888 0	6.308 1	0.158 5	5.601 4	0.178 5
7	1.148 7	0.870 6	7.434 3	0.134 5	6.472 0	0.154 5
8	1.171 7	0.853 5	8.583 0	0.116 5	7.325 5	0.136 5
9	1.195 1	0.836 8	9.754 6	0.102 5	8.162 2	0.122 5
10	1.219 0	0.820 3	10.949 7	0.091 3	8.982 6	0.111 3
11	1.243 4	0.804 3	12.168 7	0.082 2	9.786 8	0.102 2
12	1.268 2	0.788 5	13.412 1	0.074 6	10.575 3	0.094 6
13	1.293 6	0.773 0	14.680 3	0.068 1	11.348 4	0.088 1
14	1.319 5	0.757 9	15.973 9	0.062 6	12.106 2	0.082 6
15	1.345 9	0.743 0	17.293 4	0.057 8	12.849 3	0.077 8
16	1.372 8	0.728 4	18.639 3	0.053 7	13.577 7	0.073 7
17	1.400 2	0.714 2	20.012 1	0.050 0	14.291 9	0.070 0
18	1.428 2	0.700 2	21.412 3	0.046 7	14.992 0	0.066 7
19	1.456 8	0.686 4	22.840 6	0.043 8	15.678 5	0.063 8
20	1.485 9	0.673 0	24.297 4	0.041 2	16.351 4	0.061 2
25	1.640 6	0.609 5	32.030 3	0.031 2	19.523 5	0.051 2
30	1.811 4	0.552 1	40.568 1	0.024 6	22.396 5	0.044 6
35	1.999 9	0.500 0	49.994 5	0.020 0	24.998 6	0.040 0
40	2.208 0	0.452 9	60.402 0	0.016 6	27.355 5	0.036 6
45	2.437 9	0.410 2	71.892 7	0.013 9	29.490 2	0.033 9
50	2.691 6	0.371 5	84.579 4	0.011 8	31.423 6	0.031 8

3% 复利系数表

n	$(1+i)^n$	$\dfrac{1}{(1+i)^n}$	$\dfrac{(1+i)^n-1}{i}$	$\dfrac{i}{(1+i)^n-1}$	$\dfrac{i(1+i)^n-1}{(1+i)^n}$	$\dfrac{i(1+i)^n}{(1+i)^n-1}$
	$(F/P,i,n)$	$(P/F,i,n)$	$(F/A,i,n)$	$(A/F,i,n)$	$(P/A,i,n)$	$(A/P,i,n)$
1	1.030 0	0.970 9	1.000 0	1.000 0	0.970 9	1.030 0
2	1.060 9	0.942 6	2.030 0	0.492 6	1.913 5	0.522 6
3	1.092 7	0.915 1	3.090 9	0.323 5	2.828 6	0.353 5
4	1.125 5	0.888 5	4.183 6	0.239 0	3.717 1	0.269 0
5	1.159 3	0.862 6	5.309 1	0.188 4	4.579 7	0.218 4
6	1.194 1	0.837 5	6.468 4	0.154 6	5.417 2	0.184 6
7	1.229 9	0.813 1	7.662 5	0.130 5	6.230 3	0.160 5
8	1.266 8	0.789 4	8.892 3	0.112 5	7.019 7	0.142 5
9	1.304 8	0.766 4	10.159 1	0.098 4	7.786 1	0.128 4
10	1.343 9	0.744 1	11.463 9	0.087 2	8.530 2	0.117 2
11	1.384 2	0.722 4	12.807 8	0.078 1	9.252 6	0.108 1
12	1.425 8	0.701 4	14.192 0	0.070 5	9.954 0	0.100 5
13	1.468 5	0.681 0	15.617 8	0.064 0	10.635 0	0.094 0
14	1.512 6	0.661 1	17.086 3	0.058 5	11.296 1	0.088 5
15	1.558 0	0.641 9	18.598 9	0.053 8	11.937 9	0.083 8
16	1.604 7	0.623 2	20.156 9	0.049 6	12.561 1	0.079 6
17	1.652 8	0.605 0	21.761 6	0.046 0	13.166 1	0.076 0
18	1.702 4	0.587 4	23.414 4	0.042 7	13.753 5	0.072 7
19	1.753 5	0.570 3	25.116 9	0.039 8	14.323 8	0.069 8
20	1.806 1	0.553 7	26.870 4	0.037 2	14.877 5	0.067 2
25	2.093 8	0.477 6	36.459 3	0.027 4	17.413 1	0.057 4
30	2.427 3	0.412 0	47.575 4	0.021 0	19.600 4	0.051 0
35	2.813 9	0.355 4	60.462 1	0.016 5	21.487 2	0.046 5
40	3.262 0	0.306 6	75.401 3	0.013 3	23.114 8	0.043 3
45	3.781 6	0.264 4	92.719 9	0.010 8	24.518 7	0.040 8
50	4.383 9	0.228 1	112.796 9	0.008 9	25.729 8	0.038 9

4% 复利系数表

n	$(1+i)^n$	$\dfrac{1}{(1+i)^n}$	$\dfrac{(1+i)^n-1}{i}$	$\dfrac{i}{(1+i)^n-1}$	$\dfrac{(1+i)^n-1}{i(1+i)^n}$	$\dfrac{i(1+i)^n}{(1+i)^n-1}$
	$(F/P,i,n)$	$(P/F,i,n)$	$(F/A,i,n)$	$(A/F,i,n)$	$(P/A,i,n)$	$(A/P,i,n)$
1	1.040 0	0.961 5	1.000 0	1.000 0	0.961 5	1.040 0
2	1.081 6	0.924 6	2.040 0	0.490 2	1.886 1	0.530 2
3	1.124 9	0.889 0	3.121 6	0.320 3	2.775 1	0.360 3
4	1.169 9	0.854 8	4.246 5	0.235 5	3.629 9	0.275 5
5	1.216 7	0.821 9	5.416 3	0.184 6	4.451 8	0.224 6
6	1.265 3	0.790 3	6.633 0	0.150 8	5.242 1	0.190 8
7	1.315 9	0.759 9	7.898 3	0.126 6	6.002 1	0.166 6
8	1.368 6	0.730 7	9.214 2	0.108 5	6.732 7	0.148 5
9	1.423 3	0.702 6	10.582 8	0.094 5	7.435 3	0.134 5
10	1.480 2	0.675 6	12.006 1	0.083 3	8.110 9	0.123 3
11	1.539 5	0.649 6	13.486 4	0.074 1	8.760 5	0.114 1
12	1.601 0	0.624 6	15.025 8	0.066 6	9.385 1	0.106 6
13	1.665 1	0.600 6	16.626 8	0.060 1	9.985 6	0.100 1
14	1.731 7	0.577 5	18.291 9	0.054 7	10.563 1	0.094 7
15	1.800 9	0.555 3	20.023 6	0.049 9	11.118 4	0.089 9
16	1.873 0	0.533 9	21.824 5	0.045 8	11.652 3	0.085 8
17	1.947 9	0.513 4	23.697 5	0.042 2	12.165 7	0.082 2
18	2.025 8	0.493 6	25.645 4	0.039 0	12.659 3	0.079 0
19	2.106 8	0.474 6	27.671 2	0.036 1	13.133 9	0.076 1
20	2.191 1	0.456 4	29.778 1	0.033 6	13.590 3	0.073 6
25	2.665 8	0.375 1	41.645 9	0.024 0	15.622 1	0.064 0
30	3.243 4	0.308 3	56.084 9	0.017 8	17.292 0	0.057 8
35	3.946 1	0.253 4	73.652 2	0.013 6	18.664 6	0.053 6
40	4.801 0	0.208 3	95.025 5	0.010 5	19.792 8	0.050 5
45	5.841 2	0.171 2	121.029 4	0.008 3	20.720 0	0.048 3
50	7.106 7	0.140 7	152.667 1	0.006 6	21.482 2	0.046 6

5% 复利系数表

n	$(1+i)^n$	$\dfrac{1}{(1+i)^n}$	$\dfrac{(1+i)^n-1}{i}$	$\dfrac{i}{(1+i)^n-1}$	$\dfrac{(1+i)^n-1}{i(1+i)^n}$	$\dfrac{i(1+i)^n}{(1+i)^n-1}$
	$(F/P,i,n)$	$(P/F,i,n)$	$(F/A,i,n)$	$(A/F,i,n)$	$(P/A,i,n)$	$(A/P,i,n)$
1	1.050 0	0.952 4	1.000 0	1.000 0	0.952 4	1.050 0
2	1.102 5	0.907 0	2.050 0	0.487 8	1.859 4	0.537 8
3	1.157 6	0.863 8	3.152 5	0.317 2	2.723 2	0.367 2
4	1.215 5	0.822 7	4.310 1	0.232 0	3.546 0	0.282 0
5	1.276 3	0.783 5	5.525 6	0.181 0	4.329 5	0.231 0
6	1.340 1	0.746 2	6.801 9	0.147 0	5.075 7	0.197 0
7	1.407 1	0.710 7	8.142 0	0.122 8	5.786 4	
8	1.477 5	0.676 8	9.549 1	0.104 7	6.463 2	0.154 7
9	1.551 3	0.644 6	11.026 6	0.090 7	7.107 8	0.140 7
10	1.628 9	0.613 9	12.577 9	0.079 5	7.721 7	0.129 5
11	1.710 3	0.584 7	14.206 8	0.070 4	8.306 4	0.120 4
12	1.795 9	0.556 8	15.917 1	0.062 8	8.863 3	0.112 8
13	1.885 6	0.530 3	17.713 0	0.056 5	9.393 6	0.106 5
14	1.979 9	0.505 1	19.598 6	0.051 0	9.898 6	0.101 0
15	2.078 9	0.481 0	21.578 6	0.046 3	10.379 7	0.096 3
16	2.182 9	0.458 1	23.657 5	0.042 3	10.837 8	0.092 3
17	2.292 0	0.436 3	25.840 4	0.038 7	11.274 1	0.088 7
18	2.406 6	0.415 5	28.132 4	0.035 5	11.689 6	0.085 5
19	2.527 0	0.395 7	30.539 0	0.032 7	12.085 3	0.082 7
20	2.653 3	0.376 9	33.066 0	0.030 2	12.462 2	0.080 2
25	3.386 4	0.295 3	47.727 1	0.021 0	14.093 9	0.071 0
30	4.321 9	0.231 4	66.438 8	0.015 1	15.372 5	0.065 1
35	5.516 0	0.181 3	90.320 3	0.011 1	16.374 2	0.061 1
40	7.040 0	0.142 0	120.799 8	0.008 3	17.159 1	0.058 3
45	8.985 0	0.111 3	159.700 2	0.006 3	17.774 1	0.056 3
50	11.467 4	0.087 2	209.348 0	0.004 8	18.255 9	0.054 8

6% 复利系数表

n	$(1+i)^n$	$\dfrac{1}{(1+i)^n}$	$\dfrac{(1+i)^n-1}{i}$	$\dfrac{i}{(1+i)^n-1}$	$\dfrac{(1+i)^n-1}{i(1+i)^n}$	$\dfrac{i(1+i)^n}{(1+i)^n-1}$
	$(F/P,i,n)$	$(P/F,i,n)$	$(F/A,i,n)$	$(A/F,i,n)$	$(P/A,i,n)$	$(A/P,i,n)$
1	1.060 0	0.943 4	1.000 0	1.000 0	0.943 4	1.060 0
2	1.123 6	0.890 0	2.060 0	0.485 4	1.833 4	0.545 4
3	1.191 0	0.839 6	3.183 6	0.314 1	2.673 0	0.374 1
4	1.262 5	0.792 1	4.374 6	0.228 6	3.465 1	0.288 6
5	1.338 2	0.747 3	5.637 1	0.177 4	4.212 4	0.237 4
6	1.418 5	0.705 0	6.975 3	0.143 4	4.917 3	0.203 4
7	1.503 6	0.665 1	8.393 8	0.119 1	5.582 4	0.179 1
8	1.593 8	0.627 4	9.897 5	0.101 0	6.209 8	0.161 0
9	1.689 5	0.591 9	11.491 3	0.087 0	6.801 7	0.147 0
10	1.790 8	0.558 4	13.180 8	0.075 9	7.360 1	0.135 9
11	1.898 3	0.526 8	14.971 6	0.066 8	7.886 9	0.126 8
12	2.012 2	0.497 0	16.869 9	0.059 3	8.383 8	0.119 3
13	2.132 9	0.468 8	18.882 1	0.053 0	8.852 7	0.113 0
14	2.260 9	0.442 3	21.015 1	0.047 6	9.295 0	0.107 6
15	2.396 6	0.417 3	23.276 0	0.043 0	9.712 2	0.103 0
16	2.540 4	0.393 6	25.672 5	0.039 0	10.105 9	0.099 0
17	2.692 8	0.371 4	28.212 9	0.035 4	10.477 3	0.095 4
18	2.854 3	0.350 3	30.905 7	0.032 4	10.827 6	0.092 4
19	3.025 6	0.330 5	33.760 0	0.029 6	11.158 1	0.089 6
20	3.207 1	0.311 8	36.785 6	0.027 2	11.469 9	0.087 2
25	4.291 9	0.233 0	54.864 5	0.018 2	12.783 4	0.078 2
30	5.743 5	0.174 1	79.058 2	0.012 6	13.764 8	0.072 6
35	7.686 1	0.130 1	111.434 8	0.009 0	14.498 2	0.069 0
40	10.285 7	0.097 2	154.762 0	0.006 5	15.046 3	0.066 5
45	13.764 6	0.072 7	212.743 5	0.004 7	15.455 8	0.064 7
50	18.420 2	0.054 3	290.335 9	0.003 4	15.761 9	0.063 4

7% 复利系数表

n	$(1+i)^n$	$\dfrac{1}{(1+i)^n}$	$\dfrac{(1+i)^n-1}{i}$	$\dfrac{i}{(1+i)^n-1}$	$\dfrac{(1+i)^n-1}{i(1+i)^n}$	$\dfrac{i(1+i)^n}{(1+i)^n-1}$
	$(F/P,i,n)$	$(P/F,i,n)$	$(F/A,i,n)$	$(A/F,i,n)$	$(P/A,i,n)$	$(A/P,i,n)$
1	1.070 0	0.934 6	1.000 0	1.000 0	0.934 6	1.070 0
2	1.144 9	0.873 4	2.070 0	0.483 1	1.808 0	0.553 1
3	1.225 0	0.816 3	3.214 9	0.311 1	2.624 3	0.381 1
4	1.310 8	0.762 9	4.439 9	0.225 2	3.387 2	0.295 2
5	1.402 6	0.713 0	5.750 7	0.173 9	4.100 2	0.243 9
6	1.500 7	0.666 3	7.153 3	0.139 8	4.766 5	0.209 8
7	1.605 8	0.622 7	8.654 0	0.115 6	5.389 3	0.185 6
8	1.718 2	0.582 0	10.259 8	0.097 5	5.971 3	0.167 5
9	1.838 5	0.543 9	11.978 0	0.083 5	6.515 2	0.153 5
10	1.967 2	0.508 3	13.816 4	0.072 4	7.023 6	0.142 4
11	2.104 9	0.475 1	15.783 6	0.063 4	7.498 7	0.133 4
12	2.252 2	0.444 0	17.888 5	0.055 9	7.942 7	0.125 9
13	2.409 8	0.415 0	20.140 6	0.049 7	8.357 7	0.119 7
14	2.578 5	0.387 8	22.550 5	0.044 3	8.745 5	0.114 3
15	2.759 0	0.362 4	25.129 0	0.039 8	9.107 9	0.109 8
16	2.952 2	0.338 7	27.888 1	0.035 9	9.446 6	0.105 9
17	3.158 8	0.316 6	30.840 2	0.032 4	9.763 2	0.102 4
18	3.379 9	0.295 9	33.999 0	0.029 4	10.059 1	0.099 4
19	3.616 5	0.276 5	37.379 0	0.026 8	10.335 6	0.096 8
20	3.869B 7	0.258 4	40.995 5	0.024 4	10.594 0	0.094 4
25	5.427 4	0.184 2	63.249 0	0.015 8	11.653 6	0.085 8
30	7.612 3	0.131 4	94.460 8	0.010 6	12.409 0	0.080 6
35	10.676 6	0.093 7	138.236 9	0.007 2	12.947 7	0.077 2
40	14.974 5	0.066 8	199.635 1	0.005 0	13.331 7	0.075 0
45	21.002 5	0.047 6	285.749 3	0.003 5	13.605 5	0.073 5
50	29.457 0	0.033 9	406.528 9	0.002 5	13.800 7	0.072 5

8%复利系数表

n	$(1+i)^n$	$\dfrac{1}{(1+i)^n}$	$\dfrac{(1+i)^n-1}{i}$	$\dfrac{i}{(1+i)^n-1}$	$\dfrac{(1+i)^n-1}{i(1+i)^n}$	$\dfrac{i(1+i)^n}{(1+i)^n-1}$
	$(F/P,i,n)$	$(P/F,i,n)$	$(F/A,i,n)$	$(A/F,i,n)$	$(P/A,i,n)$	$(A/P,i,n)$
1	1.080 0	0.925 9	1.000 0	1.000 0	0.925 9	1.080 0
2	1.166 4	0.857 3	2.080 0	0.480 8	1.783 3	0.560 8
3	1.259 7	0.793 8	3.246 4	0.308 0	2.577 1	0.388 0
4	1.360 5	0.735 0	4.506 1	0.221 9	3.312 1	0.301 9
5	1.469 3	0.680 6	5.866 6	0.170 5	3.992 7	0.250 5
6	1.586 9	0.630 2	7.335 9	0.136 3	4.622 9	0.216 3
7	1.713 8	0.583 5	8.922 8	0.112 1	5.206 4	0.192 1
8	1.850 9	0.540 3	10.636 6	0.094 0	5.746 6	0.174 0
9	1.999 0	0.500 2	12.487 6	0.080 1	6.246 9	0.160 1
10	2.158 9	0.463 2	14.486 6	0.069 0	6.710 1	0.149 0
11	2.331 6	0.428 9	16.645 5	0.060 1	7.139 0	0.140 1
12	2.518 2	0.397 1	18.977 1	0.052 7	7.536 1	0.132 7
13	2.719 6	0.367 7	21.495 3	0.046 5	7.903 8	0.126 5
14	2.937 2	0.340 5	24.214 9	0.041 3	8.244 2	0.121 3
15	3.172 2	0.315 2	27.152 1	0.036 8	8.559 5	0.116 8
16	3.425 9	0.291 9	30.324 3	0.033 0	8.851 4	0.113 0
17	3.700 0	0.270 3	33.750 2	0.029 6	9.121 6	0.109 6
18	3.996 0	0.250 2	37.450 2	0.026 7	9.371 9	0.106 7
19	4.315 7	0.231 7	41.446 3	0.024 1	9.603 6	0.104 1
20	4.661 0	0.214 5	45.762 0	0.021 9	9.818 1	0.101 9
25	6.848 5	0.146 0	73.105 9	0.013 7	10.674 8	0.093 7
30	10.062 7	0.099 4	113.283 2	0.008 8	11.257 8	0.088 8
35	14.785 3	0.067 6	172.316 8	0.005 8	11.654 6	0.085 8
40	21.724 5	0.046 0	259.056 5	0.003 9	11.924 8	0.083 9
45	31.920 4	0.031 3	386.505 6	0.002 6	12.108 4	0.082 6
50	46.901 6	0.021 3	573.770 2	0.001 7	12.233 5	0.081 7

9% 复利系数表

n	$(1+i)^n$	$\dfrac{1}{(1+i)^n}$	$\dfrac{(1+i)^n-1}{i}$	$\dfrac{i}{(1+i)^n-1}$	$\dfrac{(1+i)^n-1}{i(1+i)^n}$	$\dfrac{i(1+i)^n}{(1+i)^n-1}$
	$(F/P,i,n)$	$(P/F,i,n)$	$(F/A,i,n)$	$(A/F,i,n)$	$(P/A,i,n)$	$(A/P,i,n)$
1	1.090 0	0.917 4	1.000 0	1.000 0	0.917 4	1.090 0
2	1.188 1	0.841 7	2.090 0	0.478 5	1.759 1	0.568 5
3	1.295 0	0.772 2	3.278 1	0.305 1	2.531 3	0.395 1
4	1.411 6	0.708 4	4.573 1	0.218 7	3.239 7	0.308 7
5	1.538 6	0.649 9	5.984 7	0.167 1	3.889 7	0.257 1
6	1.677 1	0.596 3	7.523 3	0.132 9	4.485 9	0.222 9
7	1.828 0	0.547 0	9.200 4	0.108 7	5.033 0	0.198 7
8	1.992 6	0.501 9	11.028 5	0.090 7	5.534 8	0.180 7
9	2.171 9	0.460 4	13.021 0	0.076 8	5.995 2	0.166 8
10	2.367 4	0.422 4	15.192 9	0.065 8	6.417 7	0.155 8
11	2.580 4	0.387 5	17.560 3	0.056 9	6.805 2	0.146 9
12	2.812 7	0.355 5	20.140 7	0.049 7	7.160 7	0.139 7
13	3.065 8	0.326 2	22.953 4	0.043 6	7.486 9	0.133 6
14	3.341 7	0.299 2	26.019 2	0.038 4	7.786 2	0.128 4
15	3.642 5	0.274 5	29.360 9	0.034 1	8.060 7	0.124 1
16	3.970 3	0.251 9	33.003 4	0.030 3	8.312 6	0.120 3
17	4.327 6	0.231 1	36.973 7	0.027 0	8.543 6	0.117 0
18	4.717 1	0.212 0	41.301 3	0.024 2	8.755 6	0.114 2
19	5.141 7	0.194 5	46.018 5	0.021 7	8.950 1	0.111 7
20	5.604 4	0.178 4	51.160 1	0.019 5	9.128 5	0.109 5
25	8.623 1	0.116 0	84.700 9	0.011 8	9.822 6	0.101 8
30	13.267 7	0.075 4	136.307 5	0.007 3	10.273 7	0.097 3
35	20.414 0	0.049 0	215.710 8	0.004 6	10.566 8	0.094 6
40	31.409 4	0.031 8	337.882 4	0.003 0	10.757 4	0.093 0
45	48.327 3	0.020 7	525.858 7	0.001 9	10.881 2	0.091 9
50	74.357 5	0.013 4	815.083 6	0.001 2	10.961 7	0.091 2

10％复利系数表

n	$(1+i)^n$	$\dfrac{1}{(1+i)^n}$	$\dfrac{(1+i)^n-1}{i}$	$\dfrac{i}{(1+i)^n-1}$	$\dfrac{(1+i)^n-1}{i(1+i)^n}$	$\dfrac{i(1+i)^n}{(1+i)^n-1}$
	$(F/P,i,n)$	$(P/F,i,n)$	$(F/A,i,n)$	$(A/F,i,n)$	$(P/A,i,n)$	$(A/P,i,n)$
1	1.100 0	0.909 1	1.000 0	1.000 0	0.909 1	1.100 0
2	1.210 0	0.826 4	2.100 0	0.476 2	1.735 5	0.576 2
3	1.331 0	0.751 3	3.310 0	0.302 1	2.486 9	0.402 1
4	1.464 1	0.683 0	4.641 0	0.215 5	3.169 9	0.315 5
5	1.610 5	0.620 9	6.105 1	0.163 8	3.790 8	0.263 8
6	1.771 6	0.564 5	7.715 6	0.129 6	4.355 3	0.229 6
7	1.948 7	0.513 2	9.487 2	0.105 4	4.868 4	0.205 4
8	2.143 6	0.466 5	11.435 9	0.087 4	5.334 9	0.187 4
9	2.357 9	0.424 1	13.579 5	0.073 6	5.759 0	0.173 6
10	2.593 7	0.385 5	15.937 4	0.062 7	6.144 6	0.162 7
11	2.853 1	0.350 5	18.531 2	0.054 0	6.495 1	0.154 0
12	3.138 4	0.318 6	21.384 3	0.046 8	6.813 7	0.146 8
13	3.452 3	0.289 7	24.522 7	0.040 8	7.103 4	0.140 8
14	3.797 5	0.263 3	27.975 0	0.035 7	7.366 7	0.135 7
15	4.177 2	0.239 4	31.772 5	0.031 5	7.606 1	0.131 5
16	4.595 0	0.217 6	35.949 7	0.027 8	7.823 7	0.127 8
17	5.054 5	0.197 8	40.544 7	0.024 7	8.021 6	0.124 7
18	5.559 9	0.179 9	45.599 2	0.021 9	8.201 4	0.121 9
19	6.115 9	0.163 5	51.159 1	0.019 5	8.364 9	0.119 5
20	6.727 5	0.148 6	57.275 0	0.017 5	8.513 6	0.117 5
25	10.834 7	0.092 3	98.347 1	0.010 2	9.077 0	0.110 2
30	17.449 4	0.057 3	164.494 0	0.006 1	9.426 9	0.106 1
35	28.102 4	0.035 6	271.024 4	0.003 7	9.644 2	0.103 7
40	45.259 3	0.022 1	442.592 6	0.002 3	9.779 1	0.102 3
45	72.890 5	0.013 7	718.904 8	0.001 4	9.862 8	0.101 4
50	117.390 9	0.008 5	1 163.908 5	0.000 9	9.914 8	0.100 9

12% 复利系数表

n	$(1+i)^n$	$\dfrac{1}{(1+i)^n}$	$\dfrac{(1+i)^n-1}{i}$	$\dfrac{i}{(1+i)^n-1}$	$\dfrac{(1+i)^n-1}{i(1+i)^n}$	$\dfrac{i(1+i)^n}{(1+i)^n-1}$
	$(F/P,i,n)$	$(P/F,i,n)$	$(F/A,i,n)$	$(A/F,i,n)$	$(P/A,i,n)$	$(A/P,i,n)$
1	1.120 0	0.892 9	1.000 0	1.000 0	0.892 9	1.120 0
2	1.254 4	0.797 2	2.120 0	0.471 7	1.690 1	0.591 7
3	1.404 9	0.711 8	3.374 4	0.296 3	2.401 8	0.416 3
4	1.573 5	0.635 5	4.779 3	0.209 2	3.037 3	0.329 2
5	1.762 3	0.567 4	6.352 8	0.157 4	3.604 8	0.277 4
6	1.973 8	0.506 6	8.115 2	0.123 2	4.111 4	0.243 2
7	2.210 7	0.452 3	10.089 0	0.099 1	4.563 8	0.219 1
8	2.476 0	0.403 9	12.299 7	0.081 3	4.967 6	0.201 3
9	2.773 1	0.360 6	14.775 7	0.067 7	5.328 2	0.187 7
10	3.105 8	0.322 0	17.548 7	0.057 0	5.650 2	0.177 0
11	3.478 5	0.287 5	20.654 6	0.048 4	5.937 7	0.168 4
12	3.896 0	0.256 7	24.133 1	0.041 4	6.194 4	0.161 4
13	4.363 5	0.229 2	28.029 1	0.035 7	6.423 5	0.155 7
14	4.887 1	0.204 6	32.392 6	0.030 9	6.628 2	0.150 9
15	5.473 6	0.182 7	37.279 7	0.026 8	6.810 9	0.146 8
16	6.130 4	0.163 1	42.753 3	0.023 4	6.974 0	0.143 4
17	6.866 0	0.145 6	48.883 7	0.020 5	7.119 6	0.140 5
18	7.690 0	0.130 0	55.749 7	0.017 9	7.249 7	0.137 9
19	8.612 8	0.116 1	63.439 7	0.015 8	7.365 8	0.135 8
20	9.646 3	0.103 7	72.052 4	0.013 9	7.469 4	0.133 9
25	17.000 1	0.058 8	133.333 9	0.007 5	7.843 1	0.127 5
30	29.959 9	0.033 4	241.332 7	0.004 1	8.055 2	0.124 1
35	52.799 6	0.018 9	431.663 5	0.002 3	8.175 5	0.122 3
40	93.051 0	0.010 7	767.091 4	0.001 3	8.243 8	0.121 3
45	163.987 6	0.006 1	1 358.230 0	0.000 7	8.282 5	0.120 7
50	289.002 2	0.003 5	2 400.018 2	0.000 4	8.304 5	0.120 4

15％复利系数表

n	$(1+i)^n$	$\dfrac{1}{(1+i)^n}$	$\dfrac{(1+i)^n-1}{i}$	$\dfrac{i}{(1+i)^n-1}$	$\dfrac{(1+i)^n-1}{i(1+i)^n}$	$\dfrac{i(1+i)^n}{(1+i)^n-1}$
	$(F/P,i,n)$	$(P/F,i,n)$	$(F/A,i,n)$	$(A/F,i,n)$	$(P/A,i,n)$	$(A/P,i,n)$
1	1.150 0	0.869 6	1.000 0	1.000 0	0.869 6	1.150 0
2	1.322 5	0.756 1	2.150 0	0.465 1	1.625 7	0.615 1
3	1.520 9	0.657 5	3.472 5	0.288 0	2.283 2	0.438 0
4	1.749 0	0.571 8	4.993 4	0.200 3	2.855 0	0.350 3
5	2.011 4	0.497 2	6.742 4	0.148 3	3.352 2	0.298 3
6	2.313 1	0.432 3	8.753 7	0.114 2	3.784 5	0.264 2
7	2.660 0	0.375 9	11.066 8	0.090 4	4.160 4	0.240 4
8	3.059 0	0.326 9	13.726 8	0.072 9	4.487 3	0.222 9
9	3.517 9	0.284 3	16.785 8	0.059 6	4.771 6	0.209 6
10	4.045 6	0.247 2	20.303 7	0.049 3	5.018 8	0.199 3
11	4.652 4	0.214 9	24.349 3	0.041 1	5.233 7	0.191 1
12	5.350 3	0.186 9	29.001 7	0.034 5	5.420 6	0.184 5
13	6.152 8	0.162 5	34.351 9	0.029 1	5.583 1	0.179 1
14	7.075 7	0.141 3	40.504 7	0.024 7	5.724 5	0.174 7
15	8.137 1	0.122 9	47.580 4	0.021 0	5.847 4	0.171 0
16	9.357 6	0.106 9	55.717 5	0.017 9	5.954 2	0.167 9
17	10.761 3	0.092 9	65.075 1	0.015 4	6.047 2	0.165 4
18	12.375 5	0.080 8	75.836 4	0.013 2	6.128 0	0.163 2
19	14.231 8	0.070 3	88.211 8	0.011 3	6.198 2	0.161 3
20	16.366 5	0.061 1	102.443 6	0.009 8	6.259 3	0.159 8
25	32.919 0	0.030 4	212.793 0	0.004 7	6.464 1	0.154 7
30	66.211 8	0.015 1	434.745 1	0.002 3	6.566 0	0.152 3
35	133.175 5	0.007 5	881.170 2	0.001 1	6.616 6	0.151 1
40	267.863 5	0.003 7	1 779.090 3	0.000 6	6.641 8	0.150 6
45	538.769 3	0.001 9	3 585.128 5	0.000 3	6.654 3	0.150 3
50	1 083.657 4	0.000 9	7 217.716 3	0.000 1	6.660 5	0.150 1

附表

18％复利系数表

n	$(1+i)^n$	$\dfrac{1}{(1+i)^n}$	$\dfrac{(1+i)^n-1}{i}$	$\dfrac{i}{(1+i)^n-1}$	$\dfrac{(1+i)^n-1}{i(1+i)^n}$	$\dfrac{i(1+i)^n}{(1+i)^n-1}$
	$(F/P,i,n)$	$(P/F,i,n)$	$(F/A,i,n)$	$(A/F,i,n)$	$(P/A,i,n)$	$(A/P,i,n)$
1	1.180 0	0.847 5	1.000 0	1.000 0	0.847 5	1.180 0
2	1.392 4	0.718 2	2.180 0	0.458 7	1.565 6	0.638 7
3	1.643 0	0.608 6	3.572 4	0.279 9	2.174 3	0.459 9
4	1.938 8	0.515 8	5.215 4	0.191 7	2.690 1	0.371 7
5	2.287 8	0.437 1	7.154 2	0.139 8	3.127 2	0.319 8
6	2.699 6	0.370 4	9.442 0	0.105 9	3.497 6	0.285 9
7	3.185 5	0.313 9	12.141 5	0.082 4	3.811 5	0.262 4
8	3.758 9	0.266 0	15.327 0	0.065 2	4.077 6	0.245 2
9	4.435 5	0.225 5	19.085 9	0.052 4	4.303 0	0.232 4
10	5.233 8	0.191 1	23.521 3	0.042 5	4.494 1	0.222 5
11	6.175 9	0.161 9	28.755 1	0.034 8	4.656 0	0.214 8
12	7.287 6	0.137 2	34.931 1	0.028 6	4.793 2	0.208 6
13	8.599 4	0.116 3	42.218 7	0.023 7	4.909 5	0.203 7
14	10.147 2	0.098 5	50.818 0	0.019 7	5.008 1	0.199 7
15	11.973 7	0.083 5	60.965 3	0.016 4	5.091 6	0.196 4
16	14.129 0	0.070 8	72.939 0	0.013 7	5.162 4	0.193 7
17	16.672 2	0.060 0	87.068 0	0.011 5	5.222 3	0.191 5
18	19.673 3	0.050 8	103.740 3	0.009 7	5.273 2	0.189 6
19	23.214 4	0.043 1	123.413 5	0.008 1	5.316 2	
20	27.393 0	0.036 5	146.628 0	0.006 8	5.352 7	0.186 8
25	62.668 6	0.016 0	342.603 5	0.002 9	5.466 9	0.182 9
30	143.370 6	0.007 0	790.948 0	0.001 3	5.516 8	0.181 3
35	327.997 3	0.003 0	1 816.651 6	0.000 6	5.538 6	0.180 6
40	750.378 3	0.001 3	4 163.213 0	0.000 2	5.548 2	0.180 2
45	1 716.683 9	0.000 6	9 531.577 1	0.000 1	5.552 3	0.180 1
50	3 927.356 9	0.000 3	2 1813.093 7	0.000 0	5.554 1	0.180 0

20% 复利系数表

n	$(1+i)^n$	$\dfrac{1}{(1+i)^n}$	$\dfrac{(1+i)^n-1}{i}$	$\dfrac{i}{(1+i)^n-1}$	$\dfrac{(1+i)^n-1}{i(1+i)^n}$	$\dfrac{i(1+i)^n}{(1+i)^n-1}$
	$(F/P,i,n)$	$(P/F,i,n)$	$(F/A,i,n)$	$(A/F,i,n)$	$(P/A,i,n)$	$(A/P,i,n)$
1	1.200 0	0.833 3	1.000 0	1.000 0	0.833 3	1.200 0
2	1.440 0	0.694 4	2.200 0	0.454 5	1.527 8	0.654 5
3	1.728 0	0.578 7	3.640 0	0.274 7	2.106 5	0.474 7
4	2.073 6	0.482 3	5.368 0	0.186 3	2.588 7	0.386 3
5	2.488 3	0.401 9	7.441 6	0.134 4	2.990 6	0.334 4
6	2.986 0	0.334 9	9.929 9	0.100 7	3.325 5	0.300 7
7	3.583 2	0.279 1	12.915 9	0.077 4	3.604 6	0.277 4
8	4.299 8	0.232 6	16.499 1	0.060 6	3.837 2	0.260 6
9	5.159 8	0.193 8	20.798 9	0.048 1	4.031 0	0.248 1
10	6.191 7	0.161 5	25.958 7	0.038 5	4.192 5	0.238 5
11	7.430 1	0.134 6	32.150 4	0.031 1	4.327 1	0.231 1
12	8.916 1	0.112 2	39.580 5	0.025 3	4.439 2	0.225 3
13	10.699 3	0.093 5	48.496 6	0.020 6	4.532 7	0.220 6
14	12.839 2	0.077 9	59.195 9	0.016 9	4.610 6	0.216 9
15	15.407 0	0.064 9	72.035 1	0.013 9	4.675 5	0.213 9
16	18.488 4	0.054 1	87.442 1	0.011 4	4.729 6	0.211 4
17	22.186 1	0.045 1	105.930 6	0.009 4	4.774 6	0.209 4
18	26.623 3	0.037 6	128.116 7	0.007 8	4.812 2	0.207 8
19	31.948 0	0.031 3	154.740 0	0.006 5	4.843 5	0.206 5
20	38.337 6	0.026 1	186.688 0	0.005 4	4.869 6	0.205 4
25	95.396 2	0.010 5	471.981 1	0.002 1	4.947 6	0.202 1
30	237.376 3	0.004 2	1 181.881 6	0.000 8	4.978 9	0.200 8
35	590.668 2	0.001 7	2 948.341 1	0.000 3	4.991 5	0.200 3
40	1 469.771 6	0.000 7	7 343.857 8	0.000 1	4.996 6	0.200 1
45	3 657.262 0	0.000 3	18 281.309 9	0.000 1	4.998 6	0.200 1
50	9 100.438 2	0.000 1	45 497.190 8	0.000 0	4.999 5	0.200 0

附表

25% 复利系数表

n	$(1+i)^n$	$\dfrac{1}{(1+i)^n}$	$\dfrac{(1+i)^n-1}{i}$	$\dfrac{i}{(1+i)^n-1}$	$\dfrac{(1+i)^n-1}{i(1+i)^n}$	$\dfrac{i(1+i)^n}{(1+i)^n-1}$
	$(F/P,i,n)$	$(P/F,i,n)$	$(F/A,i,n)$	$(A/F,i,n)$	$(P/A,i,n)$	$(A/P,i,n)$
1	1.250 0	0.800 0	1.000 0	1.000 0	0.800 0	1.250 0
2	1.562 5	0.640 0	2.250 0	0.444 4	1.440 0	0.694 4
3	1.953 1	0.512 0	3.812 5	0.262 3	1.952 0	0.512 3
4	2.441 4	0.409 6	5.765 6	0.173 4	2.361 6	0.423 4
5	3.051 8	0.327 7	8.207 0	0.121 8	2.689 3	0.371 8
6	3.814 7	0.262 1	11.258 8	0.088 8	2.951 4	0.338 8
7	4.768 4	0.209 7	15.073 5	0.066 3	3.161 1	0.316 3
8	5.960 5	0.167 8	19.841 9	0.050 4	3.328 9	0.300 4
9	7.450 6	0.134 2	25.802 3	0.038 8	3.463 1	0.288 8
10	9.313 2	0.107 4	33.252 9	0.030 1	3.570 5	0.280 1
11	11.641 5	0.085 9	42.566 1	0.023 5	3.656 4	0.273 5
12	14.551 9	0.068 7	54.207 7	0.018 4	3.725 1	0.268 4
13	18.189 9	0.055 0	68.759 6	0.014 5	3.780 1	0.264 5
14	22.737 4	0.044 0	86.949 5	0.011 5	3.824 1	0.261 5
15	28.421 7	0.035 2	109.686 8	0.009 1	3.859 3	0.259 1
16	35.527 1	0.028 1	138.108 5	0.007 2	3.887 4	0.257 2
17	44.408 9	0.022 5	173.635 7	0.005 8	3.909 9	0.255 8
18	55.511 2	0.018 0	218.044 6	0.004 6	3.927 9	0.254 6
19	69.388 9	0.014 4	273.555 8	0.003 7	3.942 4	0.253 7
20	86.736 2	0.011 5	342.944 7	0.002 9	3.953 9	0.252 9
25	264.697 8	0.003 8	1 054.791 2	0.000 9	3.984 9	0.250 9
30	807.793 6	0.001 2	3 227.174 3	0.000 3	3.995 0	0.250 3
35	2 465.190 3	0.000 4	9 856.761 3	0.000 1	3.998 4	0.250 1
40	7 523.163 85	0.000 1	30 088.655 4	0.000 0	3.999 5	0.250 0
45	22 958.874 0	0.000 0	91 831.496 2	0.000 0	3.999 8	0.250 0
50	70 064.923 22	0.000 0	280 255.692 865	0.000 0	3.999 9	0.250 0

30% 复利系数表

n	$(1+i)^n$	$\dfrac{1}{(1+i)^n}$	$\dfrac{(1+i)^n-1}{i}$	$\dfrac{i}{(1+i)^n-1}$	$\dfrac{(1+i)^n-1}{i(1+i)^n}$	$\dfrac{i(1+i)^n}{(1+i)^n-1}$
	$(F/P,i,n)$	$(P/F,i,n)$	$(F/A,i,n)$	$(A/F,i,n)$	$(P/A,i,n)$	$(A/P,i,n)$
1	1.300 0	0.769 2	1.000 0	1.000 0	0.769 2	1.300 0
2	1.690 0	0.591 7	2.300 0	0.434 8	1.360 9	0.734 8
3	2.197 0	0.455 2	3.990 0	0.250 6	1.816 1	0.550 6
4	2.856 1	0.350 1	6.187 0	0.161 6	2.166 2	0.461 6
5	3.712 9	0.269 3	9.043 1	0.110 6	2.435 6	0.410 6
6	4.826 8	0.207 2	12.756 0	0.078 4	2.642 7	0.378 4
7	6.274 9	0.159 4	17.582 8	0.056 9	2.802 1	0.356 9
8	8.157 3	0.122 6	23.857 7	0.041 9	2.924 7	0.341 9
9	10.604 5	0.094 3	32.015 0	0.031 2	3.019 0	0.331 2
10	13.785 8	0.072 5	42.619 5	0.023 5	3.091 5	0.323 5
11	17.921 6	0.055 8	56.405 3	0.017 7	3.147 3	0.317 7
12	23.298 1	0.042 9	74.327 0	0.013 5	3.190 3	0.313 5
13	30.287 5	0.033 0	97.625 0	0.010 2	3.223 3	0.310 2
14	39.373 8	0.025 4	127.912 5	0.007 8	3.248 7	0.307 8
15	51.185 9	0.019 5	167.286 3	0.006 0	3.268 2	0.306 0
16	66.541 7	0.015 0	218.472 2	0.004 6	3.283 2	0.304 6
17	86.504 2	0.011 6	285.013 9	0.003 5	3.294 8	0.303 5
18	112.455 4	0.008 9	371.518 0	0.002 7	3.303 7	0.302 7
19	146.192 0	0.006 8	483.973 4	0.002 1	3.310 5	0.302 1
20	190.049 6	0.005 3	630.165 5	0.001 6	3.315 8	0.301 6
25	705.641 0	0.001 4	2 348.803 3	0.000 4	3.328 6	0.300 4
30	2 619.995 6	0.000 4	8 729.985 5	0.000 1	3.332 1	0.300 1
35	9 727.860 4	0.000 1	32 422.868 1	0.000 0	3.333 0	0.300 0
40	36 118.864 81	0.000 0	120 392.882 7	0.000 0	3.333 2	0.300 0
45	134 106.816 7	0.000 0	447 019.389 0	0.000 0	3.333 3	0.300 0
50	497 929.223 0	0.000 0	1 659 760.743 3	0.000 0	3.333 3	0.300 0

附表

35％复利系数表

n	$(1+i)^n$	$\dfrac{1}{(1+i)^n}$	$\dfrac{(1+i)^n-1}{i}$	$\dfrac{i}{(1+i)^n-1}$	$\dfrac{(1+i)^n-1}{i(1+i)^n}$	$\dfrac{i(1+i)^n}{(1+i)^n-1}$
	$(F/P,i,n)$	$(P/F,i,n)$	$(F/A,i,n)$	$(A/F,i,n)$	$(P/A,i,n)$	$(A/P,i,n)$
1	1.350 0	0.740 7	1.000 0	1.000 0	0.740 7	1.350 0
2	1.822 5	0.548 7	2.350 0	0.425 5	1.289 4	0.775 5
3	2.460 4	0.406 4	4.172 5	0.239 7	1.695 9	0.589 7
4	3.321 5	0.301 1	6.632 9	0.150 8	1.996 9	0.500 8
5	4.484 0	0.223 0	9.954 4	0.100 5	2.220 0	0.450 5
6	6.053 4	0.165 2	14.438 4	0.069 3	2.385 2	0.419 3
7	8.172 2	0.122 4	20.491 9	0.048 8	2.507 5	0.398 8
8	11.032 4	0.090 6	28.664 0	0.034 9	2.598 2	0.384 9
9	14.893 7	0.067 1	39.696 4	0.025 2	2.665 3	0.375 2
10	20.106 6	0.049 7	54.590 2	0.018 3	2.715 0	0.368 3
11	27.143 9	0.036 8	74.696 7	0.013 4	2.751 9	0.363 4
12	36.644 2	0.027 3	101.840 6	0.009 8	2.779 2	0.359 8
13	49.469 7	0.020 2	138.484 8	0.007 2	2.799 4	0.357 2
14	66.784 1	0.015 0	187.954 4	0.005 3	2.814 4	0.355 3
15	90.158 5	0.011 1	254.738 5	0.003 9	2.825 5	0.353 9
16	121.713 9	0.008 2	344.897 0	0.002 9	2.833 7	0.352 9
17	164.313 8	0.006 1	466.610 9	0.002 1	2.839 8	0.352 1
18	221.823 6	0.004 5	630.924 7	0.001 6	2.844 3	0.351 6
19	299.461 9	0.003 3	852.748 3	0.001 2	2.847 6	0.351 2
20	404.273 6	0.002 5	1 152.210 3	0.000 9	2.850 1	0.350 9
25	1812.776 3	0.000 6	5 176.503 7	0.000 2	2.855 6	0.350 2
30	8 128.549 5	0.000 1	23 221.570 0	0.000 0	2.856 8	0.350 0
35	36 448.687 8	0.000 0	104 136.251	0.000 0	2.857 1	0.350 0
40	163 437.134 68	0.000 0	466 960.385	0.000 0	2.857 1	0.350 0
45	732 857.576 8	0.000 0	2 093 875.94	0.000 0	2.857 1	0.350 0
50	3 286 157.879 5	0.000 0	9 389 019.66	0.000 0	2.857 1	0.350 0

40% 复利系数表

n	$(1+i)^n$	$\dfrac{1}{(1+i)^n}$	$\dfrac{(1+i)^n-1}{i}$	$\dfrac{i}{(1+i)^n-1}$	$\dfrac{(1+i)^n-1}{i(1+i)^n}$	$\dfrac{i(1+i)^n}{(1+i)^n-1}$
	$(F/P,i,n)$	$(P/F,i,n)$	$(F/A,i,n)$	$(A/F,i,n)$	$(P/A,i,n)$	$(A/P,i,n)$
1	1.400 0	0.714 3	1.000 0	1.000 0	0.714 3	1.400 0
2	1.960 0	0.510 2	2.400 0	0.416 7	1.224 5	0.816 7
3	2.744 0	0.364 4	4.360 0	0.229 4	1.588 9	0.629 4
4	3.841 6	0.260 3	7.104 0	0.140 8	1.849 2	0.540 8
5	5.378 2	0.185 9	10.945 6	0.091 4	2.035 2	0.491 4
6	7.529 5	0.132 8	16.323 8	0.061 3	2.168 0	0.461 3
7	10.541 4	0.094 9	23.853 4	0.041 9	2.262 8	0.441 9
8	14.757 9	0.067 8	34.394 7	0.029 1	2.330 6	0.429 1
9	20.661 0	0.048 4	49.152 6	0.020 3	2.379 0	0.420 3
10	28.925 5	0.034 6	69.813 7	0.014 3	2.413 6	0.414 3
11	40.495 7	0.024 7	98.739 1	0.010 1	2.438 3	0.410 1
12	56.693 9	0.017 6	139.234 8	0.007 2	2.455 9	0.407 2
13	79.371 5	0.012 6	195.928 7	0.005 1	2.468 5	0.405 1
14	111.120 1	0.009 0	275.300 2	0.003 6	2.477 5	0.403 6
15	155.568 1	0.006 4	386.420 2	0.002 6	2.483 9	0.402 6
16	217.795 3	0.004 6	541.988 3	0.001 8	2.488 5	0.401 8
17	304.913 5	0.003 3	759.783 7	0.001 3	2.491 8	0.401 3
18	426.878 9	0.002 3	1 064.697	0.000 9	2.494 1	0.400 9
19	597.630 4	0.001 7	1 491.576	0.000 7	2.495 8	0.400 7
20	836.682 6	0.001 2	2 089.206	0.000 5	2.497 0	0.400 5
25	4 499.80	0.000 2	11 247.20	0.000 1	2.499 4	0.400 1
30	24 201.43	0.000 0	60 501.08	0.000 0	2.499 9	0.400 0
35	130 161.1	0.000 0	325 400.3	0.000 0	2.500 0	0.400 0
40	700 037.7	0.000 0	1 750 092	0.000 0	2.500 0	0.400 0
45	3 764 970.7	0.000 0	9 412 424.35	0.000 0	2.500 0	0.400 0
50	20 248 916.	0.000 0	50 622 288.0	0.000 0	2.500 0	0.400 0

45% 复利系数表

n	$(1+i)^n$	$\dfrac{1}{(1+i)^n}$	$\dfrac{(1+i)^n-1}{i}$	$\dfrac{i}{(1+i)^n-1}$	$\dfrac{(1+i)^n-1}{i(1+i)^n}$	$\dfrac{i(1+i)^n}{(1+i)^n-1}$
	$(F/P,i,n)$	$(P/F,i,n)$	$(F/A,i,n)$	$(A/F,i,n)$	$(P/A,i,n)$	$(A/P,i,n)$
1	1.450 0	0.689 7	1.000 0	1.000 0	0.689 7	1.450 0
2	2.102 5	0.475 6	2.450 0	0.408 2	1.165 3	0.858 2
3	3.048 6	0.328 0	4.552 5	0.219 7	1.493 3	0.669 7
4	4.420 5	0.226 2	7.601 1	0.131 6	1.719 5	0.581 6
5	6.409 7	0.156 0	12.021 6	0.083 2	1.875 5	0.533 2
6	9.294 1	0.107 6	18.431 4	0.054 3	1.983 1	0.504 3
7	13.476 5	0.074 2	27.725 5	0.036 1	2.057 3	0.486 1
8	19.540 9	0.051 2	41.201 9	0.024 3	2.108 5	0.474 3
9	28.334 3	0.035 3	60.742 8	0.016 5	2.143 8	0.466 5
10	41.084 7	0.024 3	89.077 1	0.011 2	2.168 1	0.461 2
11	59.572 8	0.016 8	130.161 8	0.007 7	2.184 9	0.457 7
12	86.380 6	0.011 6	189.734 6	0.005 3	2.196 5	0.455 3
13	125.251 8	0.008 0	276.115 1	0.003 6	2.204 5	0.453 6
14	181.615 1	0.005 5	401.367 0	0.002 5	2.210 0	0.452 5
15	263.341 9	0.003 8	582.982 1	0.001 7	2.213 8	0.451 7
16	381.845 8	0.002 6	846.324 0	0.001 2	2.216 4	0.451 2
17	553.676 4	0.001 8	1 228.169 9	0.000 8	2.218 2	0.450 8
18	802.830 8	0.001 2	1 781.846 3	0.000 6	2.219 5	0.450 6
19	1 164.104 7	0.000 9	2 584.677 1	0.000 4	2.220 3	0.450 4
20	1 687.951 8	0.000 6	3 748.781 8	0.000 3	2.220 9	0.450 3
25	10 819.322 2	0.000 1	24 040.716 1	0.000 0	2.222 0	0.450 0
30	69 348.978 3	0.000 0	154 106.618 4	0.000 0	2.222 2	0.450 0
35	444 508.508	0.000 0	987 794.463 0	0.000 0	2.222 2	0.450 0
40	2 849 181.33	0.000 0	6 331 511.838	0.000 0	2.222 2	0.450 0
45	18 262 494.6	0.000 0	40 583 319.12	0.000 0	2.222 2	0.450 0
50	117 057 733.	0.000 0	260 128 294.9	0.000 0	2.222 2	0.450 0

50% 复利系数表

n	$(1+i)^n$	$\dfrac{1}{(1+i)^n}$	$\dfrac{(1+i)^n-1}{i}$	$\dfrac{i}{(1+i)^n-1}$	$\dfrac{(1+i)^n-1}{i(1+i)^n}$	$\dfrac{i(1+i)^n}{(1+i)^n-1}$
	$(F/P,i,n)$	$(P/F,i,n)$	$(F/A,i,n)$	$(A/F,i,n)$	$(P/A,i,n)$	$(A/P,i,n)$
1	1.500 0	0.666 7	1.000 0	1.000 0	0.666 7	1.500 0
2	2.250 0	0.444 4	2.500 0	0.400 0	1.111 1	0.900 0
3	3.375 0	0.296 3	4.750 0	0.210 5	1.407 4	0.710 5
4	5.062 5	0.197 5	8.125 0	0.123 1	1.604 9	0.623 1
5	7.593 8	0.131 7	13.187 5	0.075 8	1.736 6	0.575 8
6	11.390 6	0.087 8	20.781 3	0.048 1	1.824 4	0.548 1
7	17.085 9	0.058 5	32.171 9	0.031 1	1.882 9	0.531 1
8	25.628 9	0.039 0	49.257 8	0.020 3	1.922 0	0.520 3
9	38.443 4	0.026 0	74.886 7	0.013 4	1.948 0	0.513 4
10	57.665 0	0.017 3	113.330 1	0.008 8	1.965 3	0.508 8
11	86.497 6	0.011 6	170.995 1	0.005 8	1.976 9	0.505 8
12	129.746 3	0.007 7	257.492 7	0.003 9	1.984 6	0.503 9
13	194.619 5	0.005 1	387.239 0	0.002 6	1.989 7	0.502 6
14	291.929 3	0.003 4	581.858 5	0.001 7	1.993 1	0.501 7
15	437.893 9	0.002 3	873.787 8	0.001 1	1.995 4	0.501 1
16	656.840 8	0.001 5	1 311.681 7	0.000 8	1.997 0	0.500 8
17	985.261 3	0.001 0	1 968.522 5	0.000 5	1.998 0	0.500 5
18	1 477.891 9	0.000 7	2 953.783 8	0.000 3	1.998 6	0.500 3
19	2 216.837 8	0.000 5	4 431.675 6	0.000 2	1.999 1	0.500 2
20	3 325.256 7	0.000 3	6 648.513 5	0.000 2	1.999 4	0.500 2
25	25 251.168 3	0.000 0	50 500.336 6	0.000 0	1.999 9	0.500 0
30	191 751.059	0.000 0	383 500.118 5	0.000 0	2.000 0	0.500 0
35	1 456 109.61	0.000 0	2 912 217.212 1	0.000 0	2.000 0	0.500 0
40	11 057 332.3	0.000 0	22 114 662.641 9	0.000 0	2.000 0	0.500 0
45	83 966 617.3	0.000 0	167 933 232.624	0.000 0	2.000 0	0.500 0
50	637 621 500.	0.000 0	1 275 242 998.43	0.000 0	2.000 0	0.500 0

参考文献

1 刘清志. 石油技术经济学. 石油大学出版社, 1998.
2 傅家骥, 仝允恒. 工业技术经济学. 清华大学出版社, 1996.
3 赵艳丽, 李顺龙. 技术经济学. 哈尔滨工业大学出版社, 1999.
4 王应明. 技术经济学. 中国经济出版社, 1998.
5 阿尔丁夫. 技术经济学. 中国物资出版社, 1993.
6 财政部会计编写组. 企业会计准则讲解 2008. 人民出版社, 2008.
7 国家发展改革委, 建设部. 建设项目经济评价方法与参数. 第三版. 中国计划出版社, 2006.
8 赵国杰. 技术经济学. 天津大学出版社, 1997.